U. Tachel
Nov '92

MARIANNE WACHHOLZ UND GRETEL WEISS

SPEISEKARTEN DESIGN

GRAFIK · MARKETING · CORPORATE DESIGN

DEUTSCHER FACHVERLAG

Die Deutsche Bibliothek – CIP-Einheitsaufnahme
Speisekarten-Design: Grafik, Marketing, Corporate-Design/Marianne Wachholz und Gretel Weiss [Übers.: Christopher J. Ross]. –
Frankfurt am Main : Dt. Fachverl., 1992
ISBN 3-87150-374-6
NE: Wachholz, Marianne; Weiss, Gretel; Ross, Christopher J. [Übers.]

Bildnachweise

Alle Fotos, mit Ausnahme der hier aufgelisteten:
Peter Schauwienold, Weinheim

Club zur Förderung des Haas-Hauses, Wien:
Seite 34

Croixement, Paris:
Seite 56 oben, 57 unten, 60

Peter Derron, Zürich:
Seite 49, 50 oben, 53, 54

Fotodesign Gieselmann, Bielefeld:
Seite 114 oben, 115 unten

Fresko, Stuttgart:
Seite 28 unten

Rolf Geyer, Zürich:
Seite 100, 101 unten, 102 unten rechts, 102 oben

Greens, Düsseldorf:
Seite 68 unten

Peter Lehner, Wien:
Seite 35, 39

Amely Müller, Stuttgart:
Seite 28 oben, 30 links

Liz Rehm, Frankfurt a. M.:
Seite 29, 30 rechts, 31, 32, 41, 42, 45, 46 unten, 47 unten links und rechts, 50 unten links, 57 oben, 59 unten rechts, 98 unten, 182 unten rechts

Richard Stephan, Gießen:
Seite 177 unten

Studio Rastorfer, München:
Seite 142 oben links

System-Gastronomie, Innsbruck:
Seite 152 oben, 168

Marianne Wachholz, Frankfurt a. M.:
Seite 56 unten, 147 unten links

Sämtliche Angaben im dokumentarischen Teil des Buches beruhen auf eigenen Recherchen der Autoren. Überwiegend wurden die Auskünfte bei den rund 90 vertretenen gastronomischen Unternehmen eingeholt, darüber hinaus bei den beteiligten Agenturen/Designern. Vor allem, was die geistige Herkunft der Materialien angeht, wurde mit größtmöglicher Sorgfalt recherchiert.
In Einzelfällen, z.B. wenn die verantwortlichen Personen gewechselt haben, waren dem Bemühen um Präzision allerdings Grenzen gesetzt.
Wir bitten deshalb um Verständnis, wenn ausnahmsweise einmal ein Name nicht genannt wird, der fairerweise hätte erscheinen müssen.

ISBN 3–87150–374–6

© 1992 by Deutscher Fachverlag GmbH, Frankfurt am Main

Fotos (sofern im Bildnachweis nicht anders angegeben): Peter Schauwienold, Weinheim

Schutzumschlag: Friederike Simmel, Frankfurt a. M.

Übersetzung: Christopher J.Ross, Gelnhausen

Lektorat: Martina Bruder, Frankfurt a.M.

Herstellung und Layout: Herbert Antoniewitz, Frankfurt a. M.

Satz: Atelier Deutscher Fachverlag, Frankfurt a. M.

Druck und Bindung: pdc, Paderborn

INHALT

EINFÜHRUNG   **7**

EXKURSE

**Basis-Dimensionen der
Speisekarten-Gestaltung**
Drei Profis beziehen Position   **13**

Die unternehmerische
Perspektive:
Ueli Prager, Mövenpick
**Speisekarten sind
angewandte Kunst –
ein Plädoyer**   **14**

Der Marketing-Aspekt:
Ursula Hild, Wienerwald
**Kulminationspunkt
der Konzeptaussagen**   **18**

Der Agentur-Aspekt:
Dieter Dreesen,
Dreesen Design
**Schnittstelle von
Kunst und Funktion**   **22**

CASE STUDIES

**Speisekarten-Design –
Kernstück im Bauplan
ganzheitlicher
Selbstdarstellung**
Fünf exemplarische
Fallstudien zum Thema
Corporate Design   **27**

Neue Staatsgalerie Stuttgart:
Fresko
**Design auf dem Weg
zur Kunst**   **28**

Haas-Haus, Wien:
Do & Co am Stephansplatz
Referenz an den Standort   **34**

Bahnhof Buffet Basel:
Sakura
**Ein Fall geglückten
Nachempfindens**   **41**

Mühle Tiefenbrunnen, Zürich:
Blaue Ente
Der Reiz der Verfremdung   **49**

Parc de la Villette, Paris:
Croixement
**Entfesselung des
geometrischen Prinzips**   **56**

DOKUMENTATION

Ein starkes Stück Marketing
Speisekarten-Beispiele aus
der deutschen und mittel-
europäischen Gastronomie   **63**

Die Teuren und die Edlen
**Die Kunst, Gourmet-Niveau
zu visualisieren**   **64**

Die Generalisten
Design schafft Individualität   **82**

Die Spezialisten
**Optische Variationen
des Themas**   **136**

Fun & Co.
**Stimmung als
Verkaufsvehikel**   **172**

Aktionskarten
**Wie man Außergewöhnliches
adäquat kommuniziert**   **188**

Tisch- und Tablettsets
**Spielwiese für kreative
Ausdrucksformen**   **212**

Eis & Desserts
**Genußverheißung
im Mittelpunkt**   **250**

Kinderkarten
**Design einmal anders –
kindgerecht**   **262**

ANHANG
Literaturhinweise,
Firmenindex   **277**

CONTENTS

INTRODUCTION   **7**

EXCURSIONS

Fundamental dimensions of menu-card design
Three professionals state their opinions   **13**

The entrepreneurial perspective:
Ueli Prager, Mövenpick
Menu-cards are applied art   **14**

The marketing aspect:
Ursula Hild, Wienerwald
Culmination of conceptional statements   **18**

The agency aspect:
Dieter Dreesen,
Dreesen Design
Interface between art and function   **22**

CASE STUDIES

Menu-card design – center piece of comprehensive image-promotion
Five exemplary case studies on Corporate Design   **27**

Neue Staatsgalerie Stuttgart:
Fresko
Design gone art   **28**

Haas-Haus, Vienna:
Do & Co am Stephansplatz
Taking a bow to the location   **34**

Bahnhof Buffet Basel:
Sakura
A case of successful cultural transplantation   **41**

Mühle Tiefenbrunnen, Zurich:
Blaue Ente
The charm of alienation   **49**

Parc de la Villette, Paris:
Croixement
Unleashed geometry   **56**

DOCUMENTATION

Some heavy marketing
Menu card examples from the world of German and Central European gastronomy   **63**

The exquisite and the noble
The art of visualizing gourmet sophistication   **64**

The generalists
Design creates individualism   **82**

The specialists
Visual variations of the topic   **136**

Fun & Co.
Atmosphere as sales vehicle   **172**

Specialty cards
How to adequately communicate the extraordinary   **188**

Table and tray sets
Playground for creative forms of expression   **212**

Dessert and ice cream cards
Focus on the promise of pleasure   **250**

Children's cards
A different kind of design – suited for children   **262**

APPENDIX
Suggested reading,
List of suppliers   **277**

Einführung

Gewachsen ist die Idee zu diesem Fachbuch mitten in der Alltagsarbeit der Redaktion food-service, in der gedanklichen Auseinandersetzung einer gastronomischen Fachzeitschrift mit dem Geschehen in einer sich zusehends professionalisierenden Branche.

Zwei Dinge gaben entscheidende Impulse. Erstens die nicht allein für diese Branche gültige Erfahrung, daß die Menschen, die Verbraucher der hochindustrialisierten Wohlstandsnationen, in bisher nicht gekanntem Maß auf visuelle Impulse reagieren. Wir sind allesamt hochgradig designverwöhnt, wir leben inmitten von bunten Bilderwelten, beeindrucken kann uns in puncto Optik nur noch, was aus dem Rahmen fällt. Die Reizschwelle klettert immer höher . . . Unser Zeitalter steht im Zeichen visueller Wahrnehmung, das haben nicht zuletzt die Werbemedien längst erkannt.

Auf der anderen Seite steht die Frage nach Optimierungsansätzen, nach Fortschrittswegen, nach neuen Erfolgschancen für die Gastronomie im Mittelpunkt der redaktionellen Arbeit von food-service. Und daß in Sachen Speisekarten-Design allzu häufig Profilierungs-, Verkaufs- und damit Erfolgschancen ungenutzt bleiben, steht felsenfest.

Auch die Vorarbeiten zu diesem Buch lassen keine andere Quintessenz zu: Es ist beinahe schon deprimierend, wie wenig – schaut man den Außer-Haus-Markt insgesamt an – die Speisekarte konsequent, offensiv und alle Wirkungsdimensionen aktivierend als Marketing-Instrument genutzt wird. Erschreckend häufig begegnen nichtssagende Kunstledereinbände, einfallslose, zu Tode langweilige Preislisten, Speisekarten mit minimalem Merkwert, ohne Courage und ohne Charakter. Die kreativen Ausreißer rechnen sich da eher in Promille als in Prozenten.

Eine vertrackte Bilanz. Denn in praktisch allen gastronomischen Spielarten, Selbstbedienungslösungen einmal ausgenommen, gehört der Speisekarte, strategisch gesehen, eine Protagonistenrolle: Sie ist der Schlüssel für erfolgreiches Verkaufen. Sobald der Gast das Lokal betreten hat, kann sie das Verkaufsspiel steuern: An ihr entscheidet sich in hohem Maße, was er bestellt, wieviel er ausgibt – und welches Bild er vom gesamten Leistungspaket des Betriebs gewinnt.

Die Speisekarte ist das wichtigste Kommunikations-, Verkaufs- und Selbstdarstellungsmedium in der direkten Gästeansprache an Ort und Stelle, im Betrieb. Ihre Marketing-Funktion reicht damit weit über die blanke Auflistung von Angebot und Preisen hinaus.

Wenn erfolgreiches Verkaufen heute, in einem durch satten Wohlstand und die Dominanz optischer Impulse geprägten Umfeld, immer mehr eine Frage der visuellen Ansprache wird, muß das Konsequenzen für die Speisekarten-Gestaltung haben. In letzter Instanz gilt sogar: Die besten Verkaufschancen gehören heutzutage jenen Konzepten, die auf die Karte als Vermittler völlig verzichten und stattdessen auf die Impulswirkung der unmittelbaren Produktpräsentation setzen können: allen voran moderne Markt-Betriebstypen. Sie haben in der Dimension Verkaufsanimierung unwiderruflich Maßstäbe gesetzt, gegen die Bedienungskonzepte mit ihrem Speisekarten-Design bestehen müssen.

Ganz generell ist festzuhalten: Im Gesamtauftritt der Karte manifestiert sich für den Gast der Charakter des gastronomischen Betriebs, mit dem er es zu tun hat. Und das in einem sehr komplexen Sinn.

Genau deshalb ist die nicht-sprachliche, die nicht rein auf die Ratio zielende Kommunikationsleistung der Karte so wichtig. Längst steht für professionelle Gastronomen fest, daß die Besuchsmotive ihrer Gäste sich immer seltener allein am Essen und Trinken festmachen. Andere, immaterielle Momente sind im Spiel, mitunter sogar vorrangig.

Sie konkretisieren sich im Zuschnitt des Angebots ebenso wie im Ambiente, im Servicestil, in der atmosphärischen Aussage – und, symbolisch verdichtet, in der Kartenoptik.

Das heißt aber, daß die Speisekarte als Element im gesamten Netzwerk gastronomischer Erfolgsfaktoren gesehen werden muß. Wer seiner Karte ein schräges, schrilles, ausgeflipptes Design verpaßt, der wird seine Gäste mit einer sturzbiederen, bürgerlichen Küche oder mit einem stocksteifen Servicestil ziemlich verstören. Die Karte kann und darf nicht isoliert und zusammenhanglos dastehen, im Widerspruch zu den übrigen Konzeptelementen. Kongruenz – diese Maßgabe gilt ganz und gar für die Hauptkarten, die dem Betrachter – dem Gast – im Optimalfall den Kern des Konzepts erschließen sollen. Nicht, daß exponierte Auftritte verboten wären; doch radikales Ausscheren aus dem Gesamtbild ist allenfalls den Sonderkarten erlaubt.

Speisekarten-Design steht also in direktem Zusammenhang mit der konzeptionellen Ausrichtung eines Gastronomiebetriebs – und ist deshalb kein Thema, das der Gastronom ausschließlich dem Designer, der Agentur oder dem Grafiker überlassen sollte.

Bewußt geplantes Speisekarten-Design setzt weiter voraus, daß der Unternehmer vom Gast her denkt, also verkaufsorientiert, nicht produktorientiert. Der klassische Marketing-Denkansatz!

Wenn die Ausbeute an design-starken Speisekarten im Segment der bürgerlichen Individualgastronomie vom Kaliber 'Zur alten Linde' mit Abstand am dürftigsten ausfällt, hängt das insofern nicht unbedingt am Kostenproblem. Eher hat es mit der grundlegenden Profilschwäche dieser Sorte Gastronomie zu tun. In aller Schärfe formuliert: Nur exponierte Konzepte können auch exponierte Karten hervorbringen. Andersherum betrachtet ist die subjektive Geringschätzung des Mediums lediglich letzte Konsequenz konzeptioneller Blutarmut.

Ohne professionelle Marketing-Konzepte kann jedoch Gastronomie auf Sicht nicht überleben. Und Speisekarten-Design – das ist das letzte Wegstück auf der gedanklichen Strecke gastronomischer Marketing-Überlegungen.

Diesen Zusammenhang versucht das vorliegende Buch stets bewußt zu machen – trotz der notwendigen Konzentration auf das Thema 'Design'. Explizit verfolgt wird er – beispielhaft – in fünf ganzheitlich angelegten Fallstudien, die den Speisekartenauftritt in den Kontext des Corporate Design und der gesamten gastronomischen Konzeption stellen.

Der Schwerpunkt des Buches liegt auf der Dokumentation aktueller Beispiele für gelungenes Speisekarten-Design. Die Reise führt quer durch die gastronomische Landschaft Deutschlands und Mitteleuropas, Abstecher in den Norden des Kontinents inbegriffen, und quer durch das Spektrum der Marktsegmente und Betriebstypen. Rund 90 Gastronomiebetriebe werden

mit ihrem wichtigsten Aushängeschild, der Visitenkarte ihres Selbstverständnisses, vorgestellt, von Fall zu Fall auch mit zugeordneten Kommunikationsmitteln.

Die Sammlung versteht sich als Schaufenster für beispielhafte Design-Lösungen, beispielhaft im Sinne kreativer Eigenständigkeit und ganzheitlichen, marketing-orientierten Denkens. Sie will einen möglichst repräsentativen Überblick darüber verschaffen, wie vielfältig, kreativ und facettenreich sich europäisches Speisekarten-Design heute auf seiner fortgeschrittensten Entwicklungsstufe darstellt.

Vielfach konzentriert sich die Präsentation des Kartenmaterials auf die Cover-Lösungen. Aus gutem Grund: Durchaus nicht immer wird das designerische Niveau des Cover-Auftritts im Innenleben der Karten durchgehalten. Dort bewegt man sich dann, der Kosten wegen, oftmals in ganz normalen Schriftbildbahnen.

Hinzu kommt ein pragmatisches Argument. Der Anspruch des Buches lautet nicht, Anleitungen für den inhaltlichen Aufbau einer Speisekarte zu geben. Fragen der Preispolitik, Verbalisierung, Aufbau und Umfang des Angebots, auch technische Aspekte der Kartenherstellung – sie stehen auf einem anderen Blatt; der hier gewählte Ansatz zielt vornehmlich auf die visuelle Dimension. Fachliche Untermauerung bieten darüber hinaus Grundsatzbeiträge, in denen drei Gastautoren, jeder ein absoluter Profi in seinem Segment, das Thema aus unternehmerischer, aus designerischer und aus Marketing-Sicht in den Blick nehmen.

Was die Auswahl der Kartenbeispiele angeht, hieß die Orientierungsgröße nicht Schönheit als solche – ohnedies kaum objektivierbar. Eher schon visuelle Kraft – und die Angemessenheit der Gestaltung in bezug aufs Ganze. Generell reflektiert die Zusammenstellung den Zeitgeschmack der Moderne: im Grundton kosmopolitisch-urban, nicht romantisch-rückwärtsgewandt. Sicher sind trotz intensiven, monatelangen Recherchierens so manche vorzeigenswerte Beispiele unentdeckt geblieben – doch ein solches Projekt muß, wenn es denn je zu einem Ende gebracht werden soll, mit derlei Unvollkommenheiten leben.

Dazu gehört auch, daß in einigen wenigen Fällen die Betriebe, deren Karten dokumentiert sind, heute nicht mehr existieren. Darin spiegelt sich ein Stück Branchen-Realität: hohe Fluktuation. Für die Aufnahme in das Buch allerdings kein Hinderungsgrund

– die designerische Qualität einer Speisekarte rangiert hier vor den ökonomischen Erfolgskriterien.

Ganz gewiß läßt sich Design heute nur als multikulturelles Phänomen begreifen. Designtrends setzen sich über nationale oder sprachliche Schranken ziemlich mühelos hinweg; dem soll der grenzüberschreitende Blickwinkel dieses Buches Rechnung tragen. Dies gilt zunächst für die vorgestellten Beispiele. Ebenso aber für die Reichweite der Thematik: Auch Fachleute in anderen Teilen Europas sind mit ihr konfrontiert. Aus diesem Grund präsentiert sich dies Fachbuch durchgehend zweisprachig – im Interesse seiner Nutzbarkeit auch außerhalb Deutschlands bzw. des deutschen Sprachraums.

Ein Hinweis zum Aufbau des dokumentarischen Teils: Die Untergliederung mischt im weitesten Sinne betriebstypenbezogene und funktionsbezogene Kategorien. Dies, um Verwandtschaften im Marketing-Ansatz, aber auch die Vielfalt der Lösungen sichtbar zu machen. Doch die Gliederung versteht sich als lockeres Gerüst und erhebt nicht den Anspruch einer streng überschneidungsfreien Kategorisierung; manche Beispiele stellen ohnedies Sowohl-als-auch-Fälle dar und lassen mehr als eine Zuordnung zu. Unabhängig davon repräsentiert die Anordnung, auch innerhalb der Teilabschnitte, keinerlei wertende Gewichtung.

Nicht mit einer eigenen Rubrik vertreten ist das Thema 'Getränkekarten'. Und zwar schlichtweg deshalb, weil der eigenständigen Kartenpräsentation der Getränke insgesamt noch minimales designerisches Augenmerk gehört – wenige rühmliche Ausnahmen bestätigen die Regel. Anders hingegen Tisch- und Tablettsets. Wenngleich nur partiell als Speisekarten-Äquivalent eingesetzt, liefern sie derart geballtes Anschauungsmaterial in Sachen attraktives, verkaufsförderndes Design, daß ihre Präsenz in diesem Buch eine unbedingte Bereicherung darstellt.

Wer das Buch durchblättert, wird schnell feststellen, daß überdurchschnittlich viele Systemgastronomen mit ihren Karten vertreten sind. Das ist im Grunde nur logisch. Die Systemer mit ihrer im Regelfall breit verankerten Volumenbasis können materiell ganz anders manövrieren als der Einzelkämpfer. Und: Über den Stellenwert von Marketing wird dort längst nicht mehr diskutiert.

Tatsächlich ergab sich am Ende der Sammelphase für dieses Buch ein total polarisiertes Bild. Die relativ gesehen höchste Design-Ausbeute fand sich bei Systemgastronomen einerseits – und dann bei den ganz Feinen, der Top-Gastronomie.

Speziell hier häufen sich die künstlerischen Cover-Engagements. Dahinter steckt meist eine persönliche Beziehung zwischen Gastronom und Künstler, beziehungsweise die besondere Affinität des Inhabers zu dieser kreativen Sphäre. Doch auch außerhalb der Spitzenszene finden sich erstaunlich viele Beispiele solcher Ingebrauchnahme von Kunst. Mit Recht: Exklusiv und elitär, hermetisch abgesondert in Museen und Galerien, will sie ohnehin kaum jemand mehr so gerne haben.

Noch etwas fiel auf: Nirgendwo in Europa hat das Thema Speisekarten-Design ein ähnlich anspruchsvolles, in der Breite durchgesetztes kreatives Niveau erreicht wie in der Schweiz. Dies gilt doppelt und dreifach für die Abteilung Tischsets. Fülle, professionelle Güte und designerische Qualität der Beispiele stellen alles in den Schatten, was jenseits der Schweizer Grenzen aufgeboten wird; hier ist eine regelrechte Tischset-Kultur aufgeblüht. Unterstützt zweifellos durch insgesamt günstige Rahmenbedingungen, und gefördert durch den pfleglichen Einsatz der dahinterstehenden Industrie.

Daß mit Mövenpick eine in der Schweiz beheimatete Unternehmung in diesem Buch überproportional vertreten ist, paßt, so gesehen, durchaus ins Bild. Vor allem aber spiegelt sich darin die unbedingte Vorreiterrolle des Unternehmens für die Entwicklung der Branche in ganz Mitteleuropa. Und zwar sowohl auf der konzeptionellen Ebene als auch, daraus resultierend, auf der Ebene des Speisekarten-Design. Die Company mit ihrer hohen Affinität zum Thema 'Marketing' hat nicht nur intern viel Vorwärtsbewegung in Gang gebracht: Der von Mövenpick seit den 70er Jahren initiierte kreative Input für die gesamte mitteleuropäische Gastronomie ist in seiner innovativen Ausstrahlung der Pionierrolle vergleichbar, die T.G.I. Friday's in den USA der frühen 80er innehatte.

Mut – und Lust! – zur Innovation zu stiften, das ist ein Hauptanliegen dieses Buches. Es will dazu anregen und motivieren, dem Kartenauftritt als Moment gastronomischer Professionalität neue Aufmerksamkeit zu widmen. Angesprochen sind all jene, die sich aus Profession – oder Neigung! – mit dem Thema beschäftigen: Unternehmer der Branche, ihre Marketing-Verantwortlichen und die Dienstleister drumherum, Designer und Fotografen. Grafiker, Druckereien und Agenturen.

Dies war und ist die eigentliche Legitimation, sich an ein solches Buchprojekt zu wagen: Impulsgebung; sinnliche Inspiration, um der Speisekarte als dem klassischen Marketing-Instrument der Bedienungsgastronomie zu bewußterer, kreativerer, aktiverer Nutzung zu verhelfen – und damit die Professionalisierung dieser Branche weiter voranzutreiben.

Ohne die Unterstützung vieler Gastronomen in Deutschland und den angrenzenden Nationen hätte dieses Buch niemals entstehen können. Ihnen und allen, die mit Informationen geholfen haben, gilt ein großes Dankeschön – für ihre Hinweise, für ihr aktives Mittun und ihre Bereitschaft, Material, Zeit und Wissen beizusteuern. Ganz besonderer Dank gebührt den drei Experten, die mit ihren Fachbeiträgen dem Thema eine breitere theoretische Fundierung verliehen haben: Ueli Prager (Mövenpick), Ursula Hild (Wienerwald) und Dieter Dreesen (Dreesen Design). Großes Lob für ihre engagierte, produktive Kooperation verdienen last but not least der Fotograf, der Übersetzer, der Hersteller und die Lektorin.

Und damit genug der Vor-Worte: Design ist schließlich eine visuelle Disziplin!

Introduction

The idea for this book was born right in the middle of the food-service editorial staff's everyday work, in a gastronomical trade magazine's mental consideration of the development and happenings in an increasingly professionalizing business.

Two instances provided decisive impulses: on one hand the fact that consumers in the highly-technicized wealthy nations react to visual impulses to an extent not known hitherto, a finding not only relevant in this branch. We have all been spoiled by designing, we live in the midst of colourful picture worlds and can only be visually impressed by the extraordinary. The stimulus threshold is climbing higher and higher .... This era is marked by visual perception, something not only the advertising media have come to realize.

On the other hand is the quest for improvement opportunities and progress; the search for new ways of success for the restaurant business is the focus of editorial work of food-service. And there is no doubt that opportunities of profiling, sales and thus success in the sphere of menu-card design all too often are neglected.

The preliminary work for this book confirmed that estimation: it's almost depressing to see how little menu-cards are consequently and offensively used as marketing instrument activating all dimensions of effect. It's almost frightening how often one encounters dull imitation leather covers with unimaginative and terribly boring price lists, menu-cards with minimal recollection value, without courage and without character. The creative exceptions are reckoned in per thousands instead of per cent.

An unpleasant balance, as the menu-card from a strategical standpoint of view plays the role of a protagonist in all kinds of restaurants, with the exception of self-service outlets. The menu-card is the key to successful marketing. As soon as the guest enters the premises, the card joins in the sales spiel: it to a large extent is responsible for what the customer orders, how much he spends and what impression he has of the businesses' entire service offer.

The menu-card is the most important means of communication, selling and image-promotion for direct approach to guests on the premises. Their marketing function accordingly reaches far beyond that of simply listing the offer and prices.

If successful selling today in an environment characterized by general affluence and dominance of optical impulses is increasingly a matter of visual approach, that must have consequences for the menu-card design. Ultimately it might even be stated that those conceptions totally doing without the card as mediator and instead opting for the impulse effect of direct product presentation today have the best sales chances; leader of the pack here are the open-market type restaurants. They have set irrevocable standards in the sales animation sphere, against which the service conceptions with their menu-card design must stand.

As a general rule, it can be stated that the card's overall impression manifests the character of the gastronomical enterprise for the guest, and that in a very complex manner.

That's precisely why the non-lingual communication facility of the card not solely aiming at the ratio is so important. Experienced restaurant operators know very well that food and beverages are decreasing in importance as motive for their guests to visit a certain establishment.

Other immaterial moments are involved, occasionally even predominant.

They become evident in the structure of offers as well as in the ambiance, service style, atmospherical statement – and, symbolically intensified, in the appearance of the card.

That also implies that the menu-card must be seen as one of many elements in the entire network of gastronomical success factors. Anybody furnishing his menu-card with a flippy shrill design will bewilder his guests with simple home-style cooking or starchy table service. The card may not and should not stand isolated without any context or even in opposition to the remaining concept elements. Congruence – this rule certainly applies to the main menu-card, which in the ideal case is designed to reveal the conceptional core to the guest. Not that extravagant appearances are prohibited, but radical divergence from the overall line is at the most permissible for special cards.

There accordingly is a direct connection between the conceptional orientation of a restaurant and menu-card design – which therefore is not a matter the restaurant operator may exclusively leave to the designer, the agency or the graphic artist.

Consciously planned menu-card design implies that the operator considers matters from the guests' standpoint of view, i.e. sales oriented and not product oriented: the classical marketing approach.

It's no wonder that the crop of menu-cards with distinct design in the sector of non-descript traditional independent restaurants is very meager indeed, and that not necessarily for monetary reasons. More likely it has something to do with the fundamental profilic weakness of this kind of restaurant. To state it very sharply: only unique conceptions can generate unique menu-cards. Looked at from the other side, the subjective disregard of the medium ultimately is only the last consequence of conceptional anemia.

On the long run, the restaurant business will not be able to survive without professional marketing strategies; and menu-card design is the last leg on the mental road of gastronomical marketing considerations.

Inspite of the necessary concentration on its real topic i.e. design, this book at all times endeavours to make this context visible by presenting five exemplary comprehensive case studies which show the relation between menu-card, corporate design and the overall gastronomical conception.

Focuspoint of this book is the documentation of current examples of successful menu-card design. The itinerary leads through the German and Middle European gastronomical world, including excursions to the continent's north, and right across the spectrum of market segments and business types. About 80 catering businesses are introduced along with their most important front, their calling card of self-image, in several cases also with the related means of communication.

This collection considers itself a show-case for exemplary design solutions, exemplary in the sense of creative independence and comprehensive marketing-oriented thinking. It aspires to provide a representative survey on how multifarious, creative and varied European menu-card design today presents itself on its most advanced development level.

Presentation of the card material frequently is concentrated on the cover solution, and this for good reason, as the cover's designing standards aren't always adhered to in the menu-card's interior. Normal type faces very often are employed here, not the least due to cost considerations.

And then there also is a pragmatical aspect. This book doesn't aspire to provide instructions on how to structure the content of a menu-card. Questions of price-policies, verbalization, structure and scope of offer, and also technical aspects of card manufacturing – all this is quite a different matter. The approach chosen here is primarily targeted at the visual dimension. Expert support is provided in form of fundamental statements by three guest authors, each one an absolute pro in his/her field, on this topic from an entrepreneur's, a designer's and a marketing expert's view.

In respect of selection of menu-card examples, the decisive feature wasn't beauty per se, hardly something to be objectivized anyway. Visual power and the appropriateness of design in relation to the overall scheme were much more important. The composition reflects comtemporary taste, the key note is urban, cosmopolitian and not romantic or backward faced. Inspite of intensive month-long research, quite a few presentable examples will have remained undiscovered, but such a project must live with this kind of imperfectness if it is to brought to a conclusion at all.

That also implies that in a very few cases the businesses whose cards are presented here are no longer existent. High fluctuation is grim reality in this branch. That, however, was no reason not to feature them in this book – the design-related quality of a menu-card ranks above the criteria of economic success.

Today, design can only be understood as multicultural phenomenon. Design trends surpass lingual or political borders without any trouble at all; the international view-point of this book is to take that into account. This applies to the presented examples, but also to the topic's range: experts in other parts of Europe are also confronted with it. That's why this book is bilingual – in the interest of its useability outside of Germany resp. the German-speaking region.

A pointer on structure of the documentary section: in order to show similarities in the marketing approach as well as the variety of solutions found, the subdivision in the widest sense mixes business-type-related and function-related categories. This subdivision must be understood as loose framework and lays no claim to a strict categorization without overlapping. Some of the examples can be allocated to than one category anyway. In any case, the order in general as well as that in the subsections is in no way to be understood as classification.

Beverage cards are not represented with an own section, the reason being simply that only minimal design-related attention is directed at separate beverage cards – with a few notable exceptions proving the rule. Table and tray sets are a totally different story. Even though they are only partially used as menu-card equivalent, they provide such massed illustrative material in respect of attractive and sales-promoting design that their presence in this book is an absolute enrichment.

Anybody browsing through the book will soon find that chain-affiliated restaurants with their cards are overproportionally represented. That is in fact only logical. Due to their business and material volume, restaurant chains have a much better financial punch than independent operators, and the value of marketing isn't even argued about any more.

The end of the collection phase for this book saw a totally polarized picture: the best results in respect of design were found among the chain restaurants and among the absolute élite gourmet restaurants.

And here's where covers often are designed by artists, frequently resulting from a personal relationship between the restaurant operator and the artist, resp. the specific affinity of the owner to this creative sphere. This exploitation of art is surprisingly wide-spread among outside the top-notch restaurant sphere, too. And that's the way it should be: nobody really likes art locked up and isolated in museums and galleries.

And something else was worth noticing, too: nowhere else in Europe has the world of menu-card design reached a similarly high and wide-spread creative level as in Switzerland. This is the more true for table sets. Volume, professional level, and design quality of the examples put to shame everything offered outside the Swiss borders. A genuine table set culture has blossomed here; without any doubt supported by the altogether favourable conditions and advanced by the engagement of the industry behind it.

From this view-point, it is indeed appropriate that the Swiss company Mövenpick is overproportionally represented in this book. But above all that reflects the company's absolute trailblazing facility for the development of the business all over Central Europe. And that on the conceptional level as well as consequently the level of menu-card design. This company with its high degree of affinity to the field of marketing has not only started things moving internally: in respect of its innovative radiation of this pioneer role, the creative input initiated by Mövenpick for the entire Central European gastronomy is comparable to that T.G.I. Friday's had in the US during the early 1980's.

To awaken the courage and desire to innovation is one of the main intents of this book. It wants to initiate and motivate more and new attention being paid to the menu-card as instance of gastronomical professionalism. It's addressed at all those interested in this field, be it for professional or more affectionate reasons: entrepreneurs in the business, their marketing experts, and the relevant service providers: designers and photographs, graphic artists, printing companies and agencies.

This was and is the real legitimation for us to dare and venture on this book project: stimulation and sensual inspiration in order to provide the menu-card as the classical marketing instrument in the restaurant business with new and increased importance, creativity, and utilization, and thus to further advance professionalization in this branch.

This book could never have been compiled without the help of many restaurant operators in Germany and the neighbouring countries. We owe a lot to these and all others who provided us with information and hints, who actively helped us along and were willing to contribute material, time and knowledge. Special thanks goes out to the three experts Ueli Prager (Mövenpick), Ursula Hild (Wienerwald) and Dieter Dreesen (Dreesen Design), who gave the topic its general theoretical background with their very competent articles. And last but not least, we are indebted to the photographer, the translator, the producer as well as the sponsoring editor for their committed and productive cooperation.

And that's enough introductory words; design is after all a visual discipline.

Basis-Dimensionen der Speisekarten-Gestaltung

Drei Profis beziehen Position

Speisekarten sind angewandte Kunst - ein Plädoyer

Über ein Thema zu schreiben, mit dem ich mich fünfzig Berufsjahre lang befaßt habe, müßte – so mag jetzt jeder denken – ein Leichtes sein.

Je mehr und je gründlicher ich mich jedoch mit diesem Gebiet beschäftige, um so größer werden meine Zweifel. Zweifel an der Richtigkeit von Aussagen, die nur auf den ersten Blick selbstverständlich zu sein scheinen. Zweifel, ob das, was mir richtig scheint, auch für jeden anderen Gültigkeit haben muß.

Lassen Sie mich ganz von vorne anfangen, beim Gastronomen. Der junge Restaurateur, der als Pionier ein Restaurant eröffnen will, er glaubt an seine Mission. Sonst wäre er kein Pionier. Er versteht es, sich mitzuteilen, Ausdrucksformen zu finden für seine Gedanken. Sonst hätte er keinen Erfolg in seinem Beruf. Er versteht zu kommunizieren, sonst wäre er nicht im Restaurantgewerbe.

Seine Menükarte und sein Angebot sind seine Kommunikation. Sie widerspiegeln Persönlichkeit – die des Betriebes und damit, wenn es mit rechten Dingen zugeht, die des Restaurateurs. Denn ein gastronomisches Engagement sollte den Menschen erkennen lassen, der dahinter steht. In allen Dimensionen: Im Design der Karte, in der Art der Darstellung, den Gerichten und der Sprache, in der die Speisen angeboten werden. Seinen Talenten, seinen persönlichen Wunschvorstellungen angepaßt. Angemessen auch dem Geist des Hauses und des Standortes – fügen diese sich nicht in die unternehmerische Absicht, sind sie ohnedies schlecht gewählt.

Karte und Angebot sollten, nein: müssen die Sprache des Gastronomen sprechen.

Gleich ob die Karte ganz einfach gestaltet ist oder nur eine Schiefertafel; ob sie von angehefteten (Bostitch-) Zettelchen strotzt – chaotisch und unkonformistisch wie meine Mövenpick-Karte, die Ende der vierziger bis Mitte der fünfziger Jahre gastrono-

mische Geschichte gemacht hat. Oder ob es sich um kunstvolle Fotografien der zu erwartenden Gerichte/Produkte handelt – wie in jener Phase, die bei Mövenpick die angehefteten Zettelchen ablöste und den Auftakt zur Ära der künstlerisch-ästhetischen Farbfotografie im Speisekarten-Design gab. Ob Kopien von Impressionisten, ob Gestaltung durch einen modernen, abstrakt malenden Künstler oder der 'art primitive' zugewandten Grafiker: Immer sollte die Karte geprägt sein durch die Wertvorstellungen, durch das Wesen des Restaurateurs.

In den vergangenen drei Jahrzehnten ist, so meine ich, eine neue Kunstrichtung entdeckt worden: die Gestaltung der Menükarte.

Angebotskarten, die in der ersten Hälfte dieses Jahrhunderts entstanden sind, waren meist ordentliche Druckerzeugnisse, anständig abgesetzt – wenn's gutging – von Schriftsetzern. Die grafische Kunst, die Farbfotografie, das Bewußtsein der Wirkung von Farbe, Schrift und Bild im Alltagsgebrauch – sie markieren, was die Speisekartengestaltung angeht, eine großartige Entwicklung der letzten Jahrzehnte. Restaurants und ihr Angebot haben seither die Phantasie und die Gestaltungskraft tausender von Adepten angewandter Kunst in ihren Bann gezogen und beflügelt. Wunderbar.

Wenn aber der initiative Werber, der von welcher Kunstrichtung auch immer angetane Berater, wenn eine zentrale Marketing-Abteilung gleichsam im Elfenbeinturm eine Kreation vollbringen, die eher der Selbstbefriedigung des Gestalters als dem verkäuferischen Zweck dient, dann ist jener Zweck eben nicht erreicht.

Speisekarten-Design ist nicht l'art pour l'art; nicht Kunst per se. Speisekarten-Design ist angewandte Kunst. Diese Art Kunst muß ein Ziel verfolgen, das nicht in Ästhetik aufgeht. Sie soll einfangen, bildlich darstellen, was der Restaurateur mit seiner gastronomischen Tätigkeit erreichen will.

Wie ein Porträtmaler muß der Speisekarten-Designer seinen Kunden und den ge-

nius loci erfassen. Wenn der Gast beim Anschauen und Lesen der Karte den Restaurateur zu erkennen glaubt, dann hat der Porträtist – sprich der Menü-Designer – seine Aufgabe mit Bravour erfüllt. Wer indessen auf das Lob vom kleinen Club der Art-Direktoren schielt oder nur auf die Zustimmung der grafischen Puristen aus ist, der hat das Geld seines Kunden schlecht investiert.

Die Aufgabe des Designers ist interpretierender Art. Er hat vor allem eines zu leisten – eine Darstellungsform zu finden, die widerspiegelt, was der Betrieb und sein Verantwortlicher an gastronomischer Leistung bieten kann und aus innerster Überzeugung bieten will, aber auch durch die Mitarbeiter zu erfüllen versteht.

In diesem Sinne wollte ich beispielsweise mit meinen Verkaufsförderungskarten stets vertiefend ein Produkt vorstellen. Mit einem einzelnen Produkt eine ganze Auswahl verschiedenster Gerichte zu unterschiedlichsten Preisen und in unterschiedlichen Rezeptierungen zu bieten, das war meine Vorstellung. Das Rohprodukt mußte dabei nicht nur verführerisch und appetitlich gezeigt werden, es galt vielmehr, durch künstlerisch perfekte Farbaufnahmen die produktspezifische Ausstrahlung zu erzeugen.

* Die geheimnisvolle, rauchdurchschwängerte Kammer für den Rauchlachs, die Sprotten und Makrelen.

* Die arktische Frische für Hummer oder Heilbutt auf blau schimmerndem Eis.

* Das sündhaft exotisch-erotische Fluidum für das cremig fließende, honigsüße Walnuß-Eis.

* Der deftig-bäurische Hintergrund für Sauerkraut- oder Kohlgerichte.

* Der wildromantische Marlboro-Stil für die US-Steaks.

* Und schließlich: Bella Italia, wenn es um Pasta-Gerichte ging.

Diese und alle anderen Mövenpick-Karten sind zugleich Veranschaulichung meiner gastronomischen Grund-Überzeugung.

Essen und Trinken soll ja zu den täglichen kleinen Freuden gehören. Wer mein Restaurant, mein Mövenpick besuchte, der kam zum Genießen, zum Genießen im Alltag.

Mit kleinem oder großem Appetit.

Mit kleinem oder großem Geldbeutel.

Zur Essenszeit oder außerhalb.

Genießen ist an keine Zeit und keine Regel gebunden. „Erlaubt ist, was gefällt", läßt schon Goethe seinen Tasso sagen.

Ich wollte richtig sein für den kulinarisch Neugierigen, für den kleinen und feinen Genießer genauso wie für den lustvollen Esser. Für den Zeitlosen, der lieber um 15 Uhr oder nach dem Theater sich zu Tisch setzt, genauso wie für denjenigen, dem die Einhaltung der traditionellen Essenszeiten lieber ist.

Qualität in lebendiger Vielgestaltigkeit, das war mein Motto; höchste Ansprüche für alles, was ins Glas oder auf den Teller kommt.

Alles, was nur Geld kostet und dem eigentlichen Genuß nicht dient, hatte wegzufallen. Und diesem Anspruch mußte sich auch das Design der Karten unterwerfen.

Das Stichwort, das hier ins Spiel zu bringen ist, heißt Ehrlichkeit.

Wenn die Karte mehr oder anderes verspricht, als nachher auf dem Teller, im Glas und in der gesamten Dienstleistung geboten wird, dann werden falsche Erwartungen geweckt. Enttäuschte Erwartungen aber führen zu Ernüchterung und schlußendlich zur Ablehnung. Hier wendet sich der Gast mit Grausen . . .

Ist das Gebotene eben nur medioker, dann sollte auch die Karte den gewöhnlichen, prosaischen Alltag widerspiegeln, und die Preise natürlich auch. Luxus, den gehobenen, feinen Stil, das muß derjenige, der dafür die entsprechenden Preise verlangt, verstehen, interpretieren und zelebrieren können.

Wir leben in einer ehrlichen Zeit. Simplizität ist gefragt, Echtheit wird erwartet. Zu dem stehen, was man ist und was man kann. Plagiate sind verpönt, wer den anderen lediglich nachahmt, der gewinnt kein Profil. Und nur das Profilierte ist heute gefragt – es eckt aber auch an. Das ist einer unserer Glaubenssätze bei Mövenpick – ein Satz, der schnell ausgesprochen ist, der aber nur von reifen Menschen ganz verstanden und gelebt werden kann.

Sich selber sein, das ist es. „Erkenne Dich selbst", steht am Apollo-Tempel in Delphi geschrieben. Nichts Geringeres, denke ich, ist die wichtigste Forderung an den Restaurateur, wenn er an die Festlegung seines Angebots und die Gestaltung seiner Karte geht.

Sei kritisch zu Dir. Durchschaue Dich. Situiere Dich richtig. Akzeptiere Deine Schwächen und Mängel, vertiefe Deine Stärken. Aus einer solchen Geisteshaltung heraus wird eine 'echte', glaubwürdige Angebotskarte entstehen. Der Kunde wird es spüren, der Erfolg nicht ausbleiben.

Soll ich 'ich selbst' sein, das habe auch ich mich gefragt, als ich daran ging, diesen Beitrag zu schreiben. Soll ich nun, ganz ungetrübt und unkritisch, all die schönen Bilder loben, zu denen auch wir unseren Beitrag geleistet haben? Oder soll ich auch über das reden, was mich oft selbst an den allerschönsten Karten stört? Soll ich, auf die Gefahr hin, mißverstanden zu werden, daran festhalten, daß ästhetisches Gelingen nicht auf Kosten der 'Echtheit' einer Karte gehen darf?

Ich will ehrlich bleiben. Ich gebe zu, daß ich auch künstlerisch perfekte, marketingmäßig sorgfältig überlegte Arbeiten unserer eigenen Firma oft mit kritischem Auge betrachte, weil ich sie nicht genügend als Ausdruck der Leute an der Front empfinde.

Ich bewundere gerne eine schöne Karte. Sie muß aber passen zu dem, was ich erlebe – zum Ambiente des Lokals, zum Stil des Personals und seines Chefs, zum Gebotenen.

Das 'corporate design', das vielleicht in einer Farbe, in einem Logo oder einem schönen Schriftzug sichtbar wird, ist zunächst nur ein äußeres Erscheinungsbild. Es kann nie das Gelebte, nimmer das Geistige ersetzen, das man spüren möchte und spüren kann in Betrieben, deren 'corporate identity' stimmt.

Es braucht diese spürbare Einheit zwischen dem Restaurateur, seinem Team in Küche und Service und dem Kunstwerk, das wir Angebotskarte nennen. Und bei jeder Karte, bei jedem Schaufenster, bei jedem Werbebrief und jedem Inserat möchte ich die Menschen spüren können. Nicht jene, die die Karte geschaffen haben, sondern jene, die für das Produkt, für die Stimmung, kurz für das, was ich im Restaurant erlebe, verantwortlich sind und dafür gerade zu stehen haben. Das ist für mich 'corporate identity'.

Menu-cards are applied art

Most readers will probably think that for me to write about something I have dealt with in 50 years of professional life shouldn't be all too difficult.

However, the more I concern myself with this sphere in depth, the larger my doubts grow. Doubts about the correctness of statements which appear to be self-evident only on first sight, and doubts whether things that appear to be right for me must also be right for others.

Let me start at the very beginning with the gastronomer, the restaurant operator. The young restaurant owner opening his business as pioneer feat believes in his mission, or else he wouldn't be a pioneer. He knows how to transmit to other people, to find forms of expression for his thoughts, in other case he wouldn't be successful in his profession. And he knows how to communicate, or else he wouldn't be in the restaurant business.

His menu-card and selection are his form of communication. They reflect personality – that of the business and, if things are the way they should be, also that of the restaurant owner. Committed work in this sector should make visible the person behind all this work in all dimensions: the menu-card design, the nature of presentation, the food and the language these foods are offered in. Matching his talents, his personnal wishful thinking as well as the esprit of the establishment and the location – if these don't fit in with the entrepreneurial intention, they have been badly chosen anyway.

Card and offer should, in fact they must speak the gastronomer's language.

Regardless of whether the card is very simply designed or is just a slate, whether it is plastered full of paper slips – chaotic and nonconformistic, like my Mövenpick card which made gastronomiocal history between the late 40's and the mid 50's, or whether it is made up of artful photographies of the dishes/products coming up – like when the phase of the attached slips of paper was replaced by the era of artistic-aesthetic colorful photographies in menu-card design, whether it features copies of impressionists or design by a modern abstract painter or graphic artists favoring the 'art primitive', the card should always be marked by the gastronomer's system of values, by his character.

I believe that the design of menu cards has been developed as new art trend in the past three decades.

Menu cards produced in the first half of this century usually were accurately-made printed matters decently type-set by compositors, if things went alright. Graphic art, color photography, awareness of the effect of color, writing and pictures in everyday use – these are the milestones of the phantastic development in menu-card design in the past decades. Since then, restaurants and their offer have fascinated and fired the artistic imagination of thousands of adepts. Wonderful.

However, if the innovative advertiser, or the advisor dedicated to a certain art trend, or a centralized marketing department come up with a ivory-tower creation which serves more to satisfy the designer's wishes than it does to serve the sales cause, then it has simply fallen short of its objective.

Menu-card design is not l'art pour l'art, is not art per se. Menu-card design is applied art. This kind of art must pursue an objective not enveloped by aesthetics; it must capture and graphically represent what the gastronomer wants to achieve with his work.

The menu-card designer must capture his customer and the genius loci like a portraitist. If the guest believes to have recognized the gastronomer while browsing through and reading the menu card, the portraitist, i.e. the menu-card designer has done his job well. However, anybody looking for appreciation by the small group of art directors or graphical purists, has badly invested his client's money. The designer's job is of an interpreting nature. His primary function is to find a form of expression which reflects what the business and the people in charge are capable of performing in gastronomical respects, what they are willing to perform, and what they are able to fulfill with the help of the staff members.

Keeping in line with this doctrine, one of my intentions was to try and present one product in depth with my sales promotion cards. My idea was to present an entire range of different meals at various prices and prepared with different recipies based upon one product. It was not only necessary to depict the raw product in an alluring and appetizing manner, it also was a matter of generating the product-specific aura through artistically perfect color photographies.

* The mysteriously dark smoking room for smoked salmon, sprats and mackerels.
* Artic freshness for lobster or halibut on blue shimmering ice.
* The exotic erotic flair for the creamy honeysweet walnut ice-cream.
* The rustic down-to-earth background for sauerkraut and cabbage dishes.
* The wild and romantic Marlboro style for American steaks.
* And finally: Bella Italia for pasta foods.

These and all other Mövenpick cards are at the same time embodiment of my basic gastronomical convictions. Eating and drinking are supposed to be some of the small everyday pleasures. Whoever visited my restaurant, my Mövenpick, was there to enjoy, to enjoy and relax.

With small or big appetite.

With small or big wallet.

At mealtime or any other time of the day.

Enjoying isn't bound to any time and to any rules. The German poet and writer Goethe had his character Tasso declare: "Everything enjoyable is permissible."

I wanted to be just right for those interested in culinary surprises, for the lover of small and exquisite delights as well as for the hearty eater. For those without chronological restrictions, who prefer to sit down at the table at 3 p.m. or after a theater performance, as well as for those who prefer to adhere to the traditional mealtimes.

Quality in vivid variety, that was my motto; exacting demands for everything served in a glass or on a plate.

All those things that only cost money and didn't actually contribute to enjoyment had to be omitted. The design of cards had to adhere to this principle, too.

The proper catchword to be introduced here is honesty.

If the menu card promises more or something else than what is served on the plate, in the glass, or as overall service, then false expectations are evoked. Disappointed expectations, however, lead to disillusionment and ultimately to rejection. Here's where the guest turns away with a shudder . . .

If the selection is only mediocre, then the card should also only reflect normal matter-of-fact everyday life, and of course also the prices. Luxury, the refined sophisticated life style must be understood, interpreted and celebrated by those demanding the corresponding prices.

We live in an honest time. Simplicity is in demand, authenticity is expected. Stand by what you are and what you can do. Plagiarism is looked down upon, anybody simply imitating another won't gain a profile, and only profiles are in demand today – even if they are occasionally have sharp edges. We at Mövenpick consider that to be one of our guiding principles – a phrase quickly spoken but which only can entirely be understood and lived by mature people.

To be yourself, that's what it's all about. "Know thyself" is an inscription on the temple of Apollo in Delphi. Nothing less, I believe, is the most important demand upon the gastronomer at the time he undertakes to detemine his selection and design his menu card.

Be critical with yourself, see through yourself, recognize your position. Accept your faults and weaknesses, strengthen your virtues. This kind of mental attitude will allow production of a genuine, credible menu card. The customer will notice this, success will come about.

Should I 'be myself', that's what I also asked myself when I sat down to write this article. Was I to uncritically and unalloyed praise all the beautiful pictures to which we also contributed our share? Or was I also to write about what I found to criticize even about the most beautiful of cards. Was I, under the risk of being misunderstood, to insist that aesthetics shouldn't be achieved at the expense of authenticity of a card?

I want to remain honest, and I admit that I often view artistically perfect cards made to meet all marketing requirements with critical eyes, because I don't consider them to sufficiently represent the people in the front line.

I love to admire a nice-looking card, but it has to fit to what I experience – the restaurant's ambiance, the staff's and its chef's style, simply all that is being offered.

The corporate design, which possibly becomes visible in a color, in a logo or an artistic character, at first is only a form of outward appearance. It can never replace what has been lived, the esprit you want to encounter in companies where corporate identity is intact.

This perceptible unity between restaurateur, his team in kitchen and service, and the piece of art we know as menu-card is essential. And I want to be able to sense the human beings in every card, every show window, every advertising letter and every newspaper ad. Not the people who created the card, but those who are responsible for and must account for the product, the atmosphere, in brief all that I experience in a restaurant. That's what I call corporate identity.

Kulminationspunkt der Konzeptaussagen

Mit schöner Regelmäßigkeit wird in den Marketingabteilungen der Systemgastronomie wohl jedesmal, wenn eine neue Speisekarte aufgelegt werden soll, diskutiert, wozu denn – neben der ohnehin schon diffizilen Arbeit am Inhalt – der ganze Aufwand mit Grafik, Farbe, Schriftgröße, Bildauswahl, Papierstärke usw. überhaupt nötig ist. Könnten nicht unsere Mitarbeiter im Service das Sortiment geduldig, freundlich und kompetent vorstellen? Oder laßt uns doch den Restaurants einfach Schautafeln zur Verfügung stellen, ein Textmanuskript und Kreide! Dann hätten wir den ganzen Ärger los. Oder wir bilden das Angebot in Plastik nach und stellen es in einer Vitrine aus wie in Japan, dann bräuchten wir uns nur noch um die Preisauszeichnung zu kümmern . . .

Bloß belächeln muß man die japanischen Food-Plastiken durchaus nicht. Darin spiegelt sich der immerhin richtige Gedankengang, daß die Optik ein verläßlicherer Verkäufer ist als das Wort.

In dieser Hinsicht sind SB-Konzepte in einer beneidenswerten Lage. Sie können ganz und gar auf die Unmittelbarkeit des Erlebens setzen, das hat Vorteile in Sachen Kaufstimulierung – aber auch in Sachen Kommunikation. Mißverständnisse, Enttäuschungen sind praktisch ausgeschlossen: Wo die Produkte gezeigt werden, weiß jeder weit genauer als bei der bloßen Benennung auf der Karte, was ihn erwartet.

Jedoch fällt die konzeptionelle Basisentscheidung aus guten Gründen häufig pro Bedienung. Bei aller partiellen Nutzbarmachung des Präsentationsprinzips – Integration von SB-Buffets, Schauküche etc. – kann hier auf die Speisekarte als notwendiges Hilfsmittel nicht verzichtet werden. Und mit Sicherheit sind so unberechenbare Verfahrensweisen wie die mündliche Empfehlung oder die Schreibtafel gerade für die Gastronomie mit System da kein gangbarer Weg.

Vor allem deshalb, weil die Speisekarte, bewußt eingesetzt, weit mehr leistet als nur die Information über Angebot und Preise.

Eine gedruckte Speisekarte übernimmt – anstelle der Bedienung oder des Wirtes – die Funktion der Kommunikation mit dem Gast. Sie ist 'stummer Verkäufer' – und damit das wichtigste Werbemittel im Restaurant. Doch die Karte vermittelt nicht nur Informationen über das Angebot. Zu dieser sachlichen Komponente kommt die werbliche: Anreiz und Motivierung zum (Mehr-)Kauf über stimulierende Bilder und Beschreibungen.

Darüber hinaus repräsentiert die Karte Positionierung, Profil und Atmosphäre eines Restaurants – die Image-Komponente. Und schließlich ermöglicht sie durch gezielte Produktplazierungen die Streuung der Verkäufe – die Umsatz-Komponente.

Damit liegt der Stellenwert der Speisekarte im Marketingmix weit über dem einer simplen Preisliste. Sie ist innerhalb der Gastronomie, gleich ob mit oder ohne System, das zentrale vor Ort wirksame Marketinginstrument.

Diese Beurteilung ist keineswegs akademisch, sondern wird durch die Ergebnisse einer vor einigen Jahren von Wienerwald durchgeführten Marktforschung nachdrücklich untermauert. Sie förderte unter anderem folgende Aspekte zutage:

* Rund 90 Prozent der Gäste haben beim Betreten des Restaurants noch keine konkrete Vorstellung darüber, was sie essen wollen.

* Rund 85 Prozent lesen die Speisekarte relativ gründlich durch.

* Nach eigenen Angaben beschäftigen sich die Befragten im Schnitt ca. 5 Minuten mit der Speisekarte. Dies subjektive Empfinden liegt deutlich höher als die tatsächlich aufgewendete Zeit.

* Abends und an Wochenenden ist die Beschäftigungszeit mit der Karte länger als mittags.

* Rund zwei Drittel wollen nicht bloß nüchtern über Angebot und Preise informiert

werden, sondern wünschen eine Gestaltung, die Appetit macht.

* Fast 90 Prozent der Befragten macht es Spaß, in der Speisekarte zu lesen.

* Rund zwei Drittel blättern noch in der Karte herum, nachdem sie ihre Wahl getroffen haben.

* 'Dicke' Speisekarten werden nicht als abschreckend empfunden.

Diese Resultate müssen als dringende Aufforderung an den Gastronomen gelesen werden, sich mit der Speisekarte und den Fragen ihrer Gestaltung sehr intensiv auseinanderzusetzen. Deutlicher kann die Schlüsselposition der Karte im Hinblick auf die Verkaufsziele eines Restaurants wohl kaum beglaubigt werden!

Jeder gastronomische Betrieb – ob gutbürgerliche Gaststätte, ob Kettenglied der Systemgastronomie, ob Edelrestaurant – muß sich, wenn es an die Konzeption der Karte geht, zunächst die Frage stellen: „Was will ich meinen Gästen sagen?" Wohlgemerkt: Hier geht es nicht allein um das Angebot. Anhand der Karte verschaffen sich die Gäste, ob bewußt oder unbewußt, Aufschluß über die Frage: „Mit welcher Sorte Gastronomie habe ich es eigentlich zu tun?" Spätestens hier geschieht die subjektive Einordnung des Betriebes – populär, teuer, konservativ, nobel, zeitgeistig etc.

Die Karte stellt nicht weniger als den Kulminationspunkt der konzeptionellen Aussagen dar – Werbung, Marke, Fassadenauftritt, Inneneinrichtung können letztlich nur zuarbeiten, Erwartungen aufbauen. In der Karte werden Zielgruppenansatz, Leistungspaket und Marketingkonzept eines Betriebes visuell/sprachlich anschaulich gemacht.

Deshalb ist es ungemein wichtig, den Kartenauftritt auf alle anderen Konzeptebenen säuberlich abzustimmen. Angefangen beim Ambiente über den Service-Stil bis zum Preisniveau – Diskrepanzen, Brüche bewirken Irritation und können den Erfolg eines Konzeptes erheblich gefährden.

Neben der inhaltlichen Ebene spielt hier die gestalterische eine zentrale Rolle. „Was sag' ich meinen Gästen?" – das schließt unweigerlich die Frage ein: „Wie sag' ich's meinen Gästen?" Gestaltung, das heißt Festlegung von Form und Farben, Typographie, Illustrationen ja oder nein – das heißt aber auch: Kampf um die Plazierung. Wie sollen die Gerichte, die Produktgruppen angeordnet werden? Hier sind Interessenkonflikte zu lösen, Kriterien wie Profil und Positionierung, Neuigkeitsaspekte ebenso zu berücksichtigen wie Ergebnisse der Verkaufsstatistik – auf den Umsatz, aber auch auf den Deckungsbeitrag bezogen.

Dies betrifft nicht allein die Speise- und Getränkekarte – wir betrachten sie als Einheit. Aus organisatorischen Gründen arbeitet beispielsweise Wienerwald darüber hinaus mit einer Karte für den Außer-Haus-Verkauf. Weiter gibt es Spezialkarten für Veranstaltungen oder Aktionen, Kassenkarten, eine Schaukasten- und eine Kinderkarte.

Sonderkarten wie Getränke- oder Dessertkarten, Frühstücks- oder Kinderkarten aufzulegen, ist eine Frage der Image- und Verkaufszielsetzung. Kartendifferenzierung zwecks Herauslösung von Produktgruppen macht vor allem dann Sinn, wenn das Kompetenzprofil in bestimmten Randsegmenten forciert werden soll. Wichtig ist hier: Je ausgeprägter der 'Luxuscharakter' der Produktgruppe, wie etwa bei Desserts, um so stärker emotionalisiert sollte die Kartenpräsentation werden, damit der Kaufanreiz wirksam wird.

Grundsätzlich gilt: Speisen konkurrieren mit Getränken, Hauptgerichte mit Snacks. Wir alle versuchen natürlich, durch ins Auge springende Plazierung Vorspeisen – oft identisch mit Snacks – zu forcieren. Aber die Aufmerksamkeit unserer Gäste gilt nach wie vor zuallererst den Hauptspeisen. Rund zwei Drittel der in unserer Studie Befragten haben ihre Speisekarten-Lektüre bei den Hauptgerichten begonnen – was nicht ausschließt, daß die Karte nach getroffener Wahl noch als interessante Lektüre und zum Zeitvertreib genutzt wird.

Dennoch: Die Einflußmöglichkeiten der Plazierung sind nicht zu unterschätzen. Daß es, aufs Leseverhalten der Gäste bezogen, eine 'gute' und eine 'schlechte' Seite der Karte gibt, ist kein Geheimnis – ebensowenig wie der Umstand, daß unsere Kunden in ihrem Auswahlverhalten Extreme meiden. Hier wird ein generelles psychologisches Phänomen wirksam: Die große Mehrzahl der Menschen fühlt sich im Mittelfeld sicherer, die wenigsten sind bereit, sich zu exponieren. Was das mit der Speisekartengestaltung zu tun hat? Eine ganze Menge. Die extremen Positionen, sowohl im Preisgefüge als auch räumlich gesehen, also ganz am Anfang oder ganz am Ende, werden praktisch nie am besten dastehen. Die Nachfrage pendelt sich erfahrungsgemäß stets in der Mitte ein. Diese Erkenntnis ist enorm wichtig für alle verkaufsstrategischen Überlegungen bei der Kartengestaltung, übrigens auch nutzbar für die intendierte Preisoptik.

Zugespitzt lautet die Fragestellung: Sollen einzelne Produkte zur Verkaufsstimulierung und -steuerung eingesetzt werden? Wenn ja, welche? Nur Leitprodukte? Deckungsbeitragsrenner? Der 'Star' in der Positionierung – im Falle Wienerwald also das Hendl? Neue, erklärungsbedürftige Produkte? Auch diese Frage sollte unter dem Aspekt der Profilpflege entschieden werden. Im gegebenen Fall sind Illustrationen das Verkaufs-Zugpferd schlechthin – Abbildungen können den Verkauf bis zu 100 Prozent beeinflussen. Dies gilt um so mehr, je populärer ein gastronomisches Konzept angelegt ist. Extrem gesprochen: Die Perzeptionsweisen eines Bildzeitung-Lesers unterscheiden sich von denen eines Spiegel-Lesers. Der eine reagiert stärker auf bildhafte Impulse, der andere weniger. Das muß die Kartengestaltung – je nach Zielgruppenfocus – berücksichtigen.

Zeichnerische Lösungen allerdings sind unserer Erfahrung nach höchstens zur Auflockerung der Karte geeignet; für gezielte Stimulierung ist ihr Appetite Appeal zu gering.

Aber was abbilden? Möglichst viel? Das ist rein aus Platzgründen kaum möglich und würde alle verkaufsdramaturgischen Absichten nivellieren. Und dann – welche Fotoanmutung? Welche Dekoration, welches Licht? Komponenten oder ganz realitätsgetreu das, was der Gast tatsächlich auf dem Teller findet?

Generell tut man sicher gut daran, die Abstraktionsfähigkeit der Gäste nicht zu stra-

pazieren. Das heißt, daß die Abbildungen einer allenfalls leicht idealisierten Wirklichkeit entsprechen sollten.

Denn nichts ist verheerender für den gastronomischen Erfolg, als seine Gäste zu enttäuschen. Sie müssen die erbrachte Leistung vielmehr positiv erleben: Das Produkt auf dem Teller soll mindestens der aufgebauten Vorstellung entsprechen, sie besser noch übertreffen. Für Küche und Service impliziert das Arbeiten mit Fotos damit gleichzeitig eine erzieherische Wirkung: Die Bilder sind Verpflichtung und Ansporn gleichermaßen.

Andererseits: Fotolösungen sind teuer. Für Individualbetriebe, die nur geringe Karten-Auflagen benötigen, somit häufig nicht zu realisieren. Kein Wunder, daß die befragten Verbraucher, denen Speisekarten in vier verschiedenen Versionen vorgelegt wurden, die bebilderten Karten spontan Unternehmen der Systemgastronomie zuordneten – reine Erfahrungssache.

Und nochmals die Gästeperspektive: Was die Falzform der Karte angeht, halten sich, ob gebunden oder Wickelfalz, Leporello oder schlichtes Cover, Vor- und Nachteile die Waage. Spannung und Übersicht, Vergleichsmöglichkeit und Handhabung – jede Lösung hat ihr Plus.

Hier zeigt sich die Crux vieler Marktforschungsanalysen: Ihr Ergebnis liefert eben keine eindeutigen Werte, die Entscheidungen erleichtern würden, sondern scheint jede Lösung zuzulassen. So kommt es letztlich doch auf nicht kalkulierbare Größen an – die Vision, das Gespür, die kreative Kompetenz.

Dabei liegt gerade in größeren Unternehmen der Systemgastronomie die Kunst darin, in der Zentrale eine Karte zu entwickeln, die in den Filialen nicht nur akzeptiert und geduldet, sondern gelebt wird. Sprich: eine Karte, mit der sich jeder Mitarbeiter identifizieren kann. Was monatelang zentral entwickelt und produziert wurde, soll schließlich Visitenkarte eines jeden Restaurants der Kette sein – und zugleich die Corporate Identity des Unternehmens ausdrücken. Das heißt auch: Werte transportieren, die aufs Ganze abstrahlen.

Culmination of conceptional statements

A big discussion most probably is due in restaurant chain's marketing departments everytime a new menu card is to be printed as to whether all this dealing with graphs, colours, type size, selection of pictures, paper strength, etc. is necessary in addition to the already quite difficult work concerning contents. Can't our service staff patiently, courteously and competently present the selection? Or why don't we simply provide the restaurants with blackboards, a text manuscript and chalk? That way we could rid ourselves of all the trouble. Or we can exhibit plastic imitations of our offer like they do in Japan; we'd only have to worry about placement of price tags ...

These Japanese food plastics are not something just to be smiled about. They reflect the correct idea that visual impression is a more reliable sales aid than the spoken or written word.

In this respect self-service conceptions are in a situation to be envied. They can totally rely on the immediacy of the experience, which has advantages concerning buying incentive as well as communication. Misunderstanding, disappointments are practically excluded: where products are shown, everybody knows much better what to expect than if they were only listed in the menu.

However, the basic conceptional decision often is made in favor of service. Even if the principle of presentation is made use of as far as possible – integration of self-service counters, look-in kitchens, etc. – the menu-card cannot be omitted as necessary instrument here. And most certainly uncalculable procedures such as oral recommendations or writing tablets aren't adequate for restaurants adhering to a certain system.

Above all, because purposive employment of the menu-card is capable of doing a lot more than just informing on selection and prices.

In lieu of waiter or restaurant owner, a printed menu-card is in charge of communication with the customer. It is a 'mute salesperson' – and thus the most important means of advertisement in the restaurant. But this card not only mediates information related to the selection, the advertising factor comes in on top of this more factual component: attractive pictures and descriptions stimulate and motivate (additional) purchasing.

Over and beyond that, the card represents a restaurant's positioning, profile and atmosphere – the image component. And finally, it allows scattering of sales by targeted product placement – the sales component.

Thus the rank of a menu-card in marketing mix is much higher than that of a simple price list. It is the central marketing instrument effective on-site in all kinds of restaurants.

This assessment is by no means merely academical, it is impressively substantiated by the results of a survey conducted by Wienerwald a few years ago, which came up with the following findings:

* About 90% of the guests have not definitely decided what they want to eat when they enter they restaurant.
* About 85% read the menu-card relatively thoroughly.
* According to own statements, the interviewees concern themselves with the menu-card for approximately 5 minutes. This subjective perception is considerably higher than the time actually spent.
* The time spent with the menu-card in the evenings and on week-ends is longer than that at lunchtime.
* About two thirds are not only interested in dry information on selection and prices, they look for an appetite-whetting design.
* Almost 90% of those questioned enjoy reading the menu-card.
* About two thirds browse through the menu-card after they have made their selection.

* 'Fat' menu-cards are not considered a deterrent.

These findings must be considered an urgent appeal to the restaurant operators to very intensly occupy themselves with the menu-card and its design. The menu-card's key position in respect of a restaurant's sales objectives can hardly be more impressively verified!

When concepting the menu-card, any kind of restaurant business – whether plain cooking, restaurant chain branch or high-class cuisine hot-spot – first of all must ask itself the question: "What do I want to tell my guests?" Mind you, this is not alone a question of the selection. Be it consciously or subconsciously, the menu-cards help guests inform themselves about what kind of restaurant they actually are sitting in. At the latest here's where the customer classifies the business according to subjective standards – popular, expensive, conservative, elegant, trendy, etc.

The card is no less than the culmination point of conceptional statements – advertisement, brand, facades, interior furnishment ultimately can only support the approach, evoke expectations. A businesses' target group approach, services, and marketing conception are visually/linguistically illustrated.

That's why it is extremely important to neatly coordinate all other conceptional levels with the card performance. Starting from the ambiance over service style all the way to price level – discrepancies and ruptures cause irritations and can considerably endanger a conception's success.

The level of contents as well as that of artistic design play a most important role here. "What do I want to tell my guests?" inevitably also includes "How do I tell them?" Design, that implies determination of forms and colors, typography, illustrations – but that also means rivalry for placement. How are the meals, the product groups to be arranged? Conflicts of interest must be solved, criteria such as profile and positioning, aspects of novelty and sales statistics findings in reference of sales as well as profit contribution must be taken into consideration.

This does not only affect the food and beverages card, which we regard as one unit. Wienerwald, for instance, operates with a separate card for across-the-street sales for organizational reasons. There also are special cards for events or special promotions, cash-register cards, display-case cards and a children's card.

To produce beverages or dessert cards, breakfast or children's cards is a question of image and sales targeting. Differentiation of cards in order to distinguish product groups is sensible especially in those cases where the competence profile in certain fringe segments is to be pushed ahead. An important factor here: the more distinct the 'luxury character' of the product group is, for example desserts, the more emotionalized the card presentation should be to make sure the purchase incentive takes effect.

A principle rule is that foods compete with beverages, main dishes with snacks. Naturally we all try to boost hors d'oeuvres – often identical with snacks – by prominent placement catching the eye. But our guests' attention as before at first is turned towards main dishes. About two thirds of those questioned in our survey began reading the card in the main-dishes section – which doesn't imply that the menu card is not considered interesting reading material and pastime after the selection has been made.

Nonetheless, the influencing facilities of placement are not to be underestimated. It's no secret that, depending on the customer's reading habits, the card has a good

and an bad side, just as well as the circumstance that our guests avoid extremes in selection habits. An overall psychological phenomenon applies here: the large majority of people feels safe in the middle field, only very few are willing to expose themselves. What does that have to do with design of menu-cards? Quite a lot. The extreme positions in reference to both price and positioning, that is the very beginning and the very end, will practically never be favorites. Experience shows that the demand always balances out in the middle range. This finding is extremely important for sales-related strategical considerations in designing cards, incidentally also useful for the planned price structure.

In an exaggerated form, the question might be: should individual products be employed for sales stimulation and monitoring? If so, which products? Only main products? Profit contribution smashers? The positioning 'star' – in case of Wienerwald accordingly the famous chicken? New products requiring an explanation? This question also should be decided under consideration of the profile-maintaining aspect. In this specific case illustrations are the sales booster per se – illustrations can influence sales by 100 per cent. The more popular a gastronomical conception is, the more true this is. To say it extremely: the perceptional approach of a yellow press reader differs from that of a subscriber to Herald Tribune or The Financial Times. One will react more strongly to graphic impulses, the other will do so in a somewhat moderate form. Depending upon the target group focus, this will play an important role in menu-card design.

Our experience shows that graphic representations at the most are suited for loosening up a menu-card; their appetite appeal is much too low for targeted stimulation.

But what should be depicted? As much as possible? That will hardly be possible if alone for the limited space available and it would also even out all sales-related dramaturgical intentions. And then – which photographical approach? Which decoration, which lighting? Depiction of components or true-to-life illustrations of what the guest actually will find on his plate?

A general rule should be not to overstress the customers' ability to think abstractly. That means the depictions should correspond with reality, at the most with a slight touch of idealisation, as nothing is more

fatal for gastronomical success than to disappoint your guests. To the contrary, they must experience the services supplied as being positive: the product on the plate must at least correspond with the developed expectations, better even if they are surpassed. For kitchen and service, working with photographies at the same time implies an educative effect: the pictures are both obligation and incentive.

On the other hand: photographical solutions are expensive, and as consequence frequently not to be realized by single enterprises requiring only low volume card editions. No wonder then that the questioned consumers who were shown four different card versions spontaneously related the illustrated cards with restaurant-chain-type businesses – simply a matter of experience.

And again the customer perspective: concerning the folded form of the menu-card, be it bound or spiral-seam, fan-folded or simple cover, the pros and cons balance each other. Expectation and overall view, the possibility to compare and easy handling – each solution has its advantages.

Here's where the crux of many market research analysis becomes obvious: their results don't provide us with definite clear-cut answers which would simplify making a decision, instead they seem to allow any solution. So it ultimately is a matter of uncalculable factors – vision, instinct, creative competence.

Specifically in larger restaurant chains it's a matter of designing a menu-card in headquarters which is not only accepted and tolerated in the branches, but which is lived. In other words, a card every staff member can identify with. What was developed and produced over months after all is at the same time calling card of each and every one of the chains's restaurants – and at the same time expresses corporate identity. That also includes advancing values which reflect on the overall setting.

Schnittstelle von Kunst und Funktion

Design, auch Speisekarten-Design, gehorcht stets zwei Herren – oder vielmehr Herrinnen. Es lebt in der Polarität zwischen Kunst und Funktion. Im Spannungsfeld beider Größen wirkt Design als integrative Kraft, die beides: das ästhetische und das funktionelle Motiv, zu einer Synthese bringen muß. Denken in Hierarchien – nach dem Motto 'Form follows Function' – hilft hier jedoch nicht weiter; die Verhältnisse sind komplexerer Natur, so daß eine erste gestalterische Idee durchaus der Ausgangspunkt für die Gesamtentwicklung einer Menükarte sein kann.

Abstrahiert man einmal von jedem gestalterischen Aspekt, bleibt als Konstante: Menükarten sind Kommunikationsmittel. Kommunikation ist aber, wie man weiß, immer eine vielschichtige Sache. Hier findet sie auf vier übereinandergelagerten Ebenen statt:

Ebene I: Information. Die Sachebene.

Ebene II: Interpretation. Die Gefühlsebene.

Ebene III: Animation. Die Handlungs- bzw. Aufforderungsebene.

Ebene IV: Projektion. Die Vorstellungsebene.

Was steckt dahinter? Information heißt: explizite, buchstäbliche, sachliche Mitteilung. Benennung von Angebot, Preis, Qualität. Inklusive technischer Aspekte: Öffnungszeiten. Service-Besonderheiten oder Kreditkartenakzeptanz.

Interpretation heißt: Vermitteln der Wertvorstellungen, der 'Philosophie' eines Betriebes. Sie kann explizit oder implizit erfolgen und zielt, wie jede im weitesten Sinne ethische Kategorie, auf Emotion und Gefühl.

Animation heißt: Aktivieren, Wecken von Gelüsten und Bedürfnissen, Herausforderung von Reaktion. Auch ganz gezielt: Interessenlenkung. Hier also Lust auf Essen, Food Appeal.

Projektion heißt: Vermittlung der Identität, Positionierung, Imageprägung. Hier geht es um die Erzeugung eines Vorstellungsbildes beim Leser; um Speicherbotschaften ('Mind Cards' nach Gerd Gerken), die sich im Kopf des Kartenbenutzers als Interessen-Bausteine manifestieren sollen.

Die Kommunikationsaufgabe wird von Stufe zu Stufe komplexer – weil auch der Inhalt der Botschaft immer komplexer wird. Und: Je weiter man sich von der Sachebene entfernt, um so weniger ist gesichert, daß der Gast die intendierte Botschaft richtig rezipiert.

Noch komplizierter wird die Sache dadurch, daß sich in der konkreten Gestalt der Speisekarte alle vier Ebenen praktisch übereinanderschieben und durchmischen. Aus diesem Grund ist auch die Verständigung zwischen Designer und Gastronom nicht ganz einfach: Deshalb ist es so schwer, gute Menükarten zu gestalten. Nebenbei bemerkt, entspricht dies durchaus dem generellen Kommunikationsproblem aller Menschen untereinander, dem, was die Psychologen 'Sendung auf vier Frequenzen' nennen.

Die Aufgabe für den Designer lautet also, alle vier Aspekte in Einklang zu bringen. Nun ist die Menükarte zwar ein ausgesprochen wichtiges Instrument innerhalb des Restaurant-Konzeptes. Doch muß man auch bedenken, daß sie nicht alleine steht. Sie ist eingebettet in das Ambiente, in das Verhalten des Servicepersonals, in die Stimmung des Restaurants und so fort.

Die Menükarte ist also ein Teil des gesamten Kommunikationsmix und der Identität eines Restaurant-Konzeptes. Sie ist ein Baustein des Corporate Design – wie das Logo, die Fassade, Architektur und Dekoration, wie Mitarbeiterkleidung, sonstige Drucksachen des Betriebes, Werbe- und Verkaufsförderungsmittel. Und damit ein Baustein der gesamten Corporate Identity. Das heißt aber: Neben der 'inneren' ist auch die 'äußere' Stimmigkeit der Menükarte von Bedeutung, der Gleichklang mit allen übrigen Design- und Identitätsaussagen. Um ein plakatives Beispiel zu geben: Eine handgeschriebene, kalligraphisch anmutende Speisekarte würde in einem typischen Fast Food-Outlet ausgesprochen deplaziert wirken.

Allerdings darf man auch daraus kein Dogma machen. Gezielte Disharmonien können unter Umständen ein adäquates designerisches Mittel sein, um spezifische Wirkungen zu erzielen. Wenn konkrete Ausdrucksformen Allgemeingut werden, oder sagen wir: den Charakter eines Klischees annehmen, dann erreicht gerade derjenige, der einen Kontrapunkt setzt, neue Aufmerksamkeit. Dann kann die Widersprüchlichkeit selbst, die Verfremdung, die Abweichung von gelernten Harmoniemustern, Identität stiften. Ästhetische Standards sind nun mal keine ein für allemal festgeschriebenen Kategorien; sie gelten letztlich nur so lange, bis sie jemand durchbricht. Und gleich noch eine Relativierung: Ob die Gestaltung einer Karte gut oder schlecht gelungen ist, läßt sich nicht isoliert beurteilen. Für mich persönlich hängt das ganz wesentlich von der Art des Betriebes und von seiner Gesamtidentität ab.

Drei Basiselemente erzeugen in ihrem Zusammenwirken die komplexe visuelle Botschaft einer Speisekarte:

* Material
* Text
* Bildnerische Mittel

Schon die Auswahl des Kartenmaterials, also eigentlich schlicht des Trägermediums der Text/Bild-Information, schließt eine designerische Absicht ein. Papier oder Karton steht in endlos vielen Qualitäten, Stärken, Farben zur Verfügung, mit Oberflächenstrukturen oder ohne, matt, satiniert oder glänzend. Unabhängig von den weiteren Möglichkeiten der drucktechnischen Bearbeitung und Oberflächenbehandlung. Damit sind aber nur die gängigsten Materialien genannt; ebenso denkbar ist die Verwendung anderer Medien wie Holz, Stoff, Kunststoff oder Plexiglas.

Auch der Kartentext – zunächst lediglich die Vermittlung von Sprachbotschaften mittels Buchstaben – hat neben dieser sprachlichen eine zweite, den Designaspekt tangierende Dimension. Die Art und Weise, wie die Schrift erscheint, wie die Buchstaben gestaltet und zusammengesetzt sind, ergibt bereits wieder eine bildliche Aussage. Damit zählt die Typographie – das Schriftbild! – ebenfalls zu den designerischen Mitteln. Nicht zu vergessen die Sprache selbst, also Formulierungen, Wortwahl, Sprachstruktur. Sie transportieren in hohem Maße jene Informationen zweiten, dritten und vierten Grades, die nicht auf der Sachebene angesiedelt sind. Der Designer muß deshalb Sprach- und Bilddimension des Textes stets als Ganzes sehen.

Die dritte Variable für den Kreativen: die bildnerischen Mittel im engeren Sinne. Abbildungen, Illustrationen, das gesamte Layout. Ganz wichtig: der Umgang mit Farben. Hierher gehört weiter die Frage nach dem Format einer Speisekarte, nach Größe, Zuschnitt und Umfang.

Ausgestaltung und Komposition der drei Grundelemente konstituieren, sozusagen in der nächsten Dimension, den visuellen Auftritt der Speisekarte und damit ihre kommunikative Gesamtleistung.

Das klingt zwar recht nüchtern, doch die Vielfalt der sich daraus ergebenden Lösungen/Aussagen ist schier unglaublich.

Grundsätzlich läßt sich so zwar zwischen reinen Textkarten und illustrierten/bebilderten Karten unterscheiden. Doch selbst wenn nur mit Text und Typographie gearbeitet wird, lauten beispielsweise Interpretation und Projektion ganz unterschiedlich, je nachdem, ob ein und derselbe Text

* handschriftlich auf weißem Papier,
* handschriftlich auf einer Tafel im Restaurant,
* mit Schreibmaschine/PC-Drucker auf Papier oder
* gedruckt auf Hochglanzkarton erscheint.

Sollen Bilder eingesetzt werden, stellt sich die Frage nach der Gewichtung. Textdominanz? Bilddominanz? Nur illustriertes Cover oder durchgehend bebildert? Weiter: Sollen Produkte gezeigt werden oder Lifestyle-haltige Motive? Zeichnungen oder Fotos?

Im freien Feld der Möglichkeiten operiert die Kreativität des Designers grundsätzlich ungezügelt. Sie wird durch mancherlei restriktive Faktoren in engere Bahnen gelenkt: funktionale Aspekte wie Kostenspielraum, praktische Erfordernisse der Handhabung, der Haltbarkeit/Strapazierfähigkeit. Corporate-Design- oder auch verkaufsstrategische Vorgaben.

Vor allem aber muß zu Beginn der Arbeit gemeinsam mit dem Gastronomen eine klare kommunikationsbezogene Zieldefinition erreicht werden. Dazu zählt die Festlegung, auf welche der vier beschriebenen Kommunikationsebenen der Schwerpunkt gelegt werden soll. Ob ein spezieller Lifestyle-Aspekt zugrunde liegt oder ob die Menükarte schlicht und ergreifend Appetite Appeal haben soll. Ob mit bestimmten Gestaltungsmitteln ganz bestimmte Zielgruppen angesprochen werden sollen, und so weiter.

Hier kommt ins Spiel, daß Modernität und Zeitgeist-Gehalt einer Karte – und damit eines Gastronomiekonzeptes – vom Gast an ungemein rasch gelernten optischen (unter anderem auch Farb-) Signalen festgemacht werden, die er mehr oder minder unbewußt aufnimmt, mit bereits in anderen Zusammenhängen Gesehenem aus seinem Symbol-Repertoire vergleicht und entsprechend einordnet.

So entstehen immer wieder – und zunehmend rasch wechselnd – optische Standards, die ganze Speisekarten-Generationen prägen. In manchen Anfang der 80er Jahre entstandenen Karten sind Einflüsse des Memphis-Design unverkennbar, um die Mitte der 80er lassen sich in Layout-Stil und Typographie Einflüsse von Neville Brody ablesen.

Ein relativ junges, dabei sensibles und vielschichtiges Gestaltungsmittel im Speisekarten-Design ist die Fotografie. Die besondere Stärke von Fotos liegt darin, daß beim Betrachter mehrere Rezeptionsebenen gleichzeitig angesprochen werden. Da ist zum einen das gezeigte Realbild – die sachliche Ebene. Gleichzeitig aber ruft ein und dasselbe Foto assoziative, interpretative Eindrücke hervor: durch die Accessoires, durch Licht und Lichteinfall, den Blickwinkel etc.

Sozusagen der letzte Schrei sind computertechnische Umsetzungen. Mit Hilfe der DTP-Programme der Computer- bzw. Software-Hersteller kann heute selbst der Einzelbetrieb unmittelbar ein Layout umsetzen. Vorausgesetzt, er hat jemanden, der damit umgehen kann! Denn eins muß man sich klarmachen: Der Computer ist nur ein Werkzeug. Es kommt darauf an, wie virtuos man damit umgehen kann – das gilt für das Grafikprogramm genauso wie für den Zeichenstift. Hier ist die Gefahr sehr groß, in standardisierter Uniformität steckenzubleiben und damit in seinem Herzstück, der Re-

staurant-Identität, mit anderen voll vergleichbar zu werden.

Für jeden Gastronomen, der eine neue Karte einsetzen will, stellt sich natürlich die Frage nach den Kosten. Gerade bei Einzelbetrieben ist die drucktechnische Herstellung immer ein Problem. Der Offset-Druck, der als einzige drucktechnische Möglichkeit in der Lage ist, Fotos umzusetzen, ist eigentlich erst bei einer höheren Auflage sinnvoll. Die aber wird im Einzelbetrieb kaum je erreicht. Auch bei den sogenannten Andruckverfahren, bei denen kleine Auflagen möglich sind, bleiben die Stückkosten relativ hoch, da die Kosten der lithotechnischen Herstellung voll auf die niedrigen Stückzahlen umgeschlagen werden müssen.

Eine andere Herstellungsmöglichkeit ist das Siebdruckverfahren, hier ist jedoch eine fototechnische Umsetzung nicht möglich. Deshalb findet man häufig bei Einzelbetrieben illustrierte Menükarten, da Illustrationen relativ einfach im Siebdruck umzusetzen sind – vorausgesetzt, es handelt sich um Reinfarben-Vorlagen. Doch auch da gilt: je komplexer und vielfarbiger die Illustration, um so teurer und aufwendiger die Produktion.

Ein stets wiederkehrendes Problemfeld ist schließlich die wechselnde, tages- oder wochenaktuelle Karte. In dieser Rubrik gibt es aus Designer-Sicht nur ganz wenige herausragende Beispiele im Markt. Die gängigsten Lösungen sind Klemm-, Klebe- oder Haftverfahren; dabei wird die zu wechselnde Karte in Form von losen Blättern in ein Cover geheftet, geklemmt bzw. geklebt. Es liegt in der Natur der Sache, daß diese Cover häufig schon nach wenigen Monaten unansehnlich werden. Andererseits ist das Wechseln der Speisekarten für manche Betriebe ein wesentliches Identitäts- und Marketingmoment. Hier bessere und innovative Lösungen zu finden, ist sicherlich eine echte Zukunftsaufgabe fürs Speisekarten-Design.

Wie aufwendig oder schlicht auch immer: Die Speisekarte ist das Herzstück der Kommunikation mit dem Gast. Und jeder weiß, wie positiv er selbst auf gut gemachte Karten reagiert; jeder weiß übrigens auch intuitiv, was eine gute Menükarte ist! Sie entscheidet vielleicht nicht allein über Kommen und Wiederkommen. Aber sie entscheidet ein gutes Stück weit mit.

Interface between art and function

Design, including that of menu-cards, always obeys two masters; it exists in the polarity between art and function. Design acts as integrating element in the field of tension between both forces; it combines both the aesthetical and the functional motive to a synthesis. Thinking in hierarchies in the line of „Form follows Function" won't lead to any success; the conditions are of a more complex nature. An initial designing idea can indeed be the starting point for the overall development of a menu-card.

If one neglects all creative design-related elements, there is one constant factor: menu-cards are means of communication. However, it is common knowledge that communication is a very complex matter. In this case, there are four levels of communication:

Level I: Information. The factual level.

Level II: Interpretation. The emotional level.

Level III: Animation. The level of action resp. invitation.

Level IV: Projection. The level of imagination.

What's behind all this? Information means explicit, virtual, and factual communication. Designation of offer, price, quality, including technical aspects: opening hours, service pecularities or credit card acceptance.

Interpretation means mediation of a businesses' conception of values, of its philosophy. It can be implicit or explicit, and as any in the widest sense of speaking ethical category aims at emotions and feeling.

Animation means activation, kindling of cravings and wants, provocation of reactions. And this in a very targeted manner, too: monitoring of interests, craving for food, food appeal.

Projection means: mediation of identity, positioning, image pattern. It's a matter of generating an image for the reader, „mind cards" as Gerd Gerken calls them, that are to manifest themselves in the card user's head as elements of interest.

The task of communication increases in complexity in each subsequent phase. And the further away you move from the factual level, the less you can be certain that the guest correctly receives the intended message.

The whole matter becomes even more complicated by the fact that all four levels practically blend and shift one on top of the other in the concrete form of the menu-card.

For this reason, communication between designer and restaurant operator isn't all that easy; and that's why it is so difficult to create good menu-cards. Incidentally, that corresponds with the general communication problem all people have with each other, it's what psychiatrists call „transmission on four frequencies".

The designer's objective accordingly is to harmonize all four aspects with each other. The menu-card admittedly is an extraordinarily important instrument in the sphere of restaurant conception, but one must always remember that it doesn't stand alone. The card is embedded in the ambiance, the service staff's conduct, the restaurant atmosphere, etc..

The menu-card accordingly is element of the entire communication mix and the identity of a restaurant conception. It is an element of corporate design, just as the logo, the facade, architecture, decoration, and the staff's uniform, other printing matters in the business, advertisement and sales promotion means. And accordingly also an element of the entire corporate identity. But that implies that the inner harmony of the menu-card is as important as the exterior one: consonance with all the other design and identity statements. To give a graphic example: a hand-written calligraphic-style

menu-card would look kind of foolish in a typical fast-food outlet.

But you don't have to make a dogma of it: intentional disharmonies under certain circumstances can be an adequate designer's means to achieve a certain effect. If specific forms of expression become common property or better, assume the character of a cliché, the individual setting a counterpoint will attract attention. In that case, controversy itself, alienation, deviation from traditional harmony patterns can create identity. Aesthetical standards simply aren't categories inscribed for all times, they are only valid until somebody breaks through them. And here's another relativization: whether the design of a card is successful or not isn't anything to be assessed in isolation. Speaking for myself, I believe that to a very large extent is dependent upon the nature of business and its overall identity.

Three basic elements by harmonizing generate a menu-card's complex visual message:

* material
* text
* graphical means

The choice of material alone, i.e. simply of the mediating means of the text/graphical information, encompasses a design-related intent.

Paper or cardboard is available in a vast array of qualities, sizes, colors, with structured or smooth surfaces, matt, glazed, or glossy, with no regard to the additional possibilities of handling with printing techniques and surface treatment. And those are only the best-selling products, just as well conceivable is the utilization of other media such as wood, textiles, plastic or plexiglass.

The card's text, initially only the mediation of linguistic messages through letters, also has a second dimension effecting the design aspect in addition to its purely lingual function. The manner of type face arrangement, the design and composition of the letters is in itself again a graphic statement. That makes typography yet another of the design-related instruments. Not to forget the language itself, i.e. formulations, choice of words, language structure. They to a large extent transport those informations of the second, third, and fourth degree not situated on the factual level. The designer therefore must always see lingual and graphic dimension of the text as a whole.

The third variable for the creative individual are the graphical means in a narrower sense: depictions, illustrations, the entire layout. Very important here: handling with colors. And then there also is the question of a menu-card's format, size, style, and volume.

Design and composition of the three basic elements constitute the visual appearance of the menu-card, so to speak in the next dimension, and consequently its overall communicative performance.

That actually sounds kind of dry, but the variety of the resulting solutions/statements is almost unbelieveable.

Of course there is a basic differentiation between pure text cards and illustrated cards, but even if text and typography are the only intruments used, the interpretation and projection are totally different depending on whether one and the same text appears

* handwritten on white paper;
* handwritten on a chalkboard in the restaurant;
* typewritten or printed by PC on paper; or
* printed on high-gloss paper.

If illustrations are to be used, it's a matter of weighting. Dominance of text or of illustration? Should only the cover be illustrated or should pictures appear throughout the card? Should the products be shown, or emphasis laid upon lifestyle motives? Drawings or photographies?

The designer's creativity principally operates free of any limitations on the open field of possibilities. It is steered in certain tracks by a number of restricting factors: functional aspects such as cost margins, practical handling and durability requirements, corporate design standards or also sales strategical objectives.

The first thing to do in any case is to define a clear-cut communication-related objective together with the restaurant operator. That also implies determination of which one of the four communication levels is to be emphasized; whether a specific lifestyle is to be stressed or if the menu-card simply is to have an appetite appeal, whether certain target groups are to be addressed through specific designing means, etc …

Something not to forget in this context is the fact that modernity and zeitgeist contents of a menu-card – and consequently of a restaurant conception – are determined by a guest by means of swiftly adapted optical signals, which he more or less subconsciously assimilates, compares with his repertoire of symbols stored at other occasions, and categorizes accordingly.

The consequence is the continuous – and increasingly faster – formation of new visual standards marking entire menu-card generations. A number of cards created in the early '80s clearly show the influence of Memphis Design, in the mid-80s we find layout style and typography influenced by Neville Brody.

Photography is a relatively young, sensible and multi-level means of menu-card design. The specific property of photographies is that several adoption levels are addressed at the same time. For one, there is the real image shown – the factual level. At the same time, one and the same photography evokes associative, interpretative impressions: through the accessories, through action and incidence of light, the visual angle, etc . . .

So to speak the newest fad are computer-technical realizations. Every single restaurant business can directly realize layouts with the help of DTP programs provided by computer resp. software producers; provided there is someone who can handle the equipment! One thing must be understood: a computer is only an instrument, it's a matter of how well one can play it – that goes for the graphics program just as much as it does for the drawing pencil.

There is a large risk of becoming stuck in standardized uniformity and thus becoming entirely comparable with others in respect of restaurant identity.

Every restaurant operator seeking to introduce a new menu-card will of course ask about the costs. Printing is always a problem specifically for individual businesses. Offset printing, the only such method capable of converting photographies, isn't worthwhile for smaller amounts, precisely the problem for individual businesses. Even in case of using the so-called proofing method, which allows production of smaller quantities, the price-per-unit remains relatively high, as the costs for the lithographic production are fully apportioned to the low volume amount.

Yet another production method is silk-screen printing, which does not, however, allow reproduction of photographies. That's why individual businesses often have illustrated menu-cards, as these are relatively easy to produce with the silk-screen method, provided the originals feature pure colors. The more complex and colorful the illustration, the more expensive the production.

A frequently recurring problem is the menu-card changing in daily or weekly intervals. From a designer's point of view, there are only very few outstanding examples on the market in this field. The loose sheet to be exchanged in the menu-card usually is fastened by clips, adhesive or tape. It comes quite naturally that these covers frequently look a mess after only a few months. On the other side, exchanging the menu-cards is an important identity and marketing factor for a number of businesses. To find better and innovative solutions should prove to be a rewarding task for future designers of menu-cards.

Regardless of whether it is extravagant or plain, the menu-card is the centerpiece of communication with the guest. And everybody knows for him or herself how he or she reacts to a well-devised card. And everybody instinctively knows what a good menu-card is! It certainly isn't the only argument for visiting a specific restaurant, but the quality of a menu-card can tip the scale – in either direction.

Speisekarten-Design –
Kernstück im Bauplan
ganzheitlicher Selbstdarstellung

Fünf exemplarische Fallstudien zum Thema
Corporate Design

Design auf dem Weg zur Kunst

Neonpink und Giftiggrün: Krasse Farben setzen schrille Akzente in der vom Architekten James Stirling geschaffenen Neuen Stuttgarter Staatsgalerie. Zum 1984 eröffneten Kulturbauwerk, das nicht nur Kunst beherbergt, sondern selber Kunst-Charakter hat, gehört auch ein Restaurant: das Fresko.

Ein Museumsstandort, also eine Situation abgeleiteter Nachfrage – was man, vielen nicht eben vorzeigbaren Pendants zum Trotz, daraus machen kann, zeigt dies Engagement. Bedingung allerdings war und ist ein separater Zugang zum Restaurant, zwecks Abkoppelung von den museumsüblichen Öffnungszeiten.

Von vornherein wurde das Fresko, das seine nicht bloß räumlich zu verstehende Nähe zur Kunst schon im Namen zu erkennen gibt, nur mit halbem Blick auf die Besucher der Staatsgalerie konzipiert. Die spricht man tagsüber natürlich vorwiegend an. Doch abends, nach Museumsschluß, wechselt komplett die Szene. Ins fein gemachte Restaurant – Tischdecken, darüber Papiervliese, Kerzen – kommen dann die Fresko-Fans. Kreative mit Bildungshintergrund, avantgardistisch angehaucht. Kunstmacher, Kunstfreunde und Kunstbeflissene. Und all jene, die von dem bunten Künstlervolk angezogen werden.

Das Fresko hat sich in doppeltem Sinne mitten in Stuttgarts Kunstszene angesiedelt. Faktoren wie Standort und Ambiente sind da im Spiel, auch eine exzellente, einfallsreiche Küche. Doch schwerer wiegt wohl der persönliche Stil der Betreiber, sie kultivieren eine ganz spezielle, kreativ-lebendige Atmosphäre.

Sie entfaltet sich in einem Ambiente, das in seinen Grundzügen die Design-Handschrift des Architekten Stirling trägt. Von ihm stammt die voluminöse Fensterfront zur Freiterrasse hin, die eigenwillige Thekenkonstruktion ebenso wie die klassische Bestuhlung aus hellem Bugholz. Und – unübersehbar – der grasgrüne Noppen-Kunststoffboden als Beziehung stiftendes Farbsignal. Die Betreiber haben Details hinzuaddiert: riesige, schräg gehängte Spiegel. Palmen und üppige Blumenarrangements. Diverse Accessoires aus allen möglichen Stilepochen. Und wechselnde Bilder an den Wänden. Hoch und hell, vor allem offen, kommunikationsfreundlich, drängt sich das Ambiente nicht in den Vordergrund. Es versteht sich eher als Kulisse, als Plattform einer gastronomischen Inszenierung, an der beide Seiten, Gastgeber und Gäste, beteiligt sind. Die Gäste dürfen, ja sollen raus aus ihrer passiv konsumierenden Rolle und selber in Aktion treten. Spontaneität wird groß geschrieben: Wer Lust hat, kann sich ans Klavier setzen. Oder die Vliestischdecke zur Leinwand umfunktionieren: Actual Art. Die Fresko-Leute machen's vor: Sie schreiben Reservierungen direkt auf den Tisch, oder die Menüfolge bei Gruppenarrangements. Und – die Rechnung.

TAXI
566061

Schnaps +
aus dem Elsass: BIER

Quetsch 2cl	5.-	Rum 4cl	6,50
Mirabelle	6.50	Gin	6.50
Williams	6.50	Vodka	8,50
Himbeere	6.50	Jim Beam	8,50
Kirsch	6.50	Chivas Regal	8,50
Marc de Tramine	6.50		

♥ Pernod 2cl	5,-	♥ Campari	5,50
Fernet Branca	5,-	Cynar	5,50
Ramazotti	5,-	Sherry	6.-
Grappa di Prosecco	8,50	Portwein	6.-
Grand Marnier	6.-	Martini	6.-
Cointreau	6.-	Baileys	6.-
Remy Martin VSOP	6,50	Amaretto	6.-
Franz Kellers Calvados	6,50		
Carlos I	8,50		
Armagnac	8,50		

Dinkelacker Privat 0,5 l 5,-
Hofbräu Herrenpils 0,3 l 4,-
0,5 l Weizenbier + Dinkel leicht 5,-

Gastronomie wird hier – unbürgerlich, ausgefallen, ein bißchen ausgeflippt – gelegentlich zum Happening. Bis hin zu regelmäßigen, organisierten Performance-Abenden: Dinner Spectacles.

Selbstverständnis und Zielgruppenansatz des Fresko basieren auf der innigen Verbindung von Kunst und Küche. Und diese dokumentiert sich auf phänomenal geglückte Weise in der Karte des Restaurants.

Diese Karte, als Ringbuch konzipiert, ist eigentlich mehr als Design: schon fast selbst ein Kunstobjekt. In außen knallgrünes, innen leuchtend pinkfarbenes Plastik verpackt – die schräge Stirling'sche Farbkombination hat auch das Fresko zu seinen Hausfarben erkoren –, erwartet den Gast ein ideensprühendes, lustvoll zu lesendes, ungemein witziges Konglomerat aus diversen Abteilungen der Kunstgeschichte.

Auf zwölf beidseitig gestalteten Einlegeblättern wird das Angebot präsentiert; jede (Doppel-)Seite für sich ein kleines Kunststück. Drei Farbgruppen gliedern das Angebot: Grün und Pink – wie könnte es anders sein; respektlos kombiniert mit Blau. So kommen Blatt für Blatt die Produktsegmente ans Licht: Grün ist dem Frühstück vorbehalten. Dann brechen rosige Zeiten an: das Speisenangebot, von den Vorspeisen bis zum Käse. Blau – ein Schuft, der Böses dabei denkt – steht für die Getränke. Doch die eigentliche Information ist eingebunden in gestalterische Tableaus, die unbefangen querbeet aus dem Fundus der Stilepochen zitieren.

Eine chaotisch-freche Mischung aus surrealistischen, dadaistischen und Pop-Art-Elementen, Karikaturen, Collagen und Fotomontagen verquickt stiltypische Motive wie den amerikanischen Straßenkreuzer der Pop-Art-Kultur mit hauseigenen Interna, Anspielungen auf Geschichten, die nur für Eingeweihte zu entschlüsseln sind – und ihnen eine zusätzliche Spaßdimension verschaffen.

Wort-Bild-Collagen in Dada-Manier, verfremdende Montagen umspielen – ironisierend, karikierend – das gastronomische Leitthema Essen und Trinken.

Im gleichen skurrilen Gewand kommen die Dinner-Show-Ankündigungen daher; gefaltete Einsteckblätter, keineswegs auf (Farb-)Harmonie bedacht. Und auch die zum Fresko-Schriftzug gestellte Karikatur, die man als Aufkleber mitnehmen kann, weist deutlich in Richtung Dada.

Freiheit und Regellosigkeit nicht nur der Kunst, sondern auch der Lebensart: Mit der kreativen Berufung auf eine Kunstrichtung, die seinerzeit – antibürgerlich, unangepaßt, kritisch persiflierend – die Avantgarde schlechthin verkörperte, bezieht auch die Fresko-Karte Position. Sie ist so eigenwillig, so wenig am Mainstream-Denken orientiert wie das gesamte Gastronomiekonzept. Ihre Ästhetik ist intellektuell und erschließt sich in ihrem ganzen Anspielungsreichtum erst den einschlägig Vorgebildeten.

Im Ensemble von Gestaltung und Information fügt sich letztere dem ästhetischen Gesichtspunkt. Gegen alle Regel ist Lesbarkeit hier nicht oberstes Gebot; die handschriftlichen, mit kratziger Tuschefeder eingefügten Angaben wirken improvisiert, unvollkommen, spontan. Funktional ist die Lösung sehr wohl: Einzelne Blätter können mühelos ausgetauscht, kleinere Änderungen ohne Stilbruch nachträglich eingefügt werden.

Diese Karte, deren Realisierung ein ganzes Jahr der Ideensammlung vorausging, kann nicht nur hohen Unterhaltungswert reklamieren. Hier ist das Kunststück gelungen, Identität zum Ausdruck zu bringen und sie zugleich selbst zu generieren.

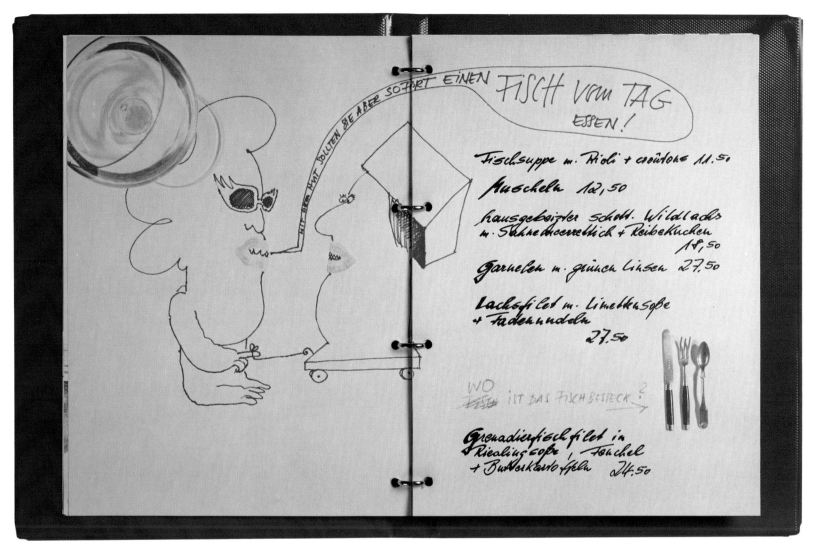

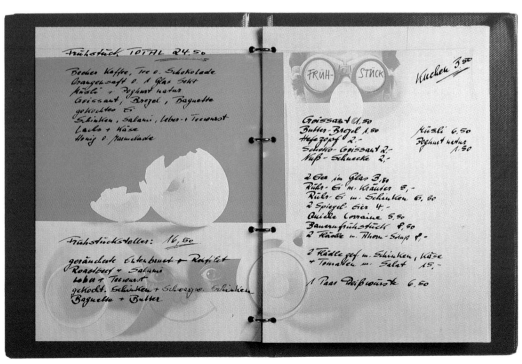

Design gone art

Neon pink and garish green: extreme colours set shrill accents in Stuttgart's new Staatsgalerie (state gallery) created by architect James Stirling. Part of this cultural monument opened in 1984, which not only houses works of art but can be considered one itself, has been turned into a restaurant named Fresko.

A museum location, that is, a situation in which culinary enjoyment is only the secondary attraction; what can be made of it in spite of many unpresentable counterparts is aptly demonstrated by this example. A major prerequisite is a separate entrance, so as to be independent of the museum's regular opening hours.

Even though its not only locational proximity to the world of art is already expressed by its name, the Fresko's concept was developed with only one eye cast on the museum's visitors. During the day, the museum's visitors are a major part of the clientele. After closing time, however, there is a complete shift in scenario. At nighttime, the nicely decorated restaurant – replete with table cloths, paperdoilies and candles – is crowded by Fresko-fans. Creative people with an educational background, with a scent of avantgarde. Artists, art-lovers and connoisseurs; and all those who are attracted by this colourful mixture.

Fresko has chosen a location smack in the center of Stuttgart's art world, in more than one sense. Some factors are location and ambiance, also an excellent cuisine. But most important is the personal style of the proprietors – they cultivate a very unique, creatively alive atmosphere.

It unfolds in an ambiance which to a large degree carries the design signature of architect Stirling. The enormous window-front opening onto a terrace was his idea, as well as the unusual bar-counter construction and the classically shaped light-coloured wooden chairs. And – not to be overlooked – the grass-green nubby synthetic floor which serves as a connecting colour element. The proprietors have added their own details: giant mirrors hung with a slant, palmtrees and opulent flower-arrangements, selected accessoires dating from different periods of style. The pictures decorating the walls are exchanged regularly. Light and spacious, above all open, fostering communication, the ambiance does not grab the attention but serves as a backdrop, a platform for a gastronomical production in which both host and guest can play their part.

The customers are encouraged to leave behind their usual passively consuming role and be part of the action. Spontaneity is the key word here. Anybody wanting to can play the piano or turn one of the paper table covers into a canvas: actual art. The Fresko's staff gives an example: they'll use the table cover to mark reservations, to list the bill of fare for a special gathering – or – to present the bill! Here restaurant life can turn into a happening – a little 'off', a little extravagant, a little flippant. This can go all the way to regularly organized performance-evenings: dinner spectacles.

The Fresko's self-image and clientele-focus are based on a close connection between art and cuisine. This is documented in a phenomenally successful way by the restaurant's menu-card.

The menu-card, concipated as loose leaf folder, actually leaves the category of design to become a work of art. The outside is bright green, the inside pink plastic material – the daring colour combination favoured by Stirling was also chosen by the proprietors as the 'house-colours'. Inside there is a veritable firework of ideas, an extremely funny concoction mixed together of all eras of art history, a genuine pleasure to read.

The items classified by three different colours are listed on twelve double pages. Green and pink (how could it be different!) respectlessly combined with blue. As you turn the pages, different categories of products are highlighted: green is reserved for breakfast, rosy shades announce all food items from appetizers to main dishes. And blue is not the mood, but sets the stage for the listing of beverages. The actual information is arranged into beautifully designed tableaus, unabashedly quoting from a variety of styles.

A smartly chaotic mix of surrealism, Dada and pop-art-elements, caricatures, collages and photomontages mingles style-typical images such as the American highway-cruiser of pop-art-fame with 'home baked' interna, insinuations of tales only known to insiders – a special treat for regulars!

Script-image collages in Dada-style, mystifying montages, caricatures and little jokes illustrate the gastronomical main attractions – food and drink.

The dinner show announcements are made up in the same eccentric manner: folded stick-in pages, giving no thought to harmony (of colours). And also the caricature which makes up the Fresko's signature shows a definite tendency towards Dada.

Freedom and nonconformity not only in art – but also as a life-style: by drawing inspiration from a style of art which in its day was meant to be shocking, anti-establishment, critical and witty, as avantgarde as could be, the Fresko-card takes a definite position. It is just as far removed from mainstream thinking as the entire restaurant's concept. The aesthetic values are intellectually flavored and demand quite a bit of cultural literacy in order to be fully appreciated.

In the choreography of design and information, the latter is subject to aesthetic dominance. Bending all rules, readability is not the primary objective here. The handwritten scriblings look improvised, spontaneously thrown in. Functional it is; single pages can be exchanged easily, small changes in the card can be made without causing any breach of style.

This menu-card, which took an entire year of collecting ideas, can not only claim a high entertainment value: the feat is the identity expressed and generated at the same time.

Referenz an den Standort

Knapp einen Steinwurf vom Stephansdom entfernt, macht seit Herbst 1990 das vom Star-Architekten Hans Hollein entworfene Haas-Haus dem mächtigen Kirchenbau im Herzen Wiens sehr weltliche Konkurrenz. Und im obersten Stock des Luxus-Konsumtempels residiert das Restaurant Do & Co. Dieser Standort sucht seinesgleichen.

Hat die schockhafte Konfrontation sakraler Architektur mit dem postmodernen Styling des noblen Passagengebäudes schon von außen ihren Reiz, wird's drinnen erst recht aufregend.

Dank der transparenten Fassadengestaltung des Haas-Hauses eröffnen sich faszinierende Perspektiven auf den Dom – je höher man kommt, um so atemberaubender. Der exklusive Ausblick, von unten so gar nicht erlebbar, sichert Do & Co einen einzigartigen Auftritt. An ihm macht sich die Einmaligkeit der Location und zu guten Teilen auch ihre Attraktivität fest.

Do & Co agiert hier mit einem gestaffelten Konzept. Zum eigentlichen Restaurant im siebten Stock – so exklusiv wie das Haas-Haus selbst, man wollte sich ganz entschieden vom Genre 'Aussichtslokal' abgrenzen – mit seiner Außenterasse gesellen sich eine Bar und ein Caféhaus, das abends häufig auch für geschlossene Veranstaltungen genutzt wird.

Das zurückhaltend moderne Ambiente der Betriebe folgt den Vorgaben der Haas-Haus-Architektur, ohne deren postmoderne Extravaganz zu übernehmen: Es gibt sich edel, ungezwungen-elegant und jugendlich. Blickfang im Restaurant sind ein kleiner Teppanyaki-Bereich sowie eine offene Schauküche mit Präsentationstheke; Ausweis konzeptioneller Transparenz. Ansonsten darf die atmosphärische Kraft des offenen Ausblicks sich ungestört entfalten. Besonders das Caféhaus in seinem vorgelagerten, doppelstöckigen Erker profitiert voll vom Reiz der ungewohnten Perpektive auf den zum Greifen nahen Dom. Und hinreißend schön wird das Panorama abends, wenn Scheinwerfer den Kirchenbau in ein unwirkliches Licht tauchen.

Da drängt es sich geradezu auf, den visuellen Auftritt konsequent auf die positive Option der Dom-Nachbarschaft zu stellen.

Im Logo und im Kartendesign wird die Standort-Karte voll ausgespielt: Man hat sich für zwei parallele Umsetzungen entschieden, die unterschiedliche Referenzebenen aktivieren.

Zunächst zum Logo. Hier bestand die Aufgabe darin, den schon vorhandenen Do & Co-Schriftzug neu zu interpretieren. Denn das gastronomische Unternehmen Do & Co existiert bereits seit 1981, zu seinen Aktivitäten zählen ein Delikatessengeschäft mit angegliedertem Restaurant sowie ein umfangreiches Party-Service- und Air Catering-Business. Es galt also, die Eigenständigkeit des neuen Engagements und zugleich die Identität der Betreiber-Company – zwecks Image-Transfer – rüberzubringen. Damit verbot es sich, beim Logo völlig neu ranzugehen. Die Lösung bringt den Standort als Erkennungsmoment ins Spiel: Der vertraute Schriftzug wurde in eine stilisierte Dom-Silhouette gestellt, ein goldener, von hauchfeinen weißen Streifen durchbro-

chener Kreis drumherum gibt dem Ganzen Halt und Wertigkeit.

Moderner in der Anmutung, leistet die Wort-Bild-Komposition gegenüber dem Ursprungslogo der Company eine deutliche Aktualisierung. Während als Symbolfigur für die übrigen, seit Jahren gewachsenen Aktivitäten von Do & Co der Austernschlürfer steht, eine Karikatur des österreichischen Künstlers Erich Sokol, repräsentiert die Sachlichkeit des neuen Logos den USP des Haas-Haus-Engagements.

Den edlen Goldton darf man durchaus als Signal von Wertigkeit verstehen. Do & Co, grundsätzlich im gehobenen Marktsegment zu Hause, zielt im Haas-Haus betontermaßen auf ein anspruchsvolles Publikum. Sehr geschickt pariert jedoch die Schlichtheit der Form jeden barock-ältlichen (oder postmodern persiflierenden) Beigeschmack solcher Farbenwahl.

Symbolhaft repräsentiert der Aufbau des Logos mit dem Kreis als integrierendem Element die reale, spannungsvolle Konstellation von Do & Co, Dom und Haas-Haus.

Während das Logo an der Außenfassade des Gebäudes sowie auf Visitenkarten und anderen Drucksachen des Betriebs, dann auch – in variierender Farbstellung – auf Verpackungsmaterialien auftaucht, ist eine zweite Referenzebene vornehmlich den Speisekarten vorbehalten.

Als Anknüpfungspunkt dient hier das aparte, durch pastellfarbige Schindeln erzeugte und in seiner Ausstrahlung verblüffend moderne Zickzack- und Rautenornament auf dem Dach des Stephansdoms. Dies hoch dekorative Motiv, das sich dem Betrachter eben erst von oben zu erkennen gibt, wurde zur Vorlage für das weiß-grün-grau-gelbe Muster der Do & Co-Karten.

Das Kartenprinzip besticht durch seine geniale Schlichtheit: Als Basis fungieren beidseitig mit dem Dekor bedruckte, glanzbeschichtete Doppel-Kartons, sie sind auf Vorder- und Rückseite mit vier diagonalen Einsteckschlitzen versehen. Dort hinein

passen die technisch vervielfältigten, DIN A4-formatigen Blätter mit dem täglich wechselnden Speisenangebot: vorne die Vorspeisen, hinten die Hauptgerichte. Eine kleinere Variante fürs Dessert- und Käseangebot funktioniert nach dem gleichen Prinzip.

Caféhaus und Bar arbeiten mit einer Cover-Version im selben Dekor, die Angebots-

blätter werden mittels einer Kordel fixiert. Hier sind jedoch beide Adaptionen des Dom-Motivs zusammengeführt: Die Vorderseite des Covers zeigt das Logo eingeklinkt in den ornamentalen Hintergrund.

Das Dekor kehrt in der Verkaufsverpackung für das hauseigene Markenprodukt des Do & Co-Betriebs am Stephansplatz wieder: den Dom-Spitz, süßer Versuchs-

ballon des Unternehmens in Sachen Markentransfer. Die dreieckige Form der Schachtel variiert das grafische Motiv auf dekorative Weise.

Daß sich der visuelle Auftritt so komplett um den Dom dreht, stellt mehr dar als nur ein naheliegendes Marketing-Kalkül. Denn fest steht: Erst der sensationelle Blick nach draußen qualifiziert den Standort unter die besten der ganzen Stadt. Denkt man ihn weg, wäre der Platz nur noch halb soviel wert. Ein Restaurant im siebten Stock, und sei es noch so gut – dazu gehört ohnehin eine Menge Courage. Kaum ein Gastronom in Europa würde sich dergleichen zutrauen; zumal wenn, wie im Haas-Haus, in den Abendstunden der Frequenz-Support vollständig entfällt.

So gesehen, konnte das Do & Co-Konzept im Haas-Haus letztlich nur dank des kirchlichen Gegenüber und der damit verbundenen Erlebniswerte aufgehen; das Dom-Motiv wird unweigerlich als integrales Element dem Profil des Betriebs selbst einverleibt.

Zugleich sorgt die durchs Corporate Design noch forcierte Verknüpfung von – reputationsstarkem – Standort und gastronomischem Engagement für erhebliche Rückkopplungseffekte auf das Image der gesamten Do & Co-Gruppe. Zweifellos eine schöne, keineswegs unerwünschte Begleiterscheinung.

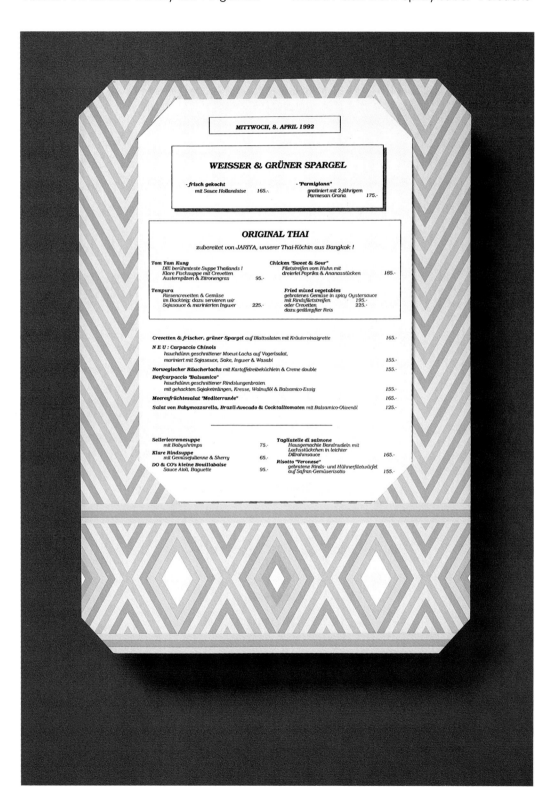

Gastronom:	Proprietor:
Attila Dogudan, Do & Co- Gruppe, Wien.	Attila Dogudan, Do & Co group, Vienna.
Interieur-Design:	**Interior design:**
Hans Hollein, Wien/Do & Co.	Hans Hollein, Vienna, Do & Co.
Logo:	**Logo:**
Erich Sokol, Wien.	Erich Sokol, Vienna.
Karte:	**Menu-card:**
Mang & Partner, Wien.	Mang & Partner, Vienna.

Taking a bow to the location

Just a stone's throw away from Vienna's St. Stephan's cathedral, very worldly competition has sprung up for this respectable sacral building: the Haas-Haus, a temple of luxury and consumerism designed by the famous architect Hans Hollein. The restaurant Do & Co is situated on the top floor of this building. Quite a location!

If you've gotten a kick out of the shocking concentration of sacral architecture and the post-modern styling of this very noble shopping passage – just wait until you're inside!

The transparency of the Haas-House's facade opens up to fascinating perspectives of the cathedral – the higher up you get, the more breathtaking they are. The exclusive view, not to be had from down below, secures a unique bonus for Do & Co.

The actual restaurant on the 7th floor – as exclusive as Haas-Haus itself, not to be taken for another example of the 'scenic view' genre – with its open-air terraces is complemented by a bar and a café, which in the evening is often used for 'closed company' functions.

The ambiance is quietly modern, matching the Haas-Haus' architecture without picking up on its postmodern extravagance. The impression is refined, informally elegant and 'with it'. Catching the eye are a small Teppanyaki-area and an open show-kitchen with a presentation counter. Otherwise, the atmospheric strength of the view is allowed to develop without hindrance. The café gets the full benefit of the nearby cathedral and the evening panorama is even more breathtaking.

Logo and menu-card design both exploit this 'ace' of a location: two parallel interpretations have been chosen to activate different levels of reference.

First the logo: the objective was to newly interpret the already existing Do & Co signature. Do & Co had already been in existence since 1981, its previous activities included a combined food specialty store/deli as well as an expanded catering service. The objective of the new logo was to express the independence of the new venture as well as the identity of the company, to enact an image-transfer, so to speak. This forbade the design of an entirely new logo. The solution chosen draws on the location as a distinguishing factor: the familiar signature was set inside a stylized cathedral silhouette; a golden, round aureole, broken by fine white lines, holds the elements together and conveys an impression of exquisity.

More modern than the company's original logo, the script-image-composition of the new design represents a definite actualization. Whereas Do & Co's remaining activities, which have grown over a number of years, are represented by a caricature of a man slurping an oyster (done by the Austrian artist Erich Sokol), the more functional look of the new logo represents the USP of the entire Haas-Haus.

The elegant golden aureole may very well be understood as a signal of refinement. Do & Co, generally housed within the upper segment of the market, is also aiming at an exacting clientele in the Haas-Haus. The simplicity of its design keeps the choice of colours free of any baroque-style old-fashioned flavor (or from looking like a post modern take-off).

Whereas the logo is used on the building's facade as well as on business cards, letter-heads and on packaging material, a second reference level is used for menu-cards exclusively.

The inspiration here was the striking – in its use of pastel shades amazingly modern – zig-zag and diamond pattern created by the shingles on the roof of St. Stephan's cathedral. This highly decorative motive, only to be seen from above, became the model for the white, green, grey, and yellow pattern now to be seen on Do & Co's menu-cards.

The menu-card's concept is impressing with its ingenious simplicity: glossy, double-layered cardboard with the pattern printed on both sides is cut out diagonally four times front and back. These slits hold the sheets of paper listing the day's menu. A smaller version of this card serves as cheese and dessert menu.

Café and bar employ a cover-version using the same decoration, the sheets are held together by a cord. Here both adaptions of the cathedral motive are brought together: the front of the cover shows the logo set into the ornamental background.

The decoration reappears on the packaging of Do & Co's unique brandname-product, the Dom-Spitz, sold at the company's Stephansplatz location. This sweet specialty is an experiment as far as brand-name-transfer goes; the triangular box decoratively varies the graphical motive.

The fact that the visual representation is so entirely focused on the cathedral is more than just an obvious marketing calculation. The truth is: only the sensational view qualifies the location as one of the best in town. Take it away, and its value is reduced by half. To open up a restaurant on the 7th floor of any building – no matter how good the food – takes considerable courage, especially if (as in the case in Haas-Haus) there is absolutely no supporting customer frequency during the evening hours.

Seen from this angle, the Do & Co concept at Haas-Haus could only be realized thanks to the venerable vis-à-vis and the connected viewing-experience. This explains the integral role of the cathedral element in the enterprise's profile.

At the same time, the connection of reputable location and gastronomical commitment – strongly emphasized by corporate design – creates quite a raise in prestige for the entire Do & Co group. No doubt, a pleasant and desirable side-effect!

Ein Fall geglückten Nachempfindens

Mit dem Sakura hat das Bahnhof Buffet Basel gleich zwei gängige Überzeugungen widerlegt. Die erste: Japanische Gastronomie gehobenen Zuschnitts sei für Europäer praktisch nicht machbar. Die zweite: Schon gar nicht an einem Bahnhofsstandort, geprägt durch Hast, Versorgungsdenken und allzu gemischtes Publikum.

Wahr ist: Japanische Restaurants, ein Aufsteigerthema unter betuchteren, multikulturell orientierten Konsumenten, müssen als gegenwärtig wohl anspruchsvollstes, in der Umsetzung diffizilstes aller Ethno-Konzepte gelten. Ohne japanische Köche und einen japanischen Designer wäre auch die Eröffnung im Frühsommer 1990, vor allem aber der Erfolg von Sakura – zu deutsch: Kirschblüte – nicht machbar gewesen.

Erfolg entscheidet sich für Konzepte dieser Art zuallererst an ihrer Authentizität. Aber sie darf um Himmels willen nicht als Folklore mißverstanden werden! Es kommt darauf an, den Geist japanischer Kochkunst und Kultur zu vergegenwärtigen. In Rezepturen und Zubereitungsweisen, in Präsentation und Stil des Service – und nicht zuletzt im Design.

Das Sakura-Interieur zeigt eine einfühlsame, zeitgemäße Umsetzung japanischer Ästhetik, sprich: Arbeit mit Proportionen und Strukturen. Bewußte Reduktion: wenig, aber wertig. Einfachheit im Design, beinahe asketische Schlichtheit. Sie soll, getreu dem japanischen Verständnis, die Konzentration auf das kulinarische Erleben fördern.

Edle, moderne Materialien, klare Formen, äußerste Zurückhaltung bei der Dekoration erzeugen eine stille, fast meditative Atmosphäre. Großzügige, gestaltete Flächen lassen die Materialien wirken; harmonische, sanfte Farben, kombiniert mit einigen kräftigen Rot-Akzenten, signalisieren Eleganz und Natürlichkeit.

Sakura repräsentiert ein zweigliedriges Konzept. Teppanyaki- und Yakitori-Bereich differenzieren nach Angebot, Niveau – auch der Preise –, Besuchsmotiven und Ambiente. Drittes, ergänzendes Moment: eine Lounge/Cocktailbar. Teppanyaki, das ist das exklusive Eßtheater am Heißen Tisch; Yakitori – unkomplizierter, schnel-

ler – konzentriert sich auf gegrillte Spießchen aller Art.

Im edlen Teppanyaki-Bereich mit seinen drei Tischformationen liegt der designerische Focus ganz auf der Hervorhebung der Tischinszenierung. Die exotische Kulisse liefern vor allem japanische Papier-

Stellwände vor den Fensterfronten. Im Yakitori-Teil dann wird das Ambiente heller, luftiger. Oberlicht und ein Buccida-Baum, dahinter eine Glaswand mit Ausblick ins Grüne verbreiten Garten-Atmosphäre.

'Echter', glaubwürdiger als simple Kopien traditioneller fernöstlicher Vorbilder wirkt der Design-Ansatz deshalb, weil er sich Grundhaltung und Formensprache moderner japanischer Architektur zu eigen macht. Ausdrückliche Stil-Zitate werden dagegen äußerst sparsam eingesetzt.

Auch das Sakura-Logo selbst liefert in seiner eindringlichen Komposition ein Beispiel geglückten Nachempfindens. Unter dem klangvollen Namen ein weißer Kreis auf dunkelgrauem Grund – seine Textur läßt an handgeschöpftes Papier denken oder auch an den Effekt eines Farbauftrags auf rauhem Untergrund. Darüber wie hingeworfen ein blauer Pinselstrich, flüchtiges Zitat japanischer Kalligraphie.

Fürs Logo galt der gleiche Grundsatz wie fürs Interieur Design – auf keinen Fall naturalistisch! Seine Gestalt ist inspiriert von jenen Flaggen, die in Japan signalisieren, daß ein Restaurant geöffnet ist. Das Kreissymbol steht – streng stilisiert – für den gefüllten Teller, Schlüsselbild gastronomischer Dienstleistung. Wer will, mag darin auch eine Kirschblüte sehen ...

Von der ersten Begegnung beim Aufgang zum Restaurant – er wurde nach Art einer japanischen Zugbrücke gestaltet – begleitet das Logo den Gast: Es ziert die Papierverpackung der Einweg-Eßstäbchen ebenso wie die Streichholzschachteln, es dient als Etikett des hauseigenen Sakura-Roséweins (ein Piemonteser Gewächs, auf wunderschöne, schlanke Flaschen gezogen) – dort allerdings mit dem japanischen

Sakura-Schriftzeichen, das als großflächiges Gemälde auch in der Lounge erscheint. Und natürlich taucht es auf den Karten-Covern auf.

Das Kartenkonzept des Betriebs ist musterhaft. Das dreiteilige Karten-Ensemble – Getränkekarte sowie je eine Speisekarte für die beiden Betriebsteile – hat Auftritt, dafür sorgen Optik und Format. Ansehnliche 40 Zentimeter hoch, nimmt das schmale Format den geschlossenen Karten dennoch jede Wuchtigkeit. Und so sind sie trotz ihrer Größe gut handhabbar. Die Cover aus beschichtetem Hartkarton variieren die Farben des Logos: Blauer Fond für die Yakitori-Karte, Schwarz für Teppanyaki und Getränke.

Die Lösung im Innern: so originell wie praktisch. Linksseitig eingeklebte Leporellos können wie eine Ziehharmonika entfaltet

werden, für den Gast ergibt sich die Bequemlichkeit, das gesamte Angebot auf einen Blick vor sich zu haben.

Beide Speisekarten arbeiten im Mittelteil mit austauschbaren Einsteckkarten. Das ermöglicht problemlose Angebotsvariation bei Teppanyaki-Menüs und Yakitori-Spießen.

Abweichend von der Teppanyaki-Karte, die ganz ohne Bebilderung auskommt, ist das Yakitori-Kernsortiment mit farbigen Illustrationen versehen. Die Bilder, deren Aquarellstil an colorierte japanische Tuschezeichnungen erinnert, ersparen umständliche Erklärungen – nebenbei läßt sich so ohne viele Worte über die zu erwartende Größenordnung der Spießchen informieren.

Insgesamt jedoch werden visuelle Mittel äußerst dosiert eingesetzt. Wichtigstes

SAKURA

TEPPANYAKI MENUS

TAKE

前菜
ZENSAI
Ohtashi oder Takasu

和風サラダ
SALADA
…mischer Salat
…cher Salatsauce

MATSU

前菜
ZENSAI
Ohtashi oder Takasu

和風サラダ
SALADA
Gemischter Salat
mit japanischer Salatsauce

野菜
YASAI
Verschiedene Gemüse

サーロインステーキ
LOHS NIKU
US-Sirloin
…panischer Reis

URA

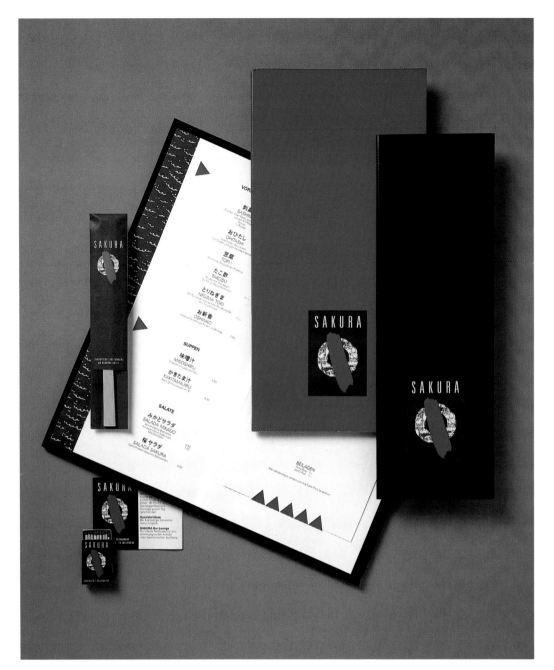

Design-Element der Karten sind die dekorativen japanischen Schriftzeichen – sie verstehen sich als entgegenkommende Geste für japanische Besucher. Das großzügige Layout macht sich ihre plakative Wirkung geschickt zunutze: Im Verein mit der Umschrift und den deutschen Erklärungen – in unterschiedlichen Typographien – ergibt sich ein ausdrucksstarkes Schriftbild. Die perfekte Verschmelzung von Information und Design!

Der übersichtliche, klar gegliederte Kartenaufbau wiederholt zugleich das Leitmotiv der Sakura-Architektur: Schlichtheit als ästhetische Qualität. So entpuppt sich als haltgebender Unterbau des Corporate Design die Geschlossenheit der Philosophie.

Gastronom:

Hans Berchtold, Basel.

Architekt:

Nicolas Goetz, Basel.

Interieur-Design:

Susanne Biedermann, Joshiharo Ishii, Basel/Paris.

Logo/Speisekarte:

Luis Rempert, Werbebüro Dr. René Sidler, Basel.

Proprietor:

Hans Berchtold, Basel.

Architect:

Nicolas Goetz, Basel.

Interior design:

Susanne Biedermann, Joshiharo Ishii, Basel/Paris.

Logo/menu-card:

Luis Rempert, Werbebüro Dr. René Sidler, Basel.

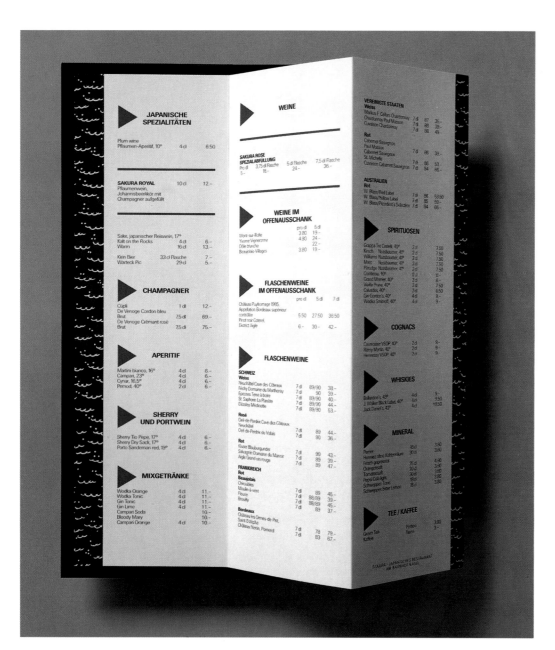

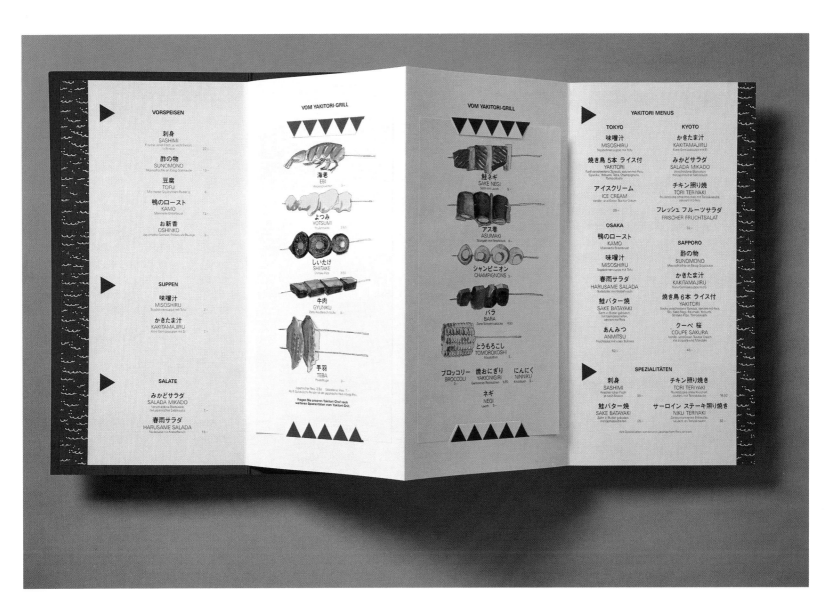

A case of successful cultural transplantation

The Sakura at the Basel train station disproves two widely held convictions. The first is: elevated Japanese cuisine simply can't be done for Europeans. The second is: – especially not if the location is a train station, dominated by hurry, the need to shop for provisions, and a very mixed audience.

The truth is: Japanese restaurants, the fast favourites of a well-to-do, multiculturally oriented clientele, have to be considered the most challenging and difficult to realize of all ethnic concepts. Without a Japanese cook and a Japanese designer, the opening of Sakura (in English: cherry blossom) in 1990 and the soon visible success would not have been possible.

The most important prerequisite for success – at least for this type of concept – is authenticity. But, for heavens's sake, don't take this to mean 'folklore'! The objective is to catch the spirit of Japanese culinary art and culture, in recipes and cooking-techniques used, in presentation and style of service, and – last but not least – in design.

The Sakura's interior shows a very sensitive and modern translation of Japanese aesthetics, more specifically the use of proportions and structures. Conscious reduction, that is: very little, but precious. Simplicity in design, almost ascetic modesty. Following Japanese reason, this serves to direct the diner's attention toward the culinary experience.

Valuable and modern materials, simple shapes, and extreme restraint in decoration create a quiet, almost meditative atmosphere. Generously sized surfaces allow the materials to take effect; soft, harmonious colours, combined with few vibrantly red accents signalize elegance and at the same time unpretentiousness.

The Sakura represents a two-jointed concept. Teppanyaki and Yakitori sector differ in menu, standards – this includes the price range –, 'reasons for coming' and ambiance.

Teppanyaki, that's the exclusive culinary ceremony at the 'Hot Table'; Yakitori – less complicated and time-consuming – concentrates on various little grilled skewers.

In the exclusive Teppanyaki area with its three table formations, the design's focus is on accentuating the 'production' at the table. The exotic backdrop is produced mainly by Japanese Shoji-screens positioned in front of the windows. The ambiance of the Yakitori section is lighter, airier. A skylight and a Buccida tree in front of a scenic window with a view on lush greenery conjure up a garden-like atmosphere.

The Sakura's design exudes so much authenticity because it doesn't rely on simply copying Eastern design examples, but draws its inspiration directly from modern Japanese architecture. On the other hand, decorative elements quoting the traditional style are used very sparingly.

The Sakura's logo with its striking composition shows an empathetic understanding for Japanese culture. Beneath the resounding name, a white circle on a dark grey background - the texture reminds of handmade paper, or maybe the effect of paint on a rough surface. Above the circle a casual blue brushstroke, a fleeting impression of Japanese calligraphy.

The logo is governed by the same design principles as the interior – no naturalistic touch whatsoever! The logo's imagery is inspired by the banners which in Japan mark a restaurant open for business. The symbol of the circle – strictly stylized – represents the filled plate, the ultimate embodiment of gastronomical service, on, if it so pleases, a cherry-blossom.

From the very first step, when going up the passage to the restaurant entrance – made to look like a Japanese draw-bridge – the logo accompanies the customer: it graces the paper wrapping of the non-reusable chopsticks, appears on the matchbooks, and serves as label for the Sakura's own rosé wine (a Piemontese vintage poured from very attractive, slender bottles) – though in this case with the addition of the

Japanese pictograph for 'Sakura', which is also to be seen as a generously-sized painting in the lounge. And of course, it is also used on the menu-card's covers.

The enterprise's card concept is exemplary. The threefold card-ensemble – drinks, as well as one card each for both of the restaurant's sections – impresses by visual impact and format. 40 respectable centimeters high, its slender shape saves it from appearing too weighty. The covers – made of laminated cardboard – vary the colours of the logo – blue background for the Yakitori-card, black for Teppanyaki and drinks.

The entire card can be unfolded from left to right just like an accordion, additionally, both menu-cards use the concept of exchangeable slide-in cards in their center. This facilitates easy variation of special Teppanyaki-menus and Yakitori-skewers.

Differing from the Teppanyaki-card, which is completely devoid of any illustration, the Yakitori-card illustrates its mainstay of items with small coloured pictures. These little images, whose water-coloured style is reminiscent of coloured Japanese ink-drawings, make it unnecessary to explain a dish with any words – and also give the customer an idea of the size to be expected of his chosen skewer.

In general, though, visual means are used with great discretion. The menu-card's most important design elements are the Japanese pictographs – meant as a special accommodation for Japanese visitors. The generous lay-out makes the most of the pictographs' visual impact: together with the phonetic transcription and the German explanation – each in a different typographical design – they make up a very expressive face. A perfect harmony of information and design!

Der Reiz der Verfremdung

Der Standort hat Geschichte: Bereits im 15. Jahrhundert gab es hier eine Gaststätte namens 'Blaue Ente'. Dann wurde daraus eine Brauerei, gefolgt von einer Mühle, bis schließlich ein Kühlhaus hierherkam. Der gastronomische Neuanfang 1986 galt der Urfunktion – aber jetzt völlig verfremdet.

Man hat sich die Freiheit genommen, den überlieferten Namen in einen völlig anderen Zusammenhang zu stellen. Letztlich blieb dabei nur das abstrakte Zitat. Die Reduktion auf das Zeichenhafte ergab ein gelbes 'e' auf einer symbolisierten Welle, und dies vor blauem, kreisförmigem Hintergrund.

Die Ente bildhaft darzustellen, stand nicht mehr zur Diskussion. Eine neue Interpretation war gefragt, schließlich hatten Inhaber und Konzeptionisten den gesamten Gebäudekomplex aus seinem gelernten Bezug gerissen. Und dann muß für das Logo dasselbe gelten: Bitte keine Tierchen mehr, weg von traditionellen Bildern und Empfindungen.

Der Reiz, die Spannung liegt in der Verfremdung. Nach 400 Jahren steht die Blaue Ente heute in einem völlig anderen Kontext und wirkt unter völlig anderen sozialen Bedingungen.

Das Restaurant in Zürich versteht sich als Teil eines Musterbeispiels für die Umnutzung

ausgedienter Gewerbeflächen. Da will Architektur unbedingt mit den Gästen – kosmopolitische, multikulturelle Menschen – zeitgemäß kommunizieren.

Aus einer alten Lagerhalle wurde so Mitte der achtziger Jahre auch ein neuer, lichter Stahlbau. Architektur und Ambiance des Restaurants leben voll von dem Kontrast zwischen historischen und nicht-historischen Elementen.

Den unnachahmbaren Mittelpunkt des Lokals bildet ein Kühlkompressor aus dem Jahr 1918 – ohne dieses Stück industriellen Kulturguts wäre das Objekt wohl nicht ganz so einmalig und auch nicht ganz so kontrastreich.

Eine unverkleidete graue Mauer aus groben Sandsteinen – die Rückwand des Restaurants – repräsentiert neben einem großen Rad und jenem dazugehörigen Kompressor das einzige andere antike Element. Alles sonst: maßvoll postmodern.

Das Ganze ist offen und hell, ohne grell zu wirken. Eine riesige Glasfront, dicke weiße Lüftungsrohre sowie grazile Halogenlämpchen an spinnwebdünnen Drähten bestimmen den Eindruck. Es sollen nahezu 100 Stück sein, die da jedem Gast das Gefühl einer individuellen Beleuchtung geben.

Die Theke wurde mit gewelltem Chromblech verkleidet, sie wirkt so spürbar funktionell und trotzdem nicht störend steril. In einer formschönen blauen Vase stehen stets großzügig gesteckte edle Blumen, ein demonstrativer Farbtupfer je nach Jahreszeit.

Überhaupt: Blau wird sparsam, nur punktuell eingesetzt. Beispielsweise auch bei einer Stellwand im Hintergrund des Hauptrestaurants.

Bei Nacht wirkt die Stimmung hinter und unter Glas besonders apart.

Ergänzt wird das Restaurant durch eine Piano-Bar und ein Studio für Veranstaltungen, Feste und damit auch für Bankette.

In der Piano-Bar, an der Wand vis-à-vis der raumbeherrschenden Theke, begegnet das einzige gegenständliche Zitat des namengebenden Vogels. Jedoch wiederum zeitgemäß verfremdet. Eine überdimensionale, stilisierte Entensilhouette aus blaugetöntem Acrylglas wirkt als Blickfang, Neonröhren zeichnen die Konturen nach. Das Ganze setzt einen spielerischen Kontrapunkt zum eher streng durchkomponierten Ambiente des Restaurants und dem ansonsten strikt abstrahierenden Umgang mit dem alten Namen.

Der Betrieb agiert im oberen Marktsegment, folglich arbeiten die Karten nach dem Schema Cover plus täglich/monatlich wechselnde Einleger. Typisch sind die handschriftlichen Einlageblätter für die Speisekarte, original aus der Feder der obersten Küchenkompetenz. Dasselbe gilt für eine riesige Schiefertafel mit dem jeweils aktuellen Marktküchen-Angebot.

Farbspiele auf den Hüllen der Speise- und Getränkekarten spiegeln unterschiedliche Angebote wider. Beide Format-Varianten – klein für Bankett-, Kinder- und Digestif- bzw. Barkarte, groß für die Restaurantkarte – benutzen das gleiche Deckblatt-Layout; es lebt aus der grafischen, durch wechselnde

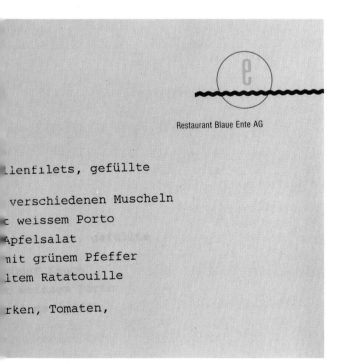

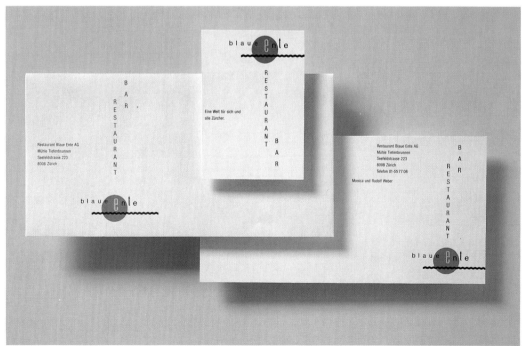

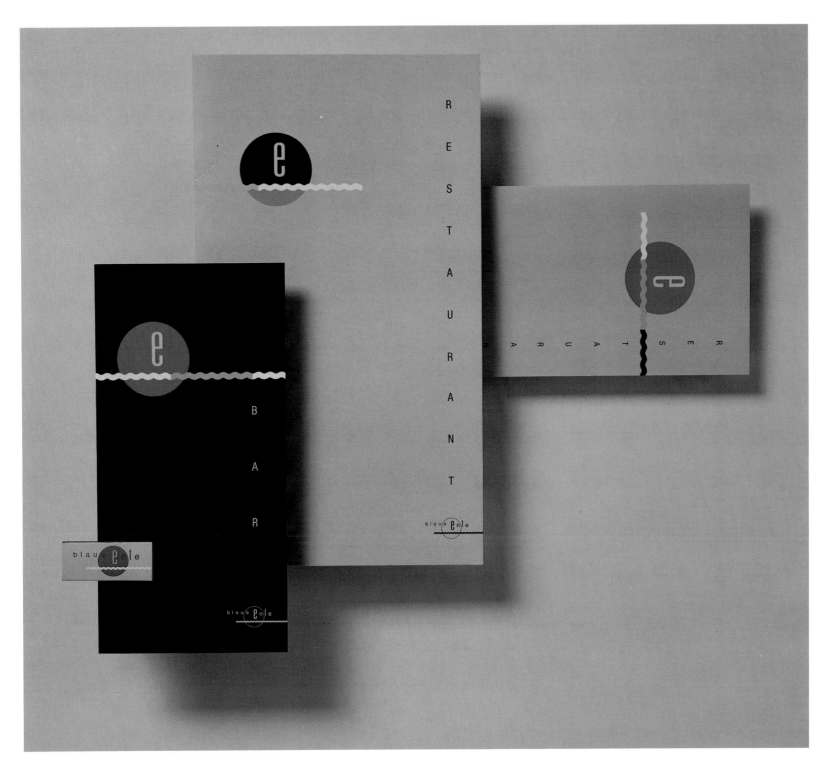

Farbkombinationen dynamisierten Komposition von Logo, Fläche und Wort.

Die gewählten Farbtöne bewegen sich durchweg im Blau- und seinem Komplementärbereich: Farben, die an den Inhalt des Logos anknüpfen – und zugleich Wertigkeit signalisieren. Einzig das 'e' durchkreuzt mit frechem Gelb die Harmonie der gebrochenen Farben.

Noch etwas verdient Beachtung: Das Logo der Blauen Ente erfüllt geradezu vorbildlich eine Kernanforderung an Logos generell: Seine Wirkung bleibt auch dann noch stark, wenn es ohne Farbe auskommen muß. Und: Es verträgt auch Abwandlungen. Mal nur das 'e', mal der komplette Name. Mal satte Farbigkeit, mal nur angedeutet. Lebendigsein ist gefragt, keine total starre Design-Politik wie beispielsweise bei klassischen Markenartikeln der Konsumgüterindustrie.

Hier in der Blauen Ente gilt indes einmal mehr, daß die gastronomische Realität die Form mit Leben erfüllen muß. Erst dann gewinnen Wortzeichen und Betriebstyp selbst ihren Bedeutungsinhalt.

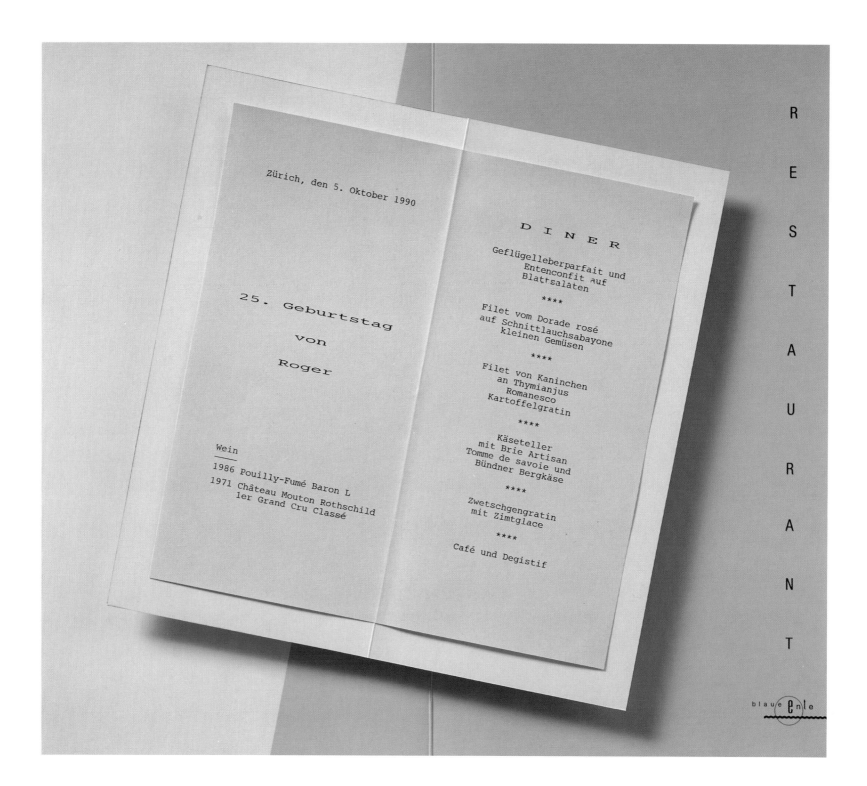

Gastronomen:	**Proprietors:**
Monica und Rudolf Weber, Zürich.	Monica and Rolf Weber, Zurich.
Interieur-Design:	**Interior design:**
Gerd Burla, Zürich.	Gerd Burla, Zurich.
Logo/Karte:	**Logo/menu-card:**
Rolf Weiersmüller, AG für visuelle Kommunikation, Zürich.	Rolf Weiersmüller, AG für visuelle Kommunikation, Zurich.

The charm of alienation

Quite a historical site: as early as the 15th century we find mention of an inn called the 'Blaue Ente' (Blue Duck) at this address. This institution was followed by a brewery, which in turn made place for a mill. Much later again the site was used as a cold storage depot. So opening a restaurant there in 1986 in a way meant going back to the roots – but coming up with an entirely new result.

The new owner took the liberty to put the old name into a totally different context. At the end, all that remains is a quotation: reduction to a purely allusive design led to a yellow letter 'e' on a symbolized wave, in front of a circular blue background.

To actually depict the duck was no longer discussed anymore. A new interpretation was needed since proprietor and conceptionists had taken the entire building out of its habitual context. This of course also had to govern the choice of logo – no more little animals, please – let's get away from traditional imagery and emotions.

The charm and the excitement lie in the alienation. After 400 years, the 'Blaue Ente' now finds itself in a new habitat, under totally new social conditions.

The Zurich restaurant is part of a model example of putting former commercially-used premises to new use. Here architecture has the definite desire to communicate with the cosmopolitan multicultural clientele in a timely way.

So during the mid-eighties, the old depot was turned into a light-flooded steel construction. Architecture and ambiance fully draw on the contrast between historical and non-historical elements.

The inimitable centerpiece of the restaurant is a cooling-compressor manufactured in 1918 – without this 'piece de résistance' of industrial culture, the object most probably wouldn't be quite as unique and rich in contrast.

An unplastered grey wall of unplastered roughly hewn sandstone – the rear wall of the restaurant – together with a big wheel and the connected compressor are the only antique elements represented. Everything else is moderately post-modern.

The entire look is one of openness and light, but without glare. A giant glass-front, bulky white ventilation ducts, together with graceful halogen lights fixed on cobweb-thin wires dominate the impression. There are supposedly almost 100 of these little lights, giving each customer the feeling of individual lighting.

The bar has been panelled with a sheet of corrugated chromium-plated steel – this effects a very functional look without at the same time appearing overly sterile. A beautifully-shaped blue vase always contains a lavish arrangement of exquisite flowers; a bright and demonstrative dab of colour in harmony with the season.

In general, blue is used sparingly, setting punctuated accents, – as for example in a blue paravent in the rear of the main dining room.

At night, the glass front and roof set a particularly charming mood.

The restaurant is completed by a piano-bar and a studio, used for special events, parties and banquets.

It is in the piano-bar, on the wall opposite of its dominating bar, that we find the only graphic depiction of the name-giving water fowl; again it has been reduced to a symbol. An oversized, eye-catching stylized duck silhouette of blue acrylic glass, framed by neon lights, sets a playful counterpoint to the otherwise strictly conceptionalized ambiance and the more abstract use of the restaurant's historical name.

The enterprise draws on the upper market segment, consequently the menu-cards employ the system of cover plus daily/monthly changing insert sheets. Typically the offerings are handwritten by the chef de cuisine; the same is true for a giant slate-board listing the seasonal specialties.

A play of colours on the covers of both food and drink menu-cards mirror the different items offered. Both formats used – small for banquet, children's and digestive, resp. bar card, large for the restaurant card – employ the same cover layout, enlivened by logo-space-word compositions dynamized by varying use of colour combination.

The colours used are all within the realm of blue and its complemetary shades; colours that tie in with the logo's content and at the same time represent a high standard. Only the 'e', with dashing yellow impertinence dares to cross the harmony of muted shades.

Another outstanding feature: the 'Blue Duck's' logo fulfils a main requirement on logos in exemplary fashion: its effect remains strong even without the use of colours. It also lends itself to variation: the 'e' may be used in exchange with the full name, colouring can be vivid or very subdued. The effect achieved is livelyness – in contrast to the rigid design-politics as for instance for classical brands of consumer articles.

The 'Blaue Ente' is yet another example of how form needs to be filled by gastronomical reality. Only then do symbols and enterprise categories contain and express meaning.

Entfesselung des geometrischen Prinzips

zarre, zwischen Kunst und Architektur balancierende Gebäude des Architekten Bernard Tschumi.

Extremen Zuschnitts ist auch der Croixement-Bau am Canal d'Ourcq auf dem Parkgelände: Sein spitzwinkliger Grundriß ähnelt einem Tortenstück. Signifikantes Merkmal des zweistöckigen Gebäudes sind durchgängige, grau-schwarze Längsstreifen an den Außenwänden. Diese Vorgabe wurde zum Ausgangspunkt einer Innengestaltung und eines Corporate Design, die bewußt ein Stück Zukunft vorwegnehmen sollen: Croixement versteht sich als 'Brasserie des Jahres 2000'.

Es entstand so ein Gesamtkunstwerk im Zeichen der Moderne – in all seinen Elementen bis ins kleinste Detail durchkomponiert. Perfektionistisch, fast obsessiv.

Entfesselte Geometrie: Drinnen regiert das Spiel mit der Geraden. Allgegenwärtig der Wechsel von weißen und blaßgelben Horizontalstreifen an den Wänden, der das Balkenmotiv der Außenfassade aufnimmt. In

Das Faszinosum des Betriebs basiert auf der kreativen Konsequenz, mit der hier innenarchitektonisch und designerisch zu Werke gegangen wurde. Daß Croixement, die 1989 eröffnete Kreuzung aus Café, Bar und Restaurant, nach drei Jahren wieder aufgeben mußte, geschah nicht wegen, sondern trotz der intensiven ästhetischen Ausstrahlung des Objekts: Ins ökonomische Abseits geriet es, weil der Standort nicht hielt, was er zu versprechen schien.

Vom Design-Gesichtspunkt aus doppelt schade: Denn Croixement ist fast schon ein Ausstellungsstück zeitgenössischer Raumkunst. Inzwischen ein historisches Beispiel gelungenen Corporate Designs – es ver-

dient, hier nochmals zum Leben erweckt zu werden.

Croixement wurde inspiriert vom avantgardistischen Rahmen, den der Parc de la Villette bereitstellt. Das Restaurant frönt entschlossen dem Purismus der Form: Zwischen Umfeld und Einrichtung, zwischen innen und außen sollte ein vollendeter Einklang erzielt werden. Und dies Umfeld wird bestimmt durch die spannungsvolle Integration futuristischer High Tech-Architektur in die Naturlandschaft des Parc de la Villette. Das noch unfertige, ehrgeizige Projekt im Pariser Osten versteht sich als moderner Kultur- und Freizeitpark, zu seinen Attraktionen zählen die 'Petites Folies', bi-

der Vertikalen dann unterbrechen hoch-
strebende Pfeiler den offenen Raum. Fast
die gesamte, mehr als sieben Meter mes-
sende Raumhöhe nimmt eine gewaltige
Fensterfront ein, Längs- und Querstreben
zergliedern sie in eine Vielzahl kleiner
Rechtecke.

Überhaupt geht die schier monumentale
Wirkung des Innenraums wesentlich aufs
Konto der ungewöhnlichen Raumdimen-
sionen. Der Höhe des Raums verdankt sich
der quasi sakrale Charakter der Croixe-
ment-Architektur – eher noch verstärkt als
gemildert durch eine Empore mit weiteren
Sitzplätzen.

Eine Wendeltreppe verbindet Hauptraum
und Obergeschoß – es beherbergt außer-
dem einen zusätzlichen Barbereich. Der
Parallelschwung des Treppengeländers zitiert hier erneut das Linienmotiv.

Die unbedingte Kohärenz des Designs of-
fenbart sich im Detail. Wiederholt tauchen
die drei untereinandergestellten Quadrate
aus dem Logo als Gestaltungsmerkmal auf:
Drei beleuchtete Glasquader sind in jede
der marmornen Treppenstufen eingelas-
sen. Die Dreiergruppe kehrt als formales
Kontinuum an den Säulen ebenso wieder
wie in den Lehnen der Stühle. Generell gilt:
Wiederholung, rhythmische Anordnung
sind ein extensiv genutztes Gestaltungsmittel. So werden Strukturen erzielt, die als optische Aufhänger den Raum 'brechen', ihm
Konturen verleihen.

Das Logo selbst ersetzt das 's' des französi-
schen 'croisement' (für Kreuzung) durch
ein – grafisch noch hervorgehobenes – X.
Als Zeichen symbolisiert es den Begriff
'Kreuzung', gleichzeitig aber läßt es sich
sehr wohl auch als Sinnbild des geometrischen Prinzips verstehen.

Auch die Möbel – eigens fürs Croixement
entworfen – gehorchen der strengen Formensprache des Lokals; hier dürfen ge-
schwungene Formen allerdings besänfti-
gende Kontrapunkte setzen. Doch dann
wieder: der graue, stumpfwinklige Granit-
block der Bar, deren Kontur von Decken-
Spots nachgezeichnet wird. Die kolossale,
rechteckige Glasplastik im Eingangsbereich
– eine Schöpfung des Künstlers Guillaume
Saalburg. Die symmetrisch angeordneten
Reihen der kleinen Fensterquadrate. Sie
alle reproduzieren das formverliebte
Strukturprinzip des Croixement-Designs.

Architektonische Strenge – ihr gehorchen
auch die verwendeten Materialien. Sie
kommen weitgehend unverfremdet zur

Geltung;
'harte' Materia-
lien – Glas, Granit,Mar-
mor, Metall – unterstreichen
noch die abstrakte Sachlichkeit
des Ambientes. Schwarz und Weiß,
die Fetischfarben der 90er Jahre, haben
exakt die gleiche emotionale (Un-)Wertig-
keit. Und Schwarzweiß ist, den sparsam
eingesetzten bunten Farbakzenten zum
Trotz, die beherrschende Farbstimmung
des Restaurants.

Schwarzweiß geringelt sind selbst die
Strümpfe der Servicekräfte; schwarzweiß
dann, der Logik des Corporate Design fol-
gend, auch die Speisekarten. Das gesamte
Ensemble der Standard- und Zusatzkarten,
inklusive der übrigen Kommunikationsträger – Visitenkarte, Streichholzbriefe –
arbeitet mit dem schon bekannten Streifenmotiv. Hier übersetzt sich das Spiel mit

dem
Schwarz-
Weiß-Kontrast
in reinste Grafik; bei
einem Minimum an forma-
len Variablen wird die Typographie der Angebotsdarstellung
selbst – Schwarz auf Weiß und Weiß
auf Schwarz – zum maßgeblichen Gestal-
tungselement.

Gerade angesichts der Reduktion der Mittel fesselt der Variantenreichtum des Kar-
tendesigns. Optische Aha-Erlebnisse für
den Betrachter liefert die Wiederkehr des

Quadrats – solo, als Dreiklang oder ganze Reihe. Auch das Karten-Format selbst zitiert diese geometrische Grundform.

Der Einsatz bildhafter Elemente verbietet sich im hoch stilisierten Design-Kontext des Croixement. Auch die Karte liest sich, so gesehen, als Bekenntnis zum Prinzip der Abstraktion.

So extravagant das Design, so unkompliziert und leger das gastronomische Selbstverständnis. Croixement sollte und wollte für jedermann dasein; eine Herausforderung, aber weitgehend design-neutral. Als kritische Größe erwies sich der Standort.

Gastronom:

Patrick Derdérian, Régaim S.A., Paris.

Bau/Außenarchitektur:

Bernard Tschumi, Paris.

Interieur-Design, Logo/ Karte:

Patrick Derdérian.

Proprietor:

Patrick Derdérian, Régaim S.A., Paris.

Building/exterior architecture:

Bernard Tschumi, Paris.

Interior design, logo/menu-card:

Patrick Derdérian.

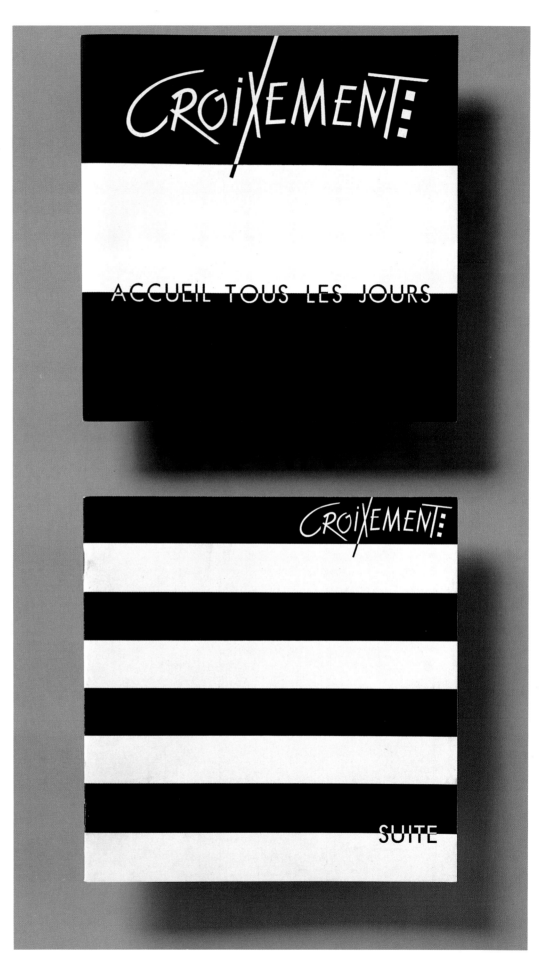

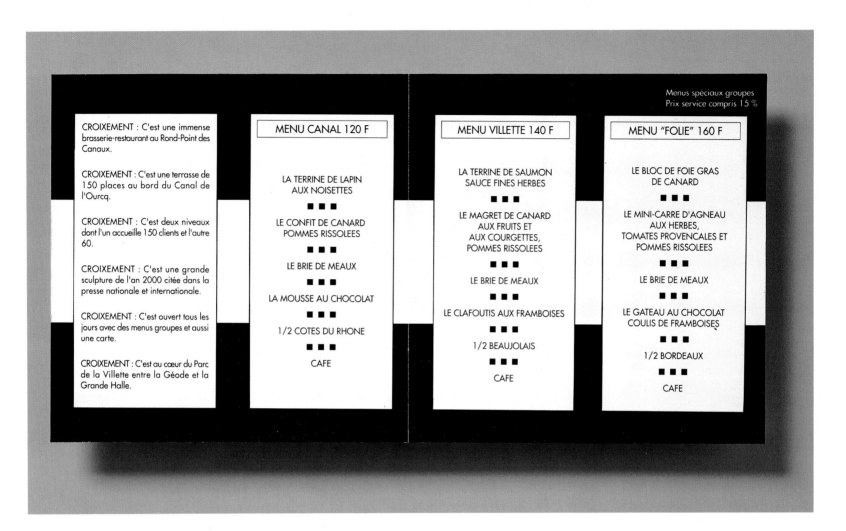

CROIXEMENT : C'est une immense brasserie-restaurant au Rond-Point des Canaux.

CROIXEMENT : C'est une terrasse de 150 places au bord du Canal de l'Ourcq.

CROIXEMENT : C'est deux niveaux dont l'un accueille 150 clients et l'autre 60.

CROIXEMENT : C'est une grande sculpture de l'an 2000 citée dans la presse nationale et internationale.

CROIXEMENT : C'est ouvert tous les jours avec des menus groupes et aussi une carte.

CROIXEMENT : C'est au cœur du Parc de la Villette entre la Géode et la Grande Halle.

Menus spéciaux groupes
Prix service compris 15 %

MENU CANAL 120 F

LA TERRINE DE LAPIN
AUX NOISETTES

■ ■ ■

LE CONFIT DE CANARD
POMMES RISSOLEES

■ ■ ■

LE BRIE DE MEAUX

■ ■ ■

LA MOUSSE AU CHOCOLAT

■ ■ ■

1/2 COTES DU RHONE

■ ■ ■

CAFE

MENU VILLETTE 140 F

LA TERRINE DE SAUMON
SAUCE FINES HERBES

■ ■ ■

LE MAGRET DE CANARD
AUX FRUITS ET
AUX COURGETTES,
POMMES RISSOLEES

■ ■ ■

LE BRIE DE MEAUX

■ ■ ■

LE CLAFOUTIS AUX FRAMBOISES

■ ■ ■

1/2 BEAUJOLAIS

■ ■ ■

CAFE

MENU "FOLIE" 160 F

LE BLOC DE FOIE GRAS
DE CANARD

■ ■ ■

LE MINI-CARRE D'AGNEAU
AUX HERBES,
TOMATES PROVENCALES ET
POMMES RISSOLEES

■ ■ ■

LE BRIE DE MEAUX

■ ■ ■

LE GATEAU AU CHOCOLAT
COULIS DE FRAMBOISES

■ ■ ■

1/2 BORDEAUX

■ ■ ■

CAFE

Unleashed geometry

The fascination of this project lies in the creative consequence which had been used in interior architecture and design. The fact that the Croixement opened in 1989 had to fold after only three years in business was not due to, but rather in spite of the intense aesthetic vibration of the object. It slithered into the economical offside because the location did not fulfil seemingly justified expectations.

From the point of view of design this was doubly a loss: Croixement is almost a showpiece of contemporary interior design, and by now a historical model of exemplary corporate design, which deserves to be recalled to life for the purpose of demonstration:

Croixement was inspired by the avantgarde atmosphere permeating Parc de la Villette. Definitely purist in form, the restaurant aims to achieve perfect harmony between interior and surroundings. And these surroundings are determined by the excitement created by integrating futuristic high-tech architecture into the natural landscape of the Parc de la Villette. The yet unfinished ambitious park-project in the eastern part of Paris defines itself as a combination of culture and leisure.

The Croixement building at the Canal d'Ourcq on the park terrain also reflects this tendency towards the extreme: its acute-angled ground plan resembles a piece of pie. Significant outside features of the building are grey-black lines, decorating the entire length of each exterior wall. This design-feature reappears as basic feature in the interior furnishment and corporate design, which is pointedly futuristic: Croixement is concepted as a 'Brasserie of the year 2000'.

What emerges, is a work of art ruled by modernity, each little detail an essential part of the overall composition. Perfect – almost obsessively so.

Unleashed geometry: the interior is dominated by an artful use of straight lines. Not to be overlooked: the contrast of white and pale-yellow horizontal stripes lining the walls, echoing the 'beam'-motive of the exterior. The open space is vertically structured by high columns. Most of the more than seven-meters-high front wall has been given over to a gigantic glassfront; vertical and horizontal crossbeams cut it into many small rectangles.

The sheer monumental impression of the interior to a large extent is a consequence of the building's unusual dimensions. The height of the ceiling effects the almost sacral character of the Croixement architecture – this feature is further emphasized by a lofty gallery.

A spiral staircase connects the main restaurant space with the gallery, which also harbours an additional bar. The parallel symmetry of the bannister again quotes the motive of simple lines.

This strict coherence in design becomes obvious when looking at details. One of the logo's elements – three rectangles on top of each other – keeps popping up as a decorative motive: three lighted glass squares are set into each step of the marble stairs. The trio keeps recurring as a formal continuum on the columns as well as on the back of each chair. The effect achieved is one of structured space, with visual landmarks 'breaking' it and giving it contour.

The logo itself substitutes the 's' in the French 'croisement' (crossroads, crossing) with a graphically accentuated 'x'. This letter expresses the idea of a crossing – at the same time it can also be understood as a symbol of geometric principle.

The furniture – designed exclusively for Croixement – adheres to the severe design-language of the premises; albeit softer, curved shapes were used to create appealing counterpoints. But then again: the grey obtusely-angled block of granite which serves as a bar, its contours traced by ceiling spot-lights; the colossal rectangular glass-sculpture in the entrance area – a creation by the artist Guillaume Saalburg;

the symmetrically spaced rows of small window-panes. They all reproduce the shape-enamoured structural principle of the Croixement design.

Architectural severity also governs the choice of materials used. Most of them are put to use unadultered, without much 'softening'. Hard materials, such as glass, granite, marble and metal, underline the abstract functionality of the ambiance. Black and white, the favourite colours of the nineties, represent precisely the same emotional (non)-valence. And black and white are the dominant moodsetters in the restaurant.

Black-and-white stripes even decorate the staff's socks; following the corporate design's inherent logic, it is to be expected to also find black-and-white menu-cards. The entire ensemble of standard and additional cards, including all other carriers of information, such as business cards or matchbooks, employ the same familiar pattern of stripes. Here the use of contrast has been reduced to pure graphic art; with a minimum of formal variables, the typographical representation of the services offered – black on white, white on black – turns into a major design element.

It is especially this reduction in design which makes the multitude of variations in card-design so fascinating. The recurring rectangular shape – solo, as a trio or as entire series – allows for an experience of visual recognition. The menu-cards shape itself quotes this geometrical archetype.

Within the highly stylized design context of Croixement, the use of figurative imagery is of course out of the question. The menucard, too, is a proclamation of the abstract principle.

As extravagant the design, as simple and relaxed the gastronomical concept. Croixement wanted to be open to anyone; a challenge, but to a large extent independent of design. The location turned out to be the critical factor.

Ein starkes Stück Marketing

Speisekarten-Beispiele aus der deutschen
und mitteleuropäischen Gastronomie

Die Kunst, Gourmet-Niveau zu visualisieren

Ganze drei Prozent der Bevölkerung – so jedenfalls schätzen jene, die es wissen müssen: die Sterne-Köche selbst – bilden die kleine, aber feine Zielgruppe der Spitzengastronomie. Das dürfte in der Schweiz, in Frankreich oder anderswo ganz ähnlich aussehen wie in Deutschland.

Wie kein anderes Gastronomiesegment sind Top-Restaurants festgelegt auf gezielte Besucher; Zufalls- oder spontane Gäste – praktisch Fehlanzeige.

Es wäre völlig falsch, hier nur stern- und mützendekorierte Plätze im Focus zu haben. Sie stellen, wenn's hoch kommt, vielleicht ein Viertel dieser Luxuskategorie, die in Sachen Angebot und Preisgestaltung ein entschieden fortgeschrittenes Niveau besetzt.

Hierher kommt man mit sehr klaren, hoch angesiedelten Erwartungen. Erlesenes Ambiente, makellose Servicequalität und selbstredend höchste, kreative Küchenleistungen werden vorausgesetzt. Schließlich hat der Spaß auch seinen Preis.

Und: Anders als in allen anderen gastronomischen Marktgefilden bündelt sich das Leistungsensemble des Top-Restaurants aus der Gäste-Perspektive in einer einzigen Person: dem Koch, dem Küchenchef – er ist in diesem Segment häufig zugleich der Patron des Hauses.

Mit seinem fachlichen Können steht und fällt der Erfolg des Restaurants: Kaum je verknüpft sich das Image eines gastronomischen Betriebs so felsenfest mit dem Namen des Küchenchefs wie hier.

Das heißt: Spitzengastronomie ist in hohem Maße persönlich geprägt. Der Küchenstil, die kulinarische Handschrift des Chefs machen den Charakter des Hauses aus. Er ist der Kreative, der Künstler, zu dem die Gäste pilgern. Und sie nehmen dazu ohne Murren einige Unbequemlichkeit in Kauf: Wer einen Nobel-Platz aufsuchen will, läßt sich das schon mal ein halbes oder ganzes Autostündchen kosten. Auch in puncto

Einzugsbereich sind die Feinen zweifellos absolute Spitzenreiter.

Kreativität, Personalisierung und Preisniveau, das Trio markiert den Marketing-Spielraum der Nobelplätze. Und wo das Profil des Restaurants so ausschließlich Chef-Sache ist, darf auch der Kartenauftritt viel persönlichen Charakter haben. Oftmals steht die gewählte Optik nicht nur in direktem Bezug zum Geschmack des Chefs, sondern reflektiert seine Vorlieben, Elemente seiner Biographie, spielt mit seinem Namen . . . oder auf den Standort an.

Daß die Ausstrahlung der Karte eben jene Wertigkeit und ästhetische Verfeinerung augenfällig machen soll, die das Genre als Ganzes prägt, versteht sich. Doch die Zeiten vornehmer, weiß-goldener Zurückhaltung sind weitgehend vorbei.

Die Kartengestaltung versteht sich vielmehr als Ausweis und Illustration anspruchsvoller Kreativität. Kein Zufall, daß sich hier die Künstler-Karten häufen: Sie manifestieren das Selbstverständnis eines Spitzen-Restaurants – Mittelmaß und Massenware sind verpönt. Solche Entwürfe von Künstlerhand – sehr häufig Unikate – unterstreichen nicht allein die Einzigartigkeit der gebotenen Leistung. In erster Linie dokumentieren sie die Affinität des Gourmet-Kochs zum Reich der Kunst.

Praktisch nie wird man dagegen mit Fotos konfrontiert; ebenfalls eher untypisch, weil austauschbar und ohne individuelle Zuspitzung auf den konkreten Betrieb, sind kulinarisch-opulente Motive.

Wenn heute viele Edel-Gastronomen für einen signifikanten, optisch gestützten Kartenauftritt plädieren, verknüpft sich damit eine doppelte Intention. Nicht nur soll der Anspruch auf Kreativität umfassender, ganzheitlicher eingelöst werden – so wie auch der Optik der Gerichte selbst ungleich mehr Aufmerksamkeit gewidmet wird als früher. In der Konsequenz entwickeln Top-Gastronomen immer häufiger ihr eigenes Corporate Design.

Darüber hinaus soll der Gast an einer optisch starken Karte mühelos die Identität des Betriebs festmachen können. Bild-

hafte Lösungen, das heißt nun mal bessere Merkbarkeit und Unverwechselbarkeit des Auftritts.

Nicht zuletzt: Jede gestaltete Lösung beinhaltet auch eine emotionale Qualität. Gleich ob 'nur' ein gestaltetes Logo oder ein erzählendes Motiv – sie sind ungleich sympathiestärker als die nackte Sachlichkeit der Schrift.

Im Optimalfall korrespondiert das Wie der Darstellung mit dem 'Geist' des jeweiligen Betriebs: Das kann, muß aber nicht den Charakter der Einrichtung einschließen. Aber: Wie formell oder lässig, wie modern oder gediegen der Grundtenor des Konzepts, das sollte das Erscheinungsbild der Karte durchaus symbolisieren.

Übrigens verabschieden sich immer mehr Gourmet-Plätze von den früher üblichen wuchtigen, voluminösen und gewichtigen Kartenformaten. Die Devise heute heißt: Bitte nicht zu groß! Die Tische werden kleiner, der Raum begrenzter – da erlaubt Understatement beim Format dem Gast bequemeres Hantieren.

Fast durchweg beschränkt sich die gestalterische Ambition bei Karten der Top-Gastronomie auf Cover oder Deckblatt. Das hat angebotspolitische Gründe: Gastronomische Spitzenleistung und Bekenntnis zur Kreativität wird hier in aller Regel interpretiert als Verpflichtung zu höchster Sortimentsrhythmik. Täglicher Angebotswechsel ist keine Seltenheit; und das, obwohl gerade in diesem Segment der Gastronom kaum gewärtigen muß, daß ein und derselbe Gast binnen einer Woche zweimal zu ihm kommt.

Doch mindestens wöchentlichen Wechsel ist man sich ganz on the top einfach schuldig; die angemessene Kartenlösung: Cover mit wechselnden Einlegern. Die aufwendigere Alternative sind komplett durchgestaltete Karten mit austauschbaren Einklebern. In jedem Fall werden aber flexible Lösungen unverzichtbar, wenn Gastronomie die höchsten Niveau-Rangstufen beanspruchen will.

The art of visualizing gourmet sophistication

A mere three percent of the population – this at least is an estimate by those who should really know: the celebrated chefs themselves – make up the small but distinguished clientele of gourmet restaurants. This probably just as much is true in Switzerland, France, or any other place as it is in Germany.

As no other segment of the gastronomical business, these first-class restaurants depend on their customers' conscious decision to visit this place and no other; spontaneous drop-ins or 'accidental' guests are rarely to be seen.

When thinking about this category of restaurants, it would be wrong to consider only the ones that have been honoured with stars or little chef's hats. These places comprise only maybe one fourth – if not less – of all restaurants in this deluxe class, which is defined by a high level of refinement both in regard to the delicacies offered and the standard of prices charged.

Guests come here with rather high and well-defined expectations. Exquisite ambiance, excellent service and of course an inspired and creative cuisine are taken for granted. After all, this kind of entertainment has its price.

Also: different than in any other type of gastronomical enterprise, from a customer's standpoint of view these top-notch establishments are represented by one single person: the cook – the chef de cuisine – who in many cases also is the owner.

His expertise makes or breaks the reputation of the house. Nowhere else is the image of a restaurant so closely tied to the name of its chef.

As a consequence, high-class restaurants are strongly influenced by a certain chef's personality. His style of cooking, his culinary signature, define the character of the house. He is the creative source, who draws the admiring guests. And much like

devoted pilgrims, they have to put up with quite a few inconveniences: getting to such a noble restaurant often involves traveling 30 minutes to one hour by car. First-class restaurants definitely draw their customers from a much wider surrounding area.

Creativity, personality and price level – this trio defines the marketing margin of top-notch restaurants. And where there is so much emphasis on personality, the menu-card's design may definitely express a very individual character. Very often the design chosen not only represents the chef's personal taste, but also reflects his preferences, some biographical elements, toys with his name or maybe makes some kind of reference to the location.

It is understood that the menu-card should reveal the set of values and aesthetic refinement which defines this genre of restaurants as a whole. But discreet understatement in white and gold is for the most part a thing of the past. Nowadays, menu-card design is a means of displaying and illustrating a highly-elevated level of creativity. It is not by chance that this is where we most often find artist-designed menu-cards. They express the philosophy of a first-class restaurant – no mass production or mediocrity. These artists' designs – very often done expressly for this particular house – underline the uniqueness of the services offered. In the first place, they document the gourmet-cooks affinity with the world of art.

Very rarely does one see photographies; just as atypical are designs using common symbols of culinary opulence – these are exchangeable and have no ties to a particular establishment.

The reasons why today so many first-class proprietors go for a significant, visually refined statement in their menu-card design, are twofold. Not only do they aim to fulfill the customer's expectation of creativity in a more complete and all-embracing manner – just as the visual presentation of food has moved into focus to a much higher degree. Consequently, top-chefs have more of a tendency to develop their own corporate design.

Apart from this, a visually impressive menu-card is also designed to help a customer effortlessly define the identity of a particular restaurant. Aesthetically pleasing visual effects create a lasting impression of uniqueness.

And last not least: any kind of effort to create visual impact also has its emotional quality. No matter whether using 'only' a logo or 'telling a story' – both are much more likely to create a positive emotional response than starkly naked lettering.

The ideal is met when the card's design harmoniously corresponds with the 'spirit' of the establishment. This may or may not include the style of furnishing. In any case the card should reflect the concept's overall style, be it formal or relaxed, more modern or traditional.

By the way, more and more gourmet temples are abandoning the age-old tradition of oversized, heavy and unwieldy menu-cards. Today, the rule is a much smaller format; tables are smaller, space is more precious – a little understatement in size allows for much better handling.

In general the artistic efforts are limited to the card's cover, this is explained by the typical marketing-strategy employed by first-class restaurants. To strive for culinary excellence and creativity usually effects a constant rhythmic change in items offered. Many establishments use the concept of a daily changing menu, even though within this class of restaurants the proprietor rarely expects a particular customer to dine there twice within one week.

But at least a weekly rotation is expected in a top-notch restaurant; the appropriate design-solution is a cover with easy-to-change pages on the inside. A more elaborate alternative is a completely styled folder with exchangeable stickers. In any case, a flexible solution is absolutely necessary in a restaurant enjoying a first-class reputation.

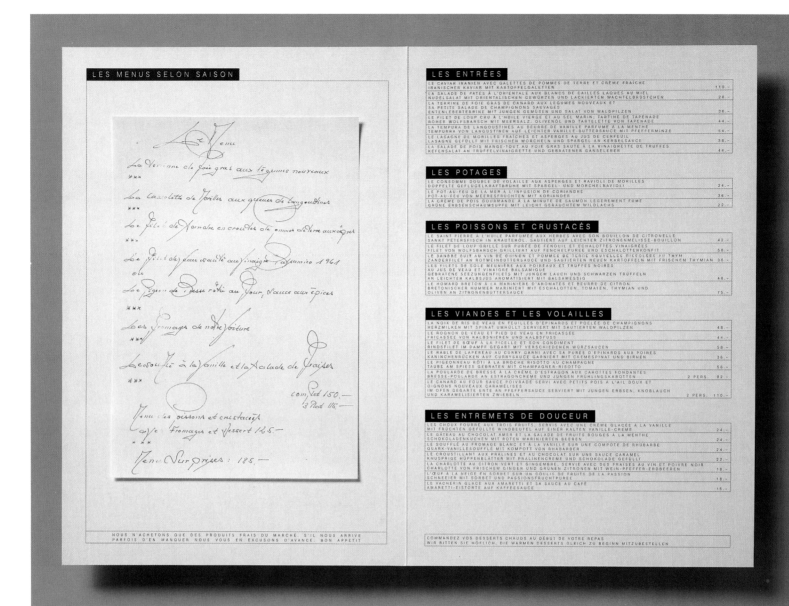

Betrieb:

Petermann's Kunststuben, Küsnacht.

Betriebstyp/Charakter:

2-Sterne-Restaurant des Schweizer Spitzenkochs Horst Petermann.

Zur Karte:

Speisekarte mit künstlerisch gestaltetem Deckblatt.

Kartensystem:

Einfach gefalztes Karton-Cover, außen und innen bedruckt. Format geschlossen 29,5 x 43 cm. Vordere Cover-Innenseite blanco, Saison-Menükarte wird handgeschrieben, vervielfältigt und eingeklebt.

Besonderheiten:

Kunst-Charakter des Kartenauftritts – auch innen, siehe das Druckbild im Stil der 50er Jahre! – als Äquivalent zum Restaurant-Profil: angeschlossene Kunstgalerie; wechselnde Ausstellungen im Restaurant. Karte wurde 1983 als erste Speisekarte mit der Goldmedaille des Schweizer Art Directors Club ausgezeichnet.

Entwurf/Design:

Der Künstler Willi Rieser, Lufingen-Augwil.

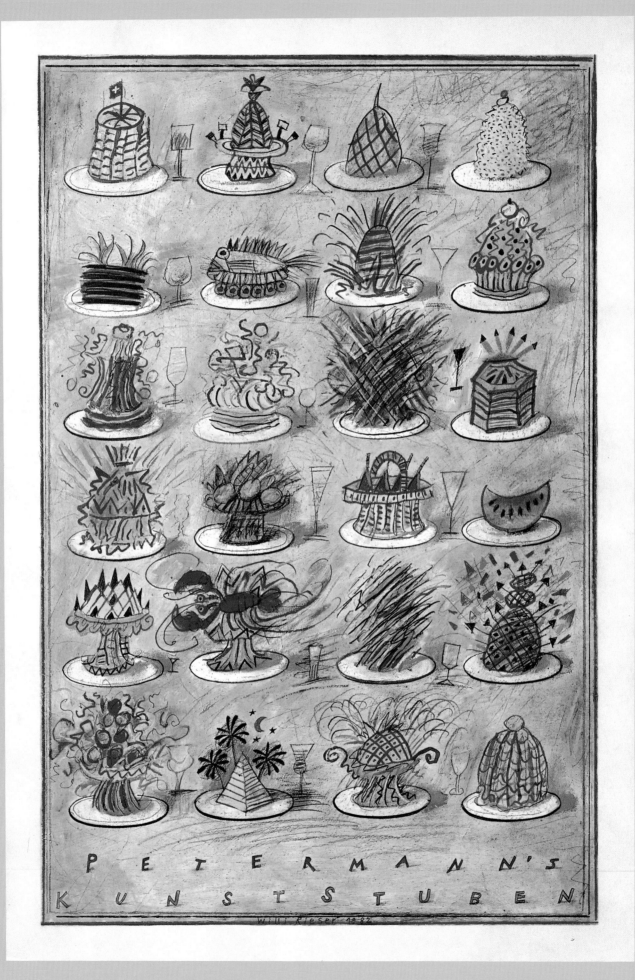

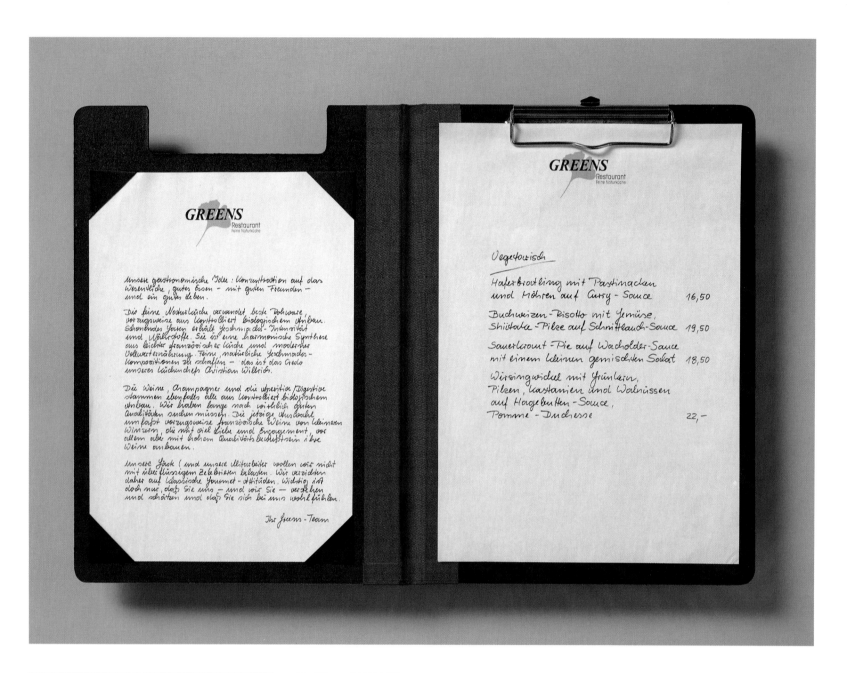

Betrieb:

Greens, Düsseldorf.

Betriebstyp/Charakter:

Gourmet-Restaurant unter Küchenleitung von Christian Willrich, Schwerpunkt: leichte französische und feine Naturküche.

Zur Karte:

Speisekarte mit origineller Präsentationslösung.

Kartensystem:

Schwarzes, schmuckloses Papp-Klemmbrett mit Deckel als Cover-Ersatz. Angebotsrubriken auf Einzelblättern aufgelistet: per Hand beschrieben, auf Greens-Papier vervielfältigt und mit Klemmbügel en bloc fixiert. Zurückhaltende Logo-Lösung Schwarz auf Grau: Greens-Schriftzug und ein Gingkoblatt. Weinkarte nach analogem Prinzip gestaltet.

Besonderheiten:

Schlichter Kartenauftritt – analog zum Interieur-Design. Neue Variante: Rubrikentitel mit farbigen Kreidestiften gekennzeichnet. Auf der Deckel-Innenseite Informationen zur Philosophie des Betriebs.

Entwurf/Design:

Dreesen Design, Düsseldorf.

Betrieb:

Schwarzer Hahn, Deidesheim.

Betriebstyp/Charakter:

Sterne-Restaurant im Romantik Hotel Deidesheimer Hof unter Küchenleitung von Manfred Schwarz.

Zur Karte:

Speisekarte mit künstlerisch gestaltetem Logo.

Kartensystem:

Einfach gefalztes Cover, außen bedruckt, Karte durchgehend hochglanzlaminiert. Format geschlossen 21 x 40 cm. Doppelt verklebter Karton, Innenseiten mit diagonalen Einsteckschlitzen versehen. Menü- und A-la-Carte-Angebot auf farbigen Einlegeblättern, per Schreibmaschine/PC-Drucker beschriftet und vervielfältigt. Weinkarte analog gestaltet, aber Fadenheftung.

Besonderheiten:

Corporate-Design-Konzept, Hahn-Motiv auch auf Sonderkarten und Visitenkarten eingesetzt. Logo versteht sich als Anspielung auf den Namen des Küchenchefs sowie den Standort, das Stammhaus der Winzerfamilie Hahn.

Entwurf/Design:

Der Künstler Hans Engelram, Hasloch (Logo)/Artur Hahn.

Betrieb:

Orion Le Gourmet, Zürich.
(Bis Frühjahr 1990: Kramer Restaurationsbetriebe, Uitikon-Waldegg)

Betriebstyp/Charakter:

Restaurant im gehobenen Segment.

Zur Karte:

Speisekarte 1989.

Kartensystem:

Durchgestaltete Karte, Umfang 8 Seiten plus Cover. Format geschlossen 26,5 x 36 cm. Klammerheftung mit hochglanzkaschiertem Cover, Deckblatt außen bedruckt. Basisdruck innen mit Food-Motiven, Angebot kann nachträglich eingedruckt werden. Weinkarte nach analogem Muster, aber mit anderen Fotos.

Besonderheiten:

Aufnahmetechnik illustriert die Konzeptaussage: Leichte Küche.

Entwurf/Design:

Agentur Marty, Köniz (Bern).

Hinweis:

Im gleichen Design: Tischsets, Seite 225-226.

FISCHE

FRISCHLACHSSCHNITZEL
An einer Weissweinrahmsauce mit Morcheln
Vorspeise 17.50
Portion 32.50

GOURMET-FISCHTELLER
36.50
Fischfilets und Krustentiere an Pernod-Rahmsauce,
mit kleinem Gemüse und Knoblauchbrot

SEEZUNGENFILETS
33.—
An einer Dillrahmsauce

GANZE SEEZUNGE
32.—
In Butter gebraten oder vom Grill

KRUSTENTIERE

LEBENDFRISCHE HUMMER
½ Hummer 36.—

HUMMER VOM GRILL

HUMMER AUS DEM GEMÜSESUD

HUMMER THERMIDOR

RIESENCREVETTEN «MEXIKANER ART»
30.50
Mit einer rassigen Gewürzbutter nappiert

BEILAGEN ZU UNSEREN FISCH- UND KRUSTENTIERGERICHTEN:

– TROCKENREIS

– WILDREIS

– SALZKARTOFFELN

	MILANESE DI VITELLO *paniertes Kalbschnitzel*	**DM 24,00**			
	SCALOPPINE AL VINO BIANCO *Kalbschnitzel in Weißwein*	**DM 25,00**			
	SCALOPPINE ALLA PROVINCIALE *in Kräuter-Tomaten-Sahnesauce*	**DM 25,00**		BISTECCA AI FERRI *gegrilltes Steak*	**DM 25,00**
	SCALOPPINE AI FUNGHI *mit Champignons*	**DM 26,00**		FILETTO ALLA GRIGLIA *gegrilltes Filet*	**DM 30,00**
CARNE **CON CONTORNO**	SALTINBOCCA ALLA ROMANA *Kalbfleisch mit Parmaschinken in Weißwein*	**DM 26,00**	**CARNE** **CON CONTORNO**	FILETTO AL PEPE VERDE *Filet mit grünem Pfeffer*	**DM 31,00**
	PAILLARD DI VITELLO *gegrilltes Kalbschnitzel*	**DM 24,00**		FILETTO BELLINI *Spezialität des Hauses*	**DM 32,00**
	FEGATO DI VITELLO BURRO E SALVIA *Leber in Butter und Salbei*	**DM 24,00**		COTOLETTE D'AGNELLO *Lammkotelett*	**DM 24,00**
	FEGATO DI VITELLO VENEZIANA *Leber mit Zwiebeln und Weißwein*	**DM 24,00**			
	PIZZAIOLA *mit Oliven, Kapern, Knoblauch, Tomatensauce*	**DM 27,00**			

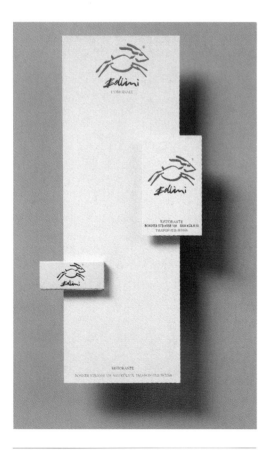

Betrieb:

Ristorante Bellini, Köln.
(Spitz-Gruppe, Köln)

Betriebstyp/Charakter:

Feines italienisches Restaurant.

Zur Karte:

Standard-Speise- und Getränkekarte.

Kartensystem:

All-in-one-Lösung, Umfang 12 Seiten plus Cover, Klammerheftung. Format 21 x 21 cm. Material: hochwertiger lachsfarbener Strukturkarton. Ungewohnte Anordnung der Rubriktitel. Ergänzend zur Basiskarte umfangreiches, täglich wechselndes Zusatzangebot, kommuniziert über Stelltafel. Gesonderte Weinkarte für Flaschenweine.

Besonderheiten:

Corporate-Design-Konzept; Bellini-Logo und -Farben außer auf dem Karten-Cover auch auf Visitenkarten und Streichholzschachteln sowie Rechnungsformularen. Farben abgestimmt auf Interieur-Design. Zum Logo-Schriftzug gehört der 'italienische Volpertinger'; Phantasie-Wappentier des Restaurants.

Entwurf/Design:

Werbeagentur Axiz, Köln (Logo und Karte).

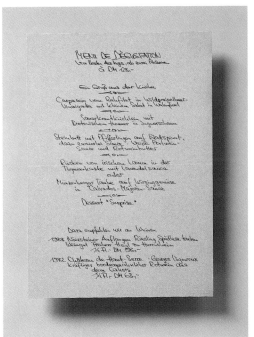

Betrieb:

Restaurant Hessler, Maintal-Dörnigheim.

Betriebstyp/Charakter:

Sterne-Restaurant mit Naturküchen-Philosophie unter Küchenleitung von Doris Katharina Hessler.

Zur Karte:

Frühlings-Speisekarte mit künstlerisch gestaltetem Deckblatt, das Motiv: ein Portrait der Küchenchefin.

Kartensystem:

Einfach gefalztes Cover, außen bedruckt, glanzbeschichtet. Innenseiten und Cover-Rückseite bordeauxrot. Format geschlossen 40 x 40 cm. Angebots-Einlegeblätter per Hand (Menüs) oder per PC-Drucker beschriftet und mit Klebepunkten fixiert.

Besonderheiten:

Insgesamt vier saisonale Portrait-Motive, abgestimmt auf die jahreszeiten-bezogene Küche des Restaurants. Verwendung ausschließlich für die Speisekarte. Erläuterungen zu Kunstwerk und Künstler auf der Cover-Rückseite.

Entwurf/Design:

Der Künstler Wilfried Abels, Frankfurt.

74

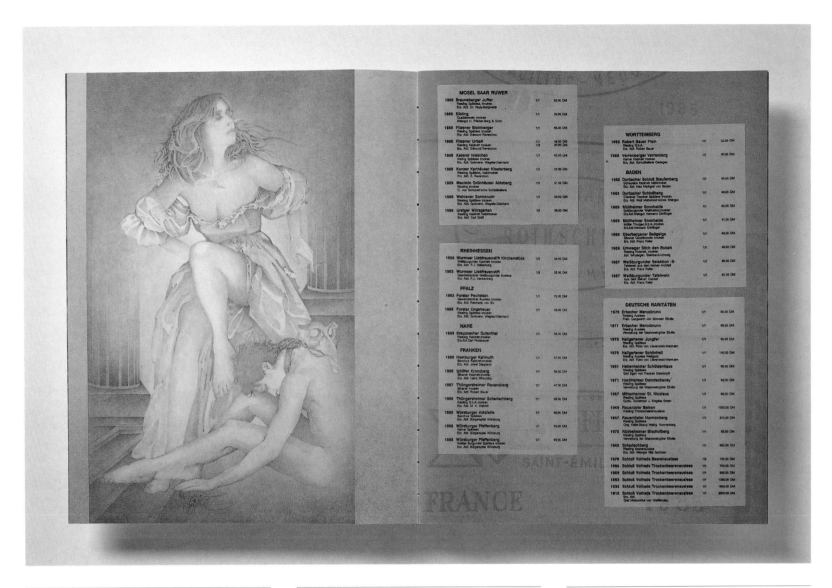

Betrieb:

Landhaus Scherrer, Hamburg.

Betriebstyp/Charakter:

Zwei-Sterne-Restaurant, regional orientierte Küche unter Leitung von Heinz Wehmann.

Zu den Karten:

Speisekarte und Weinkarte als Kunstmappen; limitierte Grafik-Edition. Korrespondierende Gestaltung: Sinnlich-erotisch gefärbte Motive; halb Jugendstil, halb phantastischer Realismus.

Kartensystem:

Beide Karten sind durchgestaltet; Format geschlossen 34 x 42 cm. Silberfarbenes Cover mit Strichzeichnung des Landhauses auf Deckblatt. Material innen original Zeichenpapier, jede Seite komplett mit Kunst-Grafiken bedruckt. Speisekarte: Umfang inklusive Innen-Cover 10 Seiten, gefälzelt. Jeweils links eine farbige Grafik, rechts das gleiche Motiv mosaikartig aufgerastert. Alle Angebotsrubriken mit Laser-Drucker auf transparentes Pergamentpapier gedruckt und per Klebestreifen auf den Rasterseiten fixiert. Weinkarte: Umfang inklusive Innen-Cover 18 Seiten. Gebunden mit Fadenheftung. Jeweils links eine Farbgrafik, rechts Makrofotografien zum Thema Wein. Angebotspräsentation wie bei Speisekarte.

Besonderheiten:

Ganzheitlicher Auftritt: Platzteller im gleichen Stil gestaltet. Im Restaurant auch Originalbilder von Fratzscher. 1989 erster Preis der Sommelier-Union: beste Weinkarte Deutschlands. Auf den Cover-Rückseiten Informationen über den Schöpfer der Karten.

Entwurf/Design:

Der Künstler Wolfgang K.H. Fratzscher, Hamburg/der Verleger Luciano Tezzele, Hamburg (Realisierung).

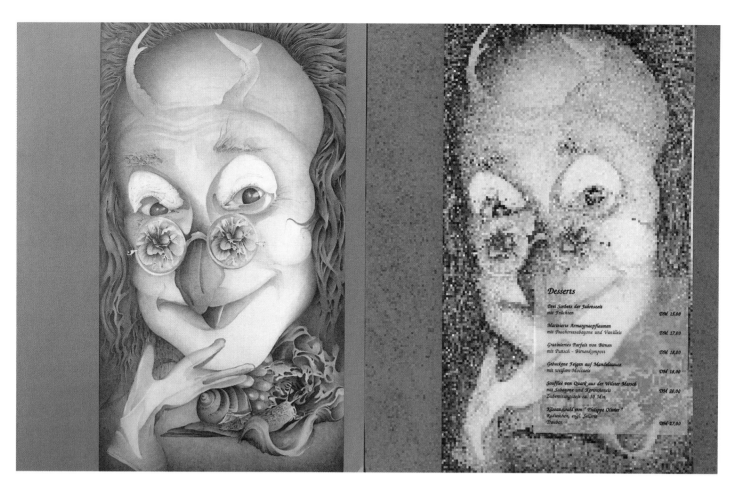

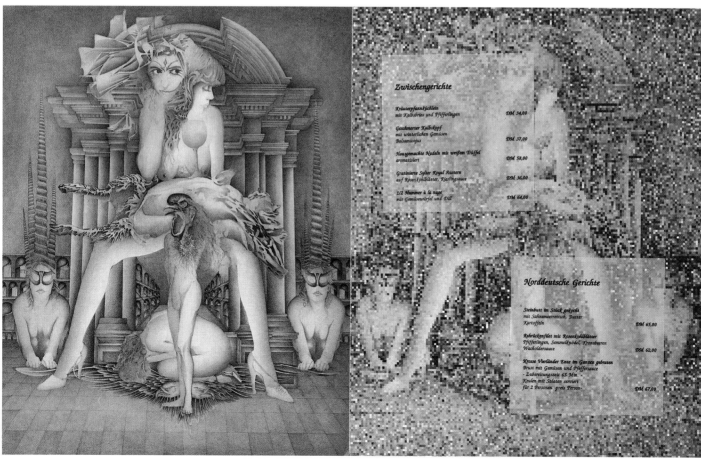

VIER
JAHRESZEITEN

GRILLSPEZIALITÄTEN GRILLED SPECIALITIES · SPECIALITÉS GRILLÉES

Gegrilltes Rinderfilet 39,50 DM
mit warmer Pfefferbutter, großem Salatteller
und Baguette
● grilled beef tenderloin with pepper butter, seasonal salad and baguette
● filet de boeuf grillé, beurre fondu au poivre vert, grand assiette de salade et baguette

Kalbsrückensteak vom Rost 37,50 DM
mit Sauce Béarnaise, Anti-Streß-Salat
und Baguette
● grilled veal steak, sauce béarnaise, anti-stress-salad and baguette
● steak de veau grillé, sauce béarnaise, salade et baguette

Rumpsteak gegrillt, 34,50 DM
mit kleinem Fettrand, Kräuterbutter,
gemischtem Salat und Baguette
● grilled sirloin steak, herb butter, mixed salad and baguette
● entrecôte grillé, beurre aux herbes, salade et baguette

FÜR DEN EILIGEN GAST FOR GUESS IN A HURRY · POUR CEUX QUI EST PRESSE

Minutensteak vom Rinderfilet 39,50 DM
mit warmer Pfefferbutter, großem Salatteller
und Baguette
● minute steak from beef tenderloin with melted pepper butter, seasonal salad and baguette
● paillard de boeuf grillé, beurre fondu au poivre vert, grand assiette de salade et baguette

Minutensteak vom Kalbsrücken 37,50 DM
mit Sauce Béarnaise, großem Salatteller
und Baguette
● grilled veal minute steak with sauce béarnaise, seasonal salad and baguette
● paillard de veau avec sauce béarnaise, salade et baguette

KALTE GERICHTE COLD DISHES · PLATS FROIDS

Gedünstetes Lachsfilet auf Frankfurter Grüner Sauce 25,50 DM
und Butterkartoffeln
● steamed filet of salmon on herb sauce with buttered potatoes
● filet de saumon vaporisé sur sauce aux herbes et pommes au beurre

Feuriges Tartar auf Bauernbrot 26,50 DM
mit Creme fraiche und Ketakaviar
● spicy beefsteak tartar with brown bread and salmon caviar
● bifteck tartare sur pain paysan avec caviar de saumon

Geflügelsalat „Mahi-Mahi" in Currycreme 19,50 DM
garniert mit exotischen Früchten
● chicken salad „Mahi-Mahi" in curry cream with tropical fruits
● salade de volaille, sauce au curry et fruits tropiques

Betrieb:

Grill-Restaurant Vier Jahreszeiten, Düsseldorf.
(Stockheim-Gastronomie, Düsseldorf)

Betriebstyp/Charakter:

Anspruchsvolles Flughafen-Restaurant mit gehobe-
nem Angebots- und Preisniveau. Internationale A-la-
minute-Küche mit saisonalem Charakter.

Zur Karte:

Speise- und Getränkekarte mit Kunst-Reprodukti-
onen auf dem Cover-Deckblatt.

Kartensystem:

All-in-one-Karte, Cover plus acht Angebotsseiten,
durchgehend cellophaniert. Klammerheftung, Format geschlossen 23 x 39 cm. Mittlere Doppelseite
blanco für saisonal/täglich wechselnde Angebote.
Zusätzlich Sonderkarten mit Aktionsprodukten,
Weinkarte. Speisenangebot dreisprachig – Standort!

Besonderheiten:

Vierteiliges Deckblatt-Motiv zeigt ein Gemälde-
Quartett des niederländischen Malers Adriaen van
de Venne mit dem Titel 'Vierjahreszeiten'. Erläuterungen zum Künstler auf Cover-Innenseite. Auf den Sai-
son-Einlegeblättern im Innenteil wiederholt sich das
jeweilige Jahreszeitenmotiv in Gelb, Grün, Orange
oder Blau. Optische Unterstützung der Konzeptaussage: saisonal ausgerichtete Küche. Reproduktionen
der Gemälde im Restaurant.

Entwurf/Design:

Ingo Bergmann, Design Division, Krefeld.

GRILL-RESTAURANT VIER-JAHRESZEITEN

LES VACANCES
Chez Max

VORSPEISEN / PREMIERS PLATS

THE NICE SALADE "RICH AND BEAUTIFUL" 17.--
INSALATA MISTA 11.--
INSALATA DI RUCOLA CON PESCE A L'OLIO D'OLIVA 22.--
CRUDITES AVEC TROIS SAUCES 18.--
SCOTCH WILDE SALMON MARINATED WITH DILL 25.--/48.--
TRANCHE DE MELON AVEC JAMBON DE PARME 24.--
LOBSTERSALAD WITH ARTICHOKE AND NUTOIL 35.--/65.--
RAUCHLACHS COUPE "CHEZ MAX" MIT TOAST UND BUTTER 28.--/42.--

SUPPEN / SOUPES

SOUPE DE POISSON DES ROCHES, PAIN GRILLE ET ROUILLE 14.--
GRANDE PORTION EN CAQUELON 27.--
SOUPE DE RATATOUILLE FROIDE OU CHAUDE 12.--
MINESTRONE ALLA TICINESE 10.--

WARME VORSPEISEN
PREMIERS PLATS CHAUDS

CANNELLONI DI CAPRIOLO AL FORNO 19.--
RAVIOLI ALLA RICOTTA E FUNGI AL BURRO E SALVIA 16.--/29.--
SPAGHETTIS OU NOUILLES MAISON A LA CREME AVEC CAVIAR 52.--
SPAGHETTIS OR NUDELS WITH CREAM AND SMOKED SALMON 28.--/42.--
SPAGHETTI O TAGLIATELLE CON PEPERONCINI, AGLIO E OLIO D'OLIVA 15.--/25.--

COUVERT LE SOIR 3.--

************************ H E U T E ************************

KALBSKOPFSALAT MIT
SENFSAUCE
16.--

LES VACANCES
Chez Max

HAUPTGERICHTE / PLATS PRINCIPAUX
MAIN COURSES

JAPON / FRANCE

EINE MARSEILLER BOUILLABAISSE IM TOPF SERVIERT, DAZU ROHER FISCH,
MUSCHELN, KRUSTENTIERE UND GEMUESE, UM IM TOPF KURZ ZU GAREN
46.--
MIT HUMMER + 24.--

******

COUS - GNUSS

EIN FEINES COUSCOUS NACH IHRER WAHL

PORTUGIESISCH

MIT PIRI-PIRI HUEHNCHEN UND GEMUESE 38.--

MAROKKANISCH

MIT LAMMFLEISCH, BOHNEN, LAUCH, ZWIEBELN UND KAROTTEN 36.--

******

SAUCISSON SUR PAPETTE VAUDOISE 29.--
POLLO AL VINO DI MONTEPULCIANO CON TARTELETTE DE MAIS 36.--
CHICKEN-CURRY WITH FRUITS - BASMATI RICE 38.--
NOIX D'AGNEAU AVEC RATATOUILLE ET POMMES ECRASEES AU ROMARIN 39.--
RAGOUT DE CHEVREUIL AUX MURES ET SPAETZLI AU BEURRE 36.--
FILET DE BOEUF AUX CHANTERELLES, LEGUMES ET POMMES RISSOLEES 56.--

************************ H E U T E ************************

AILE DE RAIE
AU BEURRE NOISETTE
POMMES PERSILEES 34.50

Betrieb:

Les Vacances chez Max, Zollikon.

Betriebstyp/Charakter:

Feines Bistro von Spitzenkoch Max Kehl. Internationale Ferienküche für Gourmets.

Zur Karte:

Speisekarte mit künstlerisch gestaltetem Deckblatt.

Kartensystem:

Einfach gefalztes Cover, außen hochglanzkaschierter Karton, Format geschlossen 22 x 31 cm. Deckblatt mit Bildmotiv und Logo. Gleiche Cover-Lösung für Menü- und A-la-Carte-Angebot sowie Getränke; Angebotsblätter mit vorgedrucktem farbigem Logo werden eingeklebt. Beschriftung über PC-Drucker.

Besonderheiten:

Bildmotiv/Logo werden vielfach genutzt: auf Standard- und Sonderkarten, Visitenkarten und Postkarten. Origineller Produktansatz (Ferienküche) als Aufhänger für visuellen Auftritt.

Entwurf/Design:

Der Cartoonist René Fehr, Zürich (Karte und Logo).

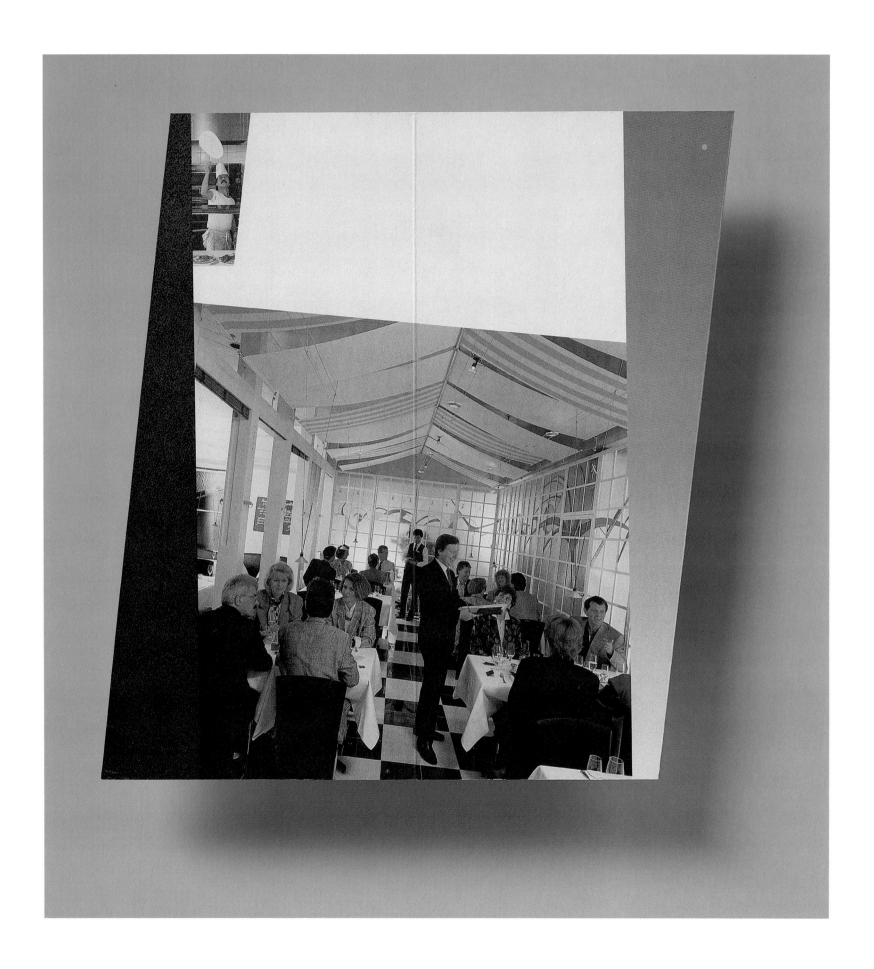

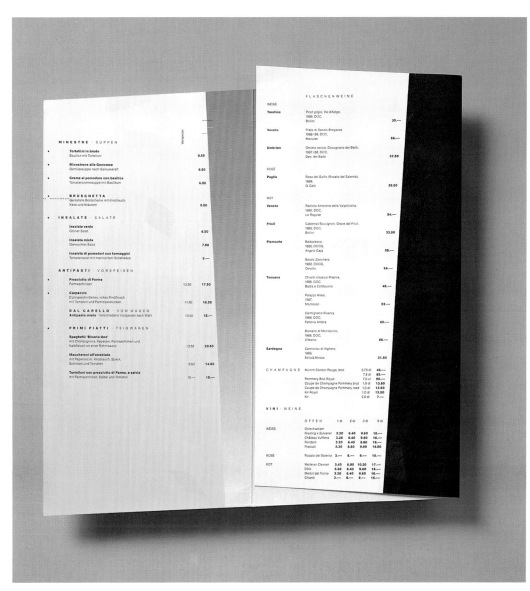

Betrieb:

Binario Uno, Zürich-Kloten.
(Flughafen-Restaurants Zürich)

Betriebstyp/Charakter:

Feines italienisches Restaurant im Flughafenbahnhof Zürich. Vornehmlich gezielte Besucher, Flugpassagiere untergeordnet. Moderner Auftritt in Ambiente, Kartengestaltung und Philosophie: Menü nicht obligatorisch.

Zur Karte:

Analog zum Restaurant-Interieur modern gestylte Angebotskarte mit aufwendigem Design.

Kartensystem:

All-in-one-Lösung, hochwertiges, saugfähiges Offsetpapier. Modifizierter Wickelfalz: erinnert in gefaltetem Zustand an eine Serviette. Asymmetrischer Effekt durch trapezförmigen Grundschnitt. Format geschlossen 19,5 x 40 cm (maximal). Karte beidseitig bedruckt; Farbgebung, Design und Typographie abgestimmt auf Gesamtcharakter des Restaurants: moderne Italianità. Im Innenteil Foodangebot, Mittelstück frei mit eingestanzten Schlitzen (in Treppenform!) für A5-Einsteckkarten mit Wochenmenü/ Weinempfehlungen – per Laserdrucker beschriftet. Ergänzend zur Karte Wandtafel mit mehreren täglich wechselnden Speiseangeboten.

Besonderheiten:

Karte ist Bestandteil eines gesamtheitlichen Drucksachen-Erscheinungsbildes; Corporate Identity entstand in enger Zusammenarbeit mit Architekt. Kartendesign und Logo variieren das schwarz/weiße Karomuster des Fußbodens im Restaurant (Schwarz/ Weiß-Kontraste, Schachbrettmuster). Schachbretteffekt auf Coverseite mit transparentem Wasserlack erzeugt; ergibt je nach Lichtverhältnissen ein anderes Bild – textile Anmutung. Karte und CI vollständig über Computer generiert.

Entwurf/Design:

Robert Krügel-Durband, Designagentur Eclat, Erlenbach/Zürich.

Design schafft Individualität

In diesem Kapitel versammeln sich die 'Allrounder' unter den gastronomischen Vertriebsformen; jene, die Analoges leisten müssen wie die Zehnkämpfer im Sport. Und zwar bezogen auf ihre Angebotssituation: Unabhängig davon können sie in anderen Konzeptdimensionen – Standort zum Beispiel, oder Verkaufslösung – durchaus spezialisiert sein.

Gemeinsam ist ihnen allen, daß sie als Breitsortimenter in einer Vielzahl von Produktdisziplinen antreten. Sie haben den umfassendsten Ansatz gewählt: mit einem Sortimentsspektrum (und einem Preisgefüge), das praktisch jedes Zielgruppensegment und jedes Verzehrsbedürfnis ansprechen will.

Der Vorzug der globalen Strategie liegt in einer breiten Risikostreuung. Andererseits gilt: Mit ihrem äußerst weitgesteckten Produktfeld im Hintergrund fällt den Generalisten, im Unterschied zu Betriebstypen wie dem Steakhaus, dem Italiener, eben nicht kraft Spezialistentum fast schon automatisch ein klares, kantiges Profil zu.

Die besondere Marketing-Herausforderung für einen Generalisten lautet, mit seiner Angebotskarte eine dreifache Zielsetzung zu erfüllen:

* Vielseitigkeit und Vielgestaltigkeit zu signalisieren,

* Angebotsflexibilität zu ermöglichen und gleichzeitig

* einen markanten Auftritt aufzubauen, der seinen Betrieb/seine Betriebe aus dem Wettbewerb heraushebt.

Prägnanz im Auftritt einerseits, Vielseitigkeit andererseits – beinahe konkurrierende Ziele. Denn gerade der globale Anspruch des Generalisten birgt die Gefahr verschwimmender Konturen und blasser Kompetenzsignale. Das typische Problem der Alleskönner.

Zugleich steht der Generalist vor dem Dilemma, theoretisch zwar aus fast unendlich vielen Profilierungsmöglichkeiten wählen zu können. Praktisch aber ist ihm jeglicher Ausschluß untersagt. Das gilt für seine Leistungen und erst recht für seine Klientel.

Die grundsätzliche Konzeptentscheidung verbietet es in aller Regel, Zielgruppensegmente auszugrenzen: Generalisten sind per definitionem eher auf das breite Publikum ausgerichtet. Das bedingt für die Speisekarten-Gestaltung eine erhebliche Einschränkung. Sich zu sehr vom Massengeschmack abzuheben, ist heikel und strenggenommen nicht zulässig.

Keine Frage: Niemand hat es schwerer als der Generalist, seine individuelle Leistung charaktervoll und signifikant zu visualisieren und beim Publikum zu verankern. Er muß darüber hinaus einer – wiederum durch den Konzeptansatz begründeten – erhöhten Ermüdungsgefahr seines Profils begegnen. Es ist fragiler, anfälliger für Korrosionserscheinungen, weil ihm die massiven, im Sortiment fundierten Eckpfeiler fehlen: Drum kommt der Breitband-Gastronom nicht umhin, immer wieder profilauffrischende Akzente zu setzen. Viel konsequenter, als dies ein Spezialist tun muß.

Das heißt: Der Generalist braucht Flexibilität. Flexibilität im Angebot, die er über die Karte kommuniziert. Und da kann er auf der kompletten Tastatur der Marketing-Möglichkeiten spielen: austauschbare Einlegerkarten im täglichen/wöchentlichen Wechsel. Sonder- und Zusatzkarten, produktgruppen- oder tageszeitenbezogen. Aktionskarten. Generell: ein vergleichsweise häufiger Wechsel der Standardkarte. Denn tendenziell hängt der Erfolg des Universalisten heutzutage davon ab, inwieweit es ihm gelingt, Bewegung im Sortiment sichtbar zu machen. Seine Akzeptanz basiert darauf, daß er den selbsterteilten Generalauftrag immer neu zeitgerecht interpretiert. Diese dynamische Dimension des Wandels hat der moderne Konsument seiner Erwartungshaltung an den Universalisten ganz ungefragt einverleibt.

Und tatsächlich findet sich nirgendwo eine solche Kartenvielfalt, ein ähnlich buntes

Nebeneinander von Basis- und ergänzenden Angebotskarten wie bei den Breitband-Sortimentern.

Auch das Volumenproblem spricht für den Einsatz von Zusatzkarten. Es geht zudem um das optimale Ausreizen der tageszeitbezogenen Nachfrage – via Sonderkarten läßt sich die jeweilige Kompetenz im Zweifelsfall überzeugender dokumentieren.

Breitflächige Kompetenzuntermauerung: die wichtigste Marketing-Leistung einer differenzierten Kartenpolitik. Es kommt darauf an, gleichsam Kompetenzpflöcke in die Angebotslandschaft zu schlagen.

In erster Linie sind hier Aktionskarten zu nennen; Aktionen stellen die angebotspolitische Marketing-Spielwiese für jeden Generalisten dar. Da passiert partiell eben jene Spezialisierung, sprich: Kompetenz-Zuspitzung, die sich der Generalist im Basissortiment nicht leisten kann – genau umgekehrt übrigens legen Spezialisten ihre Aktionspolitik an.

Generell muß der Breitband-Gastronom im Innern der Karten intensiv (Absatz-)Politik betreiben. Dramatisierung und Gewichtung von Produkten/Produktgruppen sind hier ein ganz großes Thema – auch im Interesse der Ablauforganisation im Betrieb.

Für die konkrete Gestaltung der Karten gilt: Nicht protzen und nicht klotzen. Ausgewogenheit ist gefordert – Balanceakte, keine Exaltationen. Sowohl bei Format und Design als auch bei den Rezepturen. Das Ganze muß unverbindlich, unverfänglich bleiben und darf schon gar nicht an einzelnen Produkten aufgehängt werden. Anstelle von Fotos, von konkreter Visualisierung des Angebots sind also abstraktere Gestaltungsmittel angesagt; das Logo, grafische Elemente, allgemeiner gefaßte Motive. Eine vielgenutzte Alternative: offensiv inszenierte Fülle.

Design creates individualism

This chapter deals with the 'allrounders' among restaurant operation concepts; their marketing-strategy can only be compared to decathlon competitions. This refers to their wide assortment of products; whereas in other concept dimensions, such as location or sales strategy, they may very well be specialized.

What they have in common, though, is that they offer a wide range of products, covering all types of items. They have chosen a very broad assortment of products, and a wide range of prices, to be able to attract just about any clientele and satisfy the most varied needs.

The advantage of this global strategy is that it spreads the risk. On the other hand, with their all-encompassing range of products, the generalists have a much harder time developing a clearly defined significant profile – compared to the specialists, such as steakhouses or pizza-parlors.

The specific marketing challenge for a generalist is threefold; he has to use his menu-card to communicate the following three concepts:

* to signal diversity and variety

* to allow for the greatest possible flexibility of assortment and at the same time

* to present the establishment in such a memorable way as to give it an edge in competition.

Significance in presentation and total flexibility in range of products – these goals almost exclude each other. It is just this quality of the generalist, his ability to provide 'everything', that brings with it the danger of loosing contour and competence, of being wishy-washy. The typical problem of those who 'can do it all'.

At the same time, while it seems that the generalist theoretically has so many possible directions in which to develop a profile, he practically may not exclude anything, or – even more important – anybody.

The underlying concept-decision usually does not allow exclusion of any segment of possible clientele, by definition the generalists are open to the 'public'. This puts quite a restraint on menu-card design – it has to please everybody. Anything leaving the confines of generally accepted good taste could bring danger and is not appropriate.

There's no doubt: nobody has a harder time than the generalist to visually express the individuality of his services in a significant and memorable way. He has to achieve more than that: because there is a lack of definition in his assortment and profile, his image is so much more endangered by corrosion. In order to 'stay in mind', the generalist has to keep setting 'refreshing' accents much more regularly than his specialized colleague.

This implies that generalists requires flexibility. Flexibility in their assortment of products, which they communicate through their menu-card. And this is where they can use the full potential of marketing-possibilities; exchangeable menu-card pages used in a daily/weekly rotation; supplementary or additional cards for specific times of the day or a particular genre of item; specialty cards. In general: a frequent change of the standard menu-card. The universalist's success depends on his ability to create movement in his assortment of items. He needs to continuously find new ways to meet this challenge. Modern consumers have come to expect this dynamic dimension of constant change from any universalist.

And really, nowhere else do we find such a wide variety of menu-cards, such a colourful mix of basic and supplementary cards as in generalists' establishments.

The volume of products also requires the use of supplementary cards. In order to adequately present special offers for a specific time of day, for example – in case of doubt the appropriate specialty card communicates competence in a much more convincing manner.

To document widely fanned-out competence: this is the most important marketing achievement of a differentiated use of menu-cards. The main focus is to create landmarks of competence in a wide landscape of products.

First in line are specialty cards: special promotions provide the unique marketing playground for generalists. This is their chance at a partial specialization, or definition of their competence, which in their basic assortment is not open to them. By the way – this is exactly the opposite of how specialists use this marketing instrument.

Generally the inside of a menu-card must be activated as a powerful sales instrument. Dramatization of and emphasis on certain products/groups of products are of primary importance – also in the interest of smooth service-organization.

As far as visual design is concerned, one could say: not too big and not too small, not only in reference to the card's actual size. It has to primarily be balanced, in format and design as well as in items offered. The entire look should be informal and natural, under no circumstances should particular products be used as eye-catchers. More abstract design-concepts are recommended in lieu of concrete visualization: a logo, graphical elements, more general motives. A frequently used alternative is the presentation of overwhelming abundance.

Betrieb:

Restaurant Green House, Rosenberger Hotel Wels.
(Rosenberger-Gruppe, St. Pölten)

Betriebstyp/Charakter:

Hotelrestaurant, mittleres Preisniveau, Kernzielgruppe: Hotelgäste.

Zur Karte:

Standard-Speisekarte.

Karten-System:

Wickelfalz, durchgehend beidseitig bedruckt, hochglanzkaschiert. Pergamenteffekt für Angebotsrubriken durch Aufhellung. Mittelteil innen für Tagesangebote vorgesehen. Format geschlossen 20,5 x 34,5 cm. Weinkarte des Restaurants und Karte der Hotelbar im gleichen Dekor.

Besonderheiten:

Bildstimmung der Karte assoziiert Gartenatmosphäre des Restaurants.

Entwurf/Design:

Volker Uiberreiter, Salzburg.

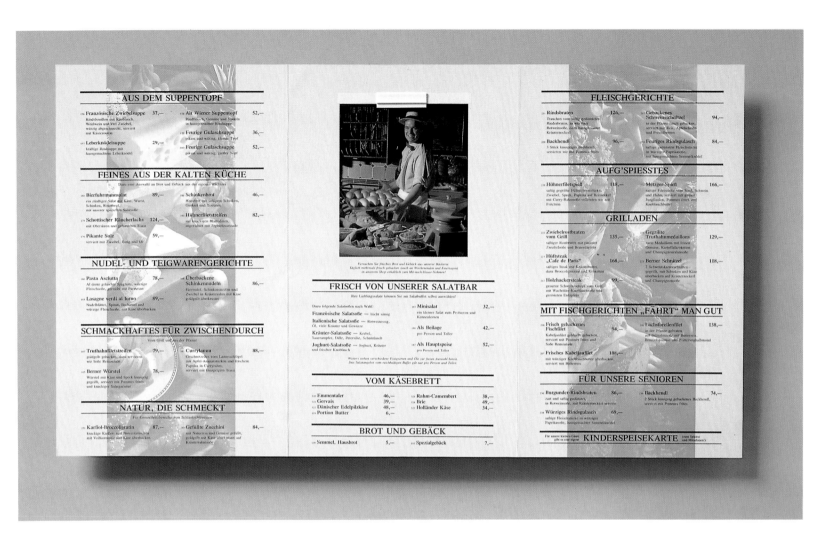

AUS DEM SUPPENTOPF

Französische Zwiebelsuppe 37,— / Alt Wiener Suppentopf 52,—
Leberknödelsuppe 29,— / Feurige Gulaschsuppe 36,—
Feurige Gulaschsuppe 52,—

FEINES AUS DER KALTEN KÜCHE

Bierfuhrmannsalat 89,— / Schinkenbrot 46,—
Schottischer Räucherlachs 124,— / Hühnerfiletstreifen 82,—
Pikante Sulz 59,—

NUDEL- UND TEIGWARENGERICHTE

Pasta Asciutta 78,— / Überbackene Schinkennudeln 86,—
Lasagne verdi al forno 89,—

SCHMACKHAFTES FÜR ZWISCHENDURCH

Truthahnfiletstreifen 79,— / Currylamm 88,—
Berner Würstel 78,—

NATUR, DIE SCHMECKT

Karfiol-Broccoligratin 87,— / Gefüllte Zucchini 84,—

FRISCH VON UNSERER SALATBAR

Französische Salatsoße
Italienische Salatsoße
Kräuter-Salatsoße
Joghurt-Salatsoße

Minisalat 32,—
Als Beilage 42,—
Als Hauptspeise 52,—

VOM KÄSEBRETT

Emmentaler 46,— / Rahm-Camembert 38,—
Gervais 39,— / Brie 49,—
Dänischer Edelpilzkäse 48,— / Holländer Käse 34,—
Portion Butter 6,—

BROT UND GEBÄCK

Semmel, Hausbrot 5,— / Spezialgebäck 7,—

FLEISCHGERICHTE

Rindsbraten 126,— / Gebackenes Schweinsschnitzel 94,—
Backhendl 96,— / Feuriges Rindsgulasch 84,—

AUFG'SPIESSTES

Hühnerfiletspieß 138,— / Metzger-Spieß 166,—

GRILLADEN

Zwiebelrostbraten vom Grill 135,— / Gegrillte Truthahnmedaillons 129,—
Hüftsteak „Café de Paris" 168,— / Berner Schnitzel 118,—
Holzhackersteak 99,—

MIT FISCHGERICHTEN „FÄHRT" MAN GUT

Frisch gebackenes Fischfilet 94,— / Lachsforellenfilet 138,—
Frisches Kabeljaufilet 108,—

FÜR UNSERE SENIOREN

Burgunder-Rindsbraten 86,— / Backhendl 74,—
Würziges Rindsgulasch 69,—

KINDERSPEISEKARTE

Betrieb:

Rosenberger-Raststätten.
(Rosenberger-Gruppe, St. Pölten)

Betriebstyp/Charakter:

Verkehrsgastronomie – Autobahn-Raststätten in Bedienung, breiter Sortiments- und Zielgruppenansatz.

Zur Karte:

Angebotskarte, in allen Raststätten-Betrieben eingesetzt.

Kartensystem:

All-in-one-Karte; Wickelfalz, Vorder- und Rückseite durchgehend bedruckt, hochglanzkaschiert. Format geschlossen 20,5 x 35 cm. Cover- und Rückseitenfotos wiederholen sich abgetönt im Innenteil. Ergänzende Saisonangebote via Tischsets kommuniziert.

Besonderheiten:

Fläche für Aktionsangebote im Mittelteil der Karte durch Foto kaschiert; so entstehen keine optischen 'Löcher', wenn kein Zusatzangebot gefahren wird.

Entwurf/Design:

René Juvancic, Wien.

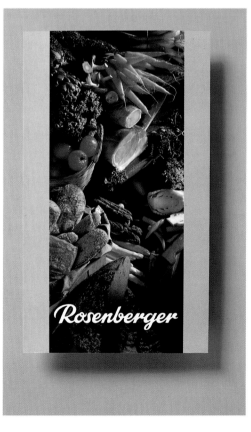

Rindfleischsuppe mit Markklößchen
und frischen Kräutern .... DM 5,50

Deftige Gulaschsuppe .... DM 6,80

Omelett (3 Eier) mit Champignons,
Salatteller .... DM 12,80

Frankfurter Würstchen (1 Paar), Meerrettichkrem,
Brot oder Brötchen .... DM 6,50

Frankfurter Würstchen (1 Paar), Meerrettichkrem,
Kartoffelsalat .... DM 8,80

„Toast Mozart"-Rumpsteak (120 g) mit Champignons und Kräuterbutter auf Toast ... DM 15,90

Putensteak (150 g) natur, mit Spargelspitzen und
Sauce hollandaise, Butterreis .... DM 18,50

Rib-Eye-Steak (175 g) mit Schmorzwiebeln oder
Kräuterbutter, Bratkartoffeln,
Salatteller .... DM 21,50

Spaghetti mit pikanter Tomatensauce
und Parmesankäse .... DM 7,80

Norwegischer Räucherlachs auf Toast,
garniert mit Meerrettichkrem .... DM 12,80

Bunter Salatteller mit Putenbruststreifen oder
Schafskäse, Eischeiben, garniert mit frischen
Kräutern .... DM 12,80

Sandwich mit:
Knochenschinken (geräuchert) .... DM 5,50
gekochtem Schinken .... DM 5,50
Salami .... DM 4,95
Edamer Käse .... DM 4,95
Emmentaler Käse .... DM 4,95
Frischkäse .... DM 4,95

Camembert (große Portion)
Butter, Brot .... DM 9,80

Käseteller
Butter, Brot .... DM 12,80

WARME SPEISEN / HOT DISHES

505 **Putengeschnetzeltes** in fruchtiger
Apfel-Curry-Soße, Butterreis .... DM 16,50
Chipped leg of turkey in a tangy curry-apple sauce,
butter rice.
öS 118,- / hfl 19,- / FF 59,- / FB 360,-

322 **Tafelspitz** in Schnittlauchrahm,
Salzkartoffeln .... DM 20,50
Prime boiled beef in a cream sauce with chives,
boiled potatoes.
öS 147,- / hfl 23,60 / FF 73,50 / FB 450,-

298 **Rumpsteak** (175 g), mit Kräuterbutter,
Röstkartoffeln, bunter Salatteller ..... DM 26,50
Sirloin steak (175 g), with herb butter, sauté potatoes,
mixed salad.
öS 190,- / hfl 30,50 / FF 95,- / FB 580,-

MENÜ / MENU .... DM 30,50

628 **Klare Hühnersuppe** mit Pfannkuchenstreifen
und frischen Kräutern.
Tafelspitz in Schnittlauchrahm, Salzkartoffeln.
Fruchtdessert "Mango-Aprikose".
Chicken broth with shredded pancake and fresh herbs.
Prime boiled beef in a cream sauce with chives, boiled
potatoes.
Cream dessert "Mango-apricot" (cream cheese and
joghurt with mango and apricots).
öS 219,- / hfl 35,10 / FF 109,- / FB 660,-

DESSERT / DESSERT

611 **Fruchtdessert** "Mango-Aprikose" (Sahnequark,
Joghurt, Mango und Aprikose) .... DM 5,20
Cream dessert "Mango-apricot" (cream cheese and
joghurt with mango and apricots).
öS 37,- / hfl 6,- / FF 19,- / FB 110,-

Die sorgfältige Zubereitung Ihres Gerichtes liegt uns sehr am Herzen,
deshalb rechnen Sie mit ca. 15 Minuten, bis wir Ihre Bestellung servieren. /
All our dishes are freshly prepared. Please accept a delay of approximately 15 minutes before we serve your meal.

5350/M (D-Einl.-ICK) 1.5.91-31.5.91

Betrieb:

DSG-Service im Zug.
(Deutsche Service-Gesellschaft der Bahn, Frankfurt/Main)

Betriebstyp/Charakter:

Gastronomie auf der Schiene; Speisewagen/Bord Restaurants, Bord Treffs, Bistro-Cafés, Service am Platz, Minibars, Liegewagen-Gastronomie. Vielseitiges Leistungsspektrum bei heterogener Zielgruppe. Angebots- und Leistungsumfang abhängig von Zugsystem und Strecke. Teilweise Tageszeitenanpassung in Sortiment und Service.

Zu den Karten:

Ausschnitt aus dem umfangreichen Kartensortiment – insgesamt rund 80 verschiedene Karten. Coverseiten aus InterCity-Bord Restaurant (grün) und Touristikzug (lila), Innenseiten aus konventionellem InterCity-Zugrestaurant. Poster mit auf den Coverseiten verwendeten Food-Motiven. Beispiel für Aktionsbewerbung: Tischaufsteller und dazugehöriges Flaschenetikett.

Kartensystem:

Verbindung von Flexibilität und Einheitlichkeit: Praktisch durchgängig DIN-A5-Format (Platzknappheit an Bord!), identische Design-Bausteine: Zweifarbigkeit, zweigeteiltes Grundlayout, kleine Quadrate zur Kennzeichnung der Angebotssegmente, Food-Fotos für die Karten-Cover. Motive verweisen auf Angebotssegment: Frühstück, Getränke etc. Farbliche Differenzierung nach Zugsystemen. Daneben psychologischer Effekt der Farben – fröhliche, genußbeton-

te Ausstrahlung. Karten-Varianten: vom Einsteckblatt für Aufsteller über einfach gefalzte Cover bis zu mehrseitigen, geklammerten Karten. Teilweise Einschiebefenster für aktuelle Angebote. Cover außen cellophaniert.

Besonderheiten:

Design-Konzept erfüllt komplexe Anforderungen: Vielseitigkeit, Breiten- und Niveauverträglichkeit, hoher Wiedererkennungswert. Optisch verbesserter Auftritt im Zusammenhang mit neuem Service-Profil. Corporate-Design-Ansatz: Sämtliche Service-im-Zug-Kommunikations- und Werbeträger arbeiten mit den Design-Bausteinen der Karte.

Entwurf/Design:

Trust Corporate Culture, Frankfurt/Main.

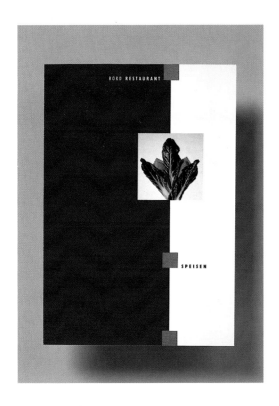

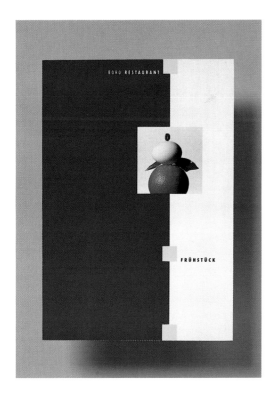

DIE NEUE ESS-KLASSE
DER BAHN.

DSG

DEUTSCHE SERVICE-GESELLSCHAFT
DER BAHN MBH

EIN
KLEINER DENKANSTOSS.

DSG

DEUTSCHE SERVICE-GESELLSCHAFT

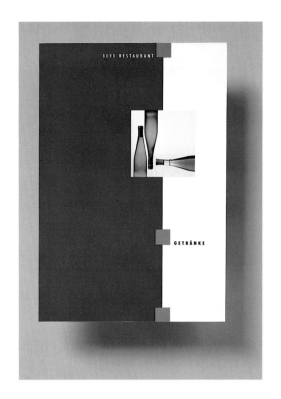

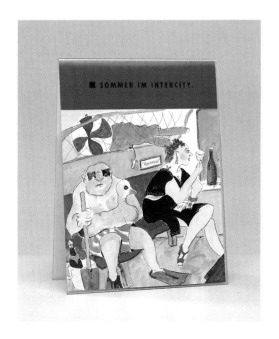

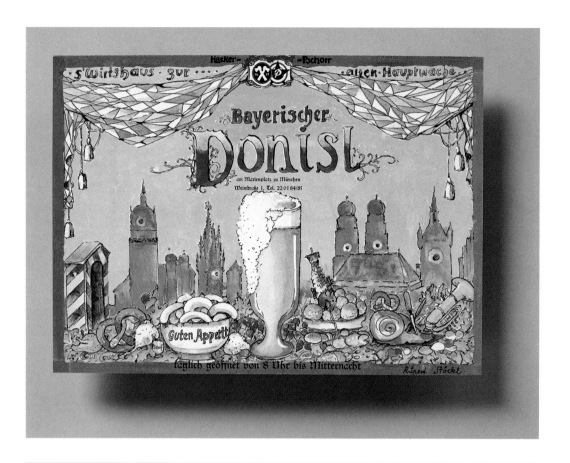

Betrieb:

Bayerischer Donisl, München.
(Wildmoser-Gruppe, München)

Betriebstyp/Charakter:

Urig-traditionell mit Profil-Schwerpunkt auf boden-
ständiger Küche.

Zur Karte:

Speise- und Getränkekarte mit künstlerisch gestaltetem Deckblatt.

Kartensystem:

Einfach gefalztes Cover, Außen- und Innenseiten bedruckt, cellophaniert. Format geschlossen 30 x 21
cm. Angebotsseiten mit kleinen Farbzeichnungen im
Stil des Deckblatts versehen. Typographie (Fraktur-
schrift) abgestimmt auf traditionellen Ansatz. Zusätzlich Tageskarte; DIN-A4-Einleger mit vorgedruckten
Design-Elementen der Basiskarte.

Besonderheiten:

Karte ist querformatig bedruckt, geöffnet also im
Hochformat zu lesen. Speisekartengestaltung 1988
von der Gastronomischen Akademie Deutschlands
mit Silbermedaille prämiert. Corporate-Design-Ansatz: Der weißblaue Vorhang des Deckblattes wiederholt sich außer auf der Tageskarte auch auf Visitenkarten, Briefpapier und sonstigen Drucksachen
des Betriebs.

Entwurf/Design:

Der Künstler Rupert Stöckl, München (Zeichnungen) /Heinz Wildmoser.

Betrieb:

Bräustuben Spatenhaus, München.
(Kuffler-Gruppe, München)

Betriebstyp/Charakter:

Speiseorientiert mit breitem Sortiment, traditionell-bürgerlich.

Zu den Karten:

Speise- und Getränkekarte.

Kartensystem:

Einfach gefalzte Cover, beidseitig mattfolienka-schiert, Außenseiten mit Dekor bedruckt. Cover-Innenseiten: Informationen zum Betrieb und seiner Geschichte. Speisenangebot auf gefalztem Einlegeblatt im doppelten Din-A4-Format, maschinenbeschrieben und vervielfältigt. Karte täglich wechselnd. Ergänzende Aktionsblätter. Format Speisekarte geschlossen 22,5 x 32,5 cm. Getränkekarte: Innenseiten fest bedruckt, Karte geklammert. Format 18 x 24 cm.

Besonderheiten:

Cover-Design zitiert standortbezogene architektonische Motive. Fotomontagetechnik bewirkt Auffrischung des Traditionsthemas.

Entwurf/Design:

Die Künstlerin Ricarda Dietz, München.

Hinweis:

Ebenfalls von Ricarda Dietz gestaltet: Spatenhaus-Aktionskarten. Siehe Seite 193-195.

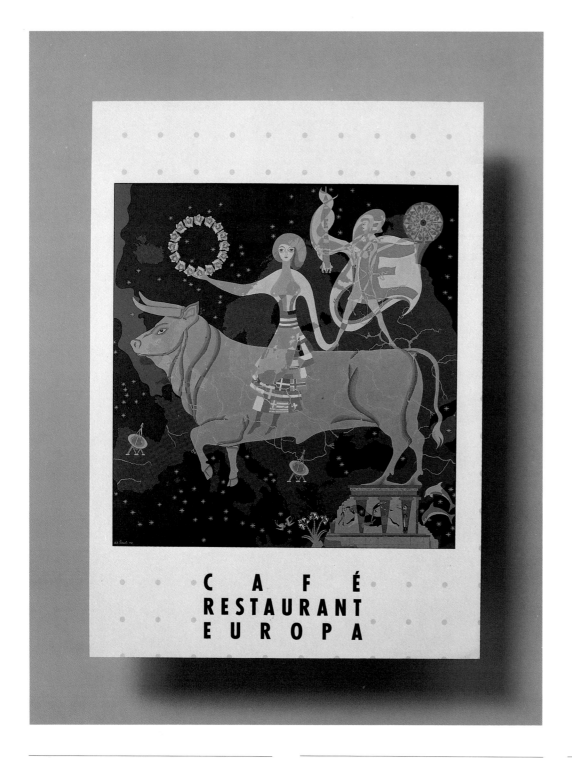

GRILL- UND PFANNENGERICHTE

GRILL- AND PAN SPECIALS – VIANDES EN SAUCE ET GRILLADES

	DM
HÄHNCHENBRUST VOM ROST in Champignonrahm auf badischen Butternudeln	19,80
GEGRILLTER FLEISCHSPIESS mit feuriger Paprikarahmsauce, gemischtem Salat und Curryreis	22,50
SCHWEINEFILET AUF APFELSCHEIBEN mit Pilzen, Sauce Béarnaise und Rösti	23,50
WIENER SCHNITZEL mit Pommes frites und gemischtem Salat	24,00
GRILLTELLER 3 Medaillons vom Rost mit Würstchen, Speck, Kräuterbutter, Speckböhnchen und Pommes frites	29,50
GEGRILLTES RUMPSTEAK mit gebratenen Champignons, Zwiebeln, Café de Paris Butter, gebackenen Kartoffelstäbchen und gemischtem Salat	33,50
KALBSRÜCKENSTEAK IN MORCHELRAHMSAUCE Broccoli und Kroketten	36,50
FILETSTEAK MIT GRÜNER PFEFFERSAUCE saisonalen Gemüsen und Kartoffelköchlein	38,00

CAFÉ
RESTAURANT
EUROPA

Betrieb:

Café Restaurant Europa, Düsseldorf.
(Stockheim-Gastronomie, Düsseldorf)

Betriebstyp/Charakter:

Flughafen-Restaurant, verkehrsgeprägt. Mittleres bis gehobenes Preisniveau.

Zur Karte:

Angebotskarte, durchgehend bedruckt, mit künstlerisch gestaltetem Deckblatt.

Kartensystem:

All-in-one-Karte, Cover plus acht Angebotsseiten, durchgehend cellophaniert. Klammerheftung. Format geschlossen 22 x 30 cm. Durchgängiges Design-Motiv: Punkteraster mit farbigen Einsprengseln. Speisenangebot dreisprachig – Standort!

Besonderheiten:

Deckblatt-Gemälde 'Europa und der Stier' – Analogie zum Namen des Restaurants. Original-Tafelbild im Restaurant ausgehängt. Gedanklicher Bezug zum Flughafen-Standort. Erläuterungen zu Kunstwerk und Künstler auf den Innenseiten des Covers.

Entwurf/Design:

Der Künstler Curt Stenvert, Köln (Gemälde)/Ingo Bergmann, Design Division, Krefeld.

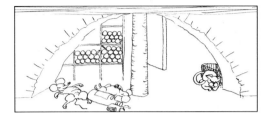

Betrieb:

Restaurant Kniese's Gute Stuben, Bad Hersfeld

Betriebstyp/Charakter:

Hotelrestaurant im Romantik Hotel Zum Stern, mittelpreisig, Küche mit lokalem Bezug. Hotel- und externe Gäste.

Zur Karte:

Speisekarte, künstlerisch gestaltet im naiven Stil. Detailmotive aus den Innen-Coverseiten.

Kartensystem:

Einfach gefalztes Cover, Karton mit Giebelstanzung. Deckblatt farbig, Innen-Cover und Rückseite schwarz/weiß mit Hotelansichten. Format geschlossen 23,5 x 43,5 cm (ohne Stanzung). Angebotsblätter handbeschriftet, vervielfältigt und eingeklebt; zusätzlich Tageskarte als Einleger (PC-Drucker).

Besonderheiten:

Originalvorlage als Hinterglasmalerei. Motiv auch für Weinschoppenkarte und auf Visitenkarten eingesetzt. Auf der Cover-Rückseite Informationen zur Geschichte des Hauses.

Entwurf/Design:

Die Malerin Astrid Störzer, Freyung (Bayr. Wald).

Betrieb:

Hotel-Restaurant Fröhlicher Rheinfelder Hof, Basel.

Betriebstyp/Charakter:

Hotelgastronomie; zwei Restaurants: Baiz (gutbürgerliche Küche) und Gryffe Stubb (A-la-Carte-Küche, saisonale Spezialitäten). Geprägt durch Verwurzelung im Vereinsleben rund um die Basler Fasnacht.

Zu den Karten:

Speisekarten aus beiden Betrieben, jeweils mit künstlerisch gestaltetem Cover.

Kartensystem:

Gryffe Stubb: Einfach gefalztes Cover, doppelt verklebter, strukturlaminierter Karton, innen ausgestanzt. Farbige Angebotsblätter (gelb, mit Laser-

Drucker beschriftet) werden eingeschoben. Format geschlossen 24 x 33 cm. Metallecken. Baiz: Gleiches Prinzip, aber innen vier Angebotsseiten (rosa Einlegeblätter). Cover jeweils farbig, Innenteil und Rückseite mit grünen Pinselzeichnungen versehen (Logo und Uhr, das Wahrzeichen der Basler Mustermesse – Standortmerkmal). Gesonderte Getränkekarten in neutralem Design.

Besonderheiten:

Fröhlich-lauter Stil der Illustrationen im Einklang mit Profil des Hauses. Corporate-Design-Konzept: Visitenkarten, Bankettunterlagen, Schreibpapier und Hotelprospekt-Leporello mit wiederkehrenden Motiven. Originale der Speisekartenzeichnungen hängen in Hotelrezeption aus. Sehr schön gestaltetes Logo. Bemerkenswert die gelungene Einbindung des

Betreibernamens! Wein- und Marc-Etiketten passend zu den Karten-Covern.

Entwurf/Design:

Der Künstler Däge, Däge Design, Basel.

Hinweis:

Ebenfalls von Däge für den Betrieb gestaltet: Dessertkarte, siehe Seite 252-253.

Betrieb:

Seerestaurant & Café, Böblingen.
(REGA Restaurant- und Hotelbetriebe, Sindelfingen)

Betriebstyp/Charakter:

Kongreßhallen-Restaurant mit Bistro-Betriebsteil und Seeterrasse. Gäste überwiegend Geschäftsleute (Kongreßbesucher) und Büropublikum aus Umfeld.

Zur Karte:

Speise- und Getränkekarte des Bistros.

Kartensystem:

Einfach gefalztes Cover, grauer Strukturkarton, Format geschlossen 24 x 38,5 cm. All-in-one-Lösung. Durchgehend bedruckt, gestaltetes Cover, Illustrationen in Scherenschnitt-Manier zu jeder Angebotsrubrik. Zeichnungen per Computer erstellt, Texte bis auf Rubrikentitel handschriftlich. Keine strenge Rubrikentrennung zwischen Food und Beverage; im foodgeprägten Innenteil auch Aperitifs und Kaffee. Rubri-

kentitel locker formuliert: Pfann-Tastisches für Pfannengerichte, Happy Ende für Kaffeespezialitäten etc. Grundgedanke: weg von klassischer Speisenfolge, informeller Auftritt. Standard-Restaurantkarte in verwandtem Design.

Besonderheiten:

Sachlicher Kartenstil abgestimmt auf modernes Ambiente des Betriebs. Logo auf Cover (stilisierte Wellen) stellt optischen Bezug zum Standort her. Kosten-

günstige Lösung erlaubt Schnellebigkeit der Karte. Wort-Bild-Motiv des Logos und Silhouetten auch auf anderen Kommunikationsträgern des Betriebs verwendet.

Entwurf/Design:

Iris Wöhr-Reinheimer, Wöhr Grafik Design, Sindelfingen.

Betrieb:

Rasthaus Weiskirchen Süd, Rodgau.

Betriebstyp/Charakter:

Autobahn-Raststätte, verkehrsgeprägt, sehr breit gefächerte Zielgruppe, international. Mischkonzept aus Bedienungs- und SB-Betrieb. Unkompliziert, 'klassenlos'.

Zur Karte:

Speise- und Getränkekarte, gültig für beide Betriebsteile.

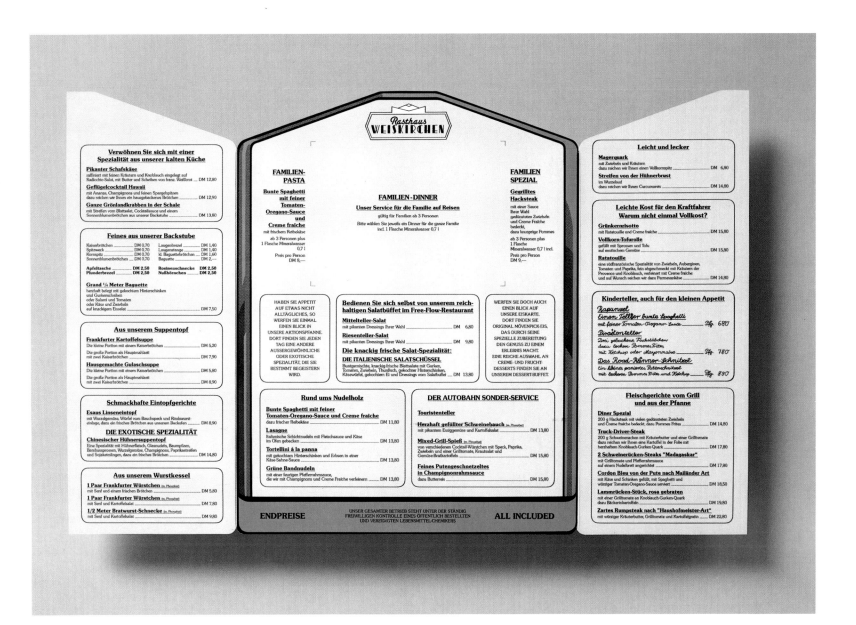

Flughafen
Restaurants
Zürich

Gueti Zyt

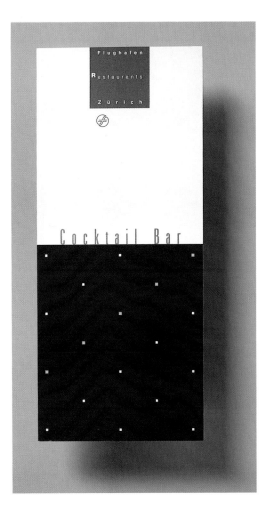

Betrieb:

Flughafengastronomie Zürich-Kloten.

Betriebstyp/Charakter:

Insgesamt rund zwei Dutzend gastronomische Einheiten; abgestimmt auf die Anforderungen des verkehrsgeprägten Standorts. Restaurants, Snackbars, Bars. Gestaffelte Konzepte mit unterschiedlicher Angebots-, Preis- und Servicegestaltung; Bandbreite von Fast Food bis Spitzenrestaurant.

Zu den Karten:

Angebotskarten verschiedener Betriebe: Air Quick, Transit, Cocktailbar, Gueti Zyt. Air Quick-Frühstückskarte und eine betriebstypen-übergreifend verwendete Weinkarte.

Kartensystem:

Einfach gefalzte Cover oder Wickelfalz, durchgehend beidseitig bedruckt und glanzfolienkaschiert. Format geschlossen 16,5 x 31 cm, Frühstücks- und Cocktailkarten 11 x 25,5 cm. Gueti Zyt: 11 x 31 cm. Restaurant- und Snackbar-Karten als All-in-one-Lösung; ergänzend für Restaurants Weinkarten mit Flaschenweinen. Einheitliche Design-Standards für die Karten aller Betriebe (Ausnahmen: zwei hochpreisige Restaurants und ein Nachtclub). Cover außen durchgehend mit wechselnden grafischen Dekoren versehen; zweigeteilter Aufbau, Logo am oberen Kartenrand. Jeder Betrieb/Betriebstyp mit eigenem Dekor; daneben mehrfach eingesetzte Karten. Einheitliche Optik auch im Innenteil: gleiche Typographie, gleiches Grundlayout. Sichert unproblematisches Handling von Änderungen. Insgesamt mehr als ein Dutzend Karten im Einsatz.

Besonderheiten:

Stilistische Verwandtschaft der Karten signalisiert sowohl Vielfalt als auch Zusammengehörigkeit der Betriebe unter gemeinsamem Betreiber-Dach und ermöglicht problemlos Kartenkombinationen. Verzicht auf kulinarischen Bezug im Dekor. Fotos aus Image-Prospekt der Flughafen-Restaurants; Layout folgt dem Karten-Grunddesign.

Entwurf/Design:

Weiersmüller, Bosshard, Grüninger wgb, Zürich.

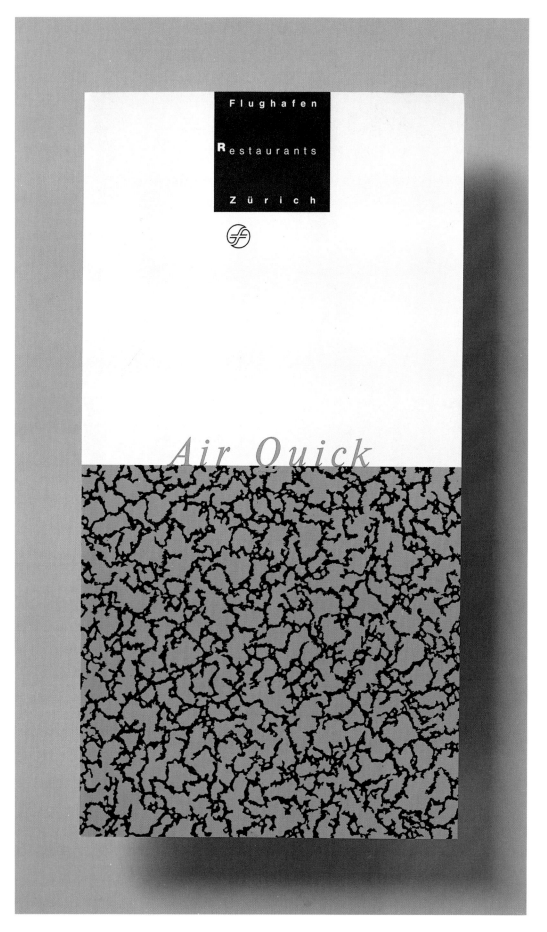

Flughafen
Restaurants
Zürich

TRANSIT

SUPPEN

GRATINIERTE ZWIEBELSUPPE		5.80
mit Käsercroûton		
BÜNDNER GERSTENSUPPE		5.60

GERÄUCHERTES UND MARINIERTES

MÖVENPICK RAUCHLACHS	60 g	13.80
«Premium Selection» aus unserer	90 g	19.60
eigenen Räucherei mit Brioche-		
oder Vollkorn-Toast und Butter		
RAUCHLACHS «CARPACCIO»	60 g	13.80
mit Basilikum und Olivenöl		
RAUCHLACHS MIT	60 g	15.80
SCHWARZWURZELSALAT		
RAUCHLACHS AUF RÖSTI	60 g	16.50
mit Schnittlauch-Sauerrahm		
GERÄUCHERTES FORELLENFILET	1 Stk.	9.50
mit Nüsslisalat, Meerrettichschaum	2 Stk.	16.50
und Brioche- oder Vollkorn-Toast		

TATAR

BEEFSTEAK TATAR MÖVENPICK	kl. Port.	16.50
mild, medium oder feurig, mit Brioche-	Port.	22.50
oder Vollkorn-Toast und Butter		
Mit Cognac, Calvados oder Whisky		+ 2.—
Sélection Caves Mövenpick		

SALATBUFFET

ZUM SELBERWÄHLEN UND SELBERSCHÖPFEN

SALATSCHALE	7.90
GROSSER SALATTELLER	13.80
GEMISCHTER SALAT, als Beilage	5.90
BLATTSALATE, als Beilage	4.80

GSUND UND MUNTER

BLATTSPINAT MIT ZWEI SPIEGELEIERN		10.80
auf Vollkorn-Toast		
GEMÜSE-SELEKTION		14.50
eine Auswahl von 7 frischen Saisongemüsen		+ 1.80
– mit einem Spiegelei		
VOLLGRIESS-GNOCCHI		13.80
auf frischer Tomatensauce,		
mit Mascarpone-Gorgonzola und Basilikum		
BIRCHERMÜESLI MIT FRISCHEN FRÜCHTEN		7.50
– mit Rahm		+ 1.20
SPINATKROQUADEN GEORGES LANG		14.80
in hauchdünne Crêpe eingerollte		
Spinatfüllung, an Sauerrahm-Hüttenkäse,		
mit Parmesan überbacken		

PICKEREIEN UND TOASTS

ATLANTIC CREVETTEN MIT EISBERGSALAT		14.80
Rosé Island-Cocktailsauce und		
Schwarzwurzelsalat. Mit Brioche-Toast		
MOSTBRÖCKLI	kl. Port.	9.80
	Port.	14.80
ASSIETTE GOURMET MÖVENPICK		23.50
Rauchlachs, geräuchertes Forellenfilet,		
Atlantic Crevetten, Terrine,		
Mostbröckli und Schwarzwurzelsalat		
TORTILLA PIZZAIOLA		14.50
flache Omelette mit gedämpften		
Zwiebelstreifen, Blattspinat		
und Peperoni. Mit Tomatensauce		
und Raclette-Käse überbacken		
POULETBRUST GEBRATEN		16.80
MIT SCHNITTLAUCH-VINAIGRETTE		
lauwarm serviert, mit Schwarzwurzelsalat		
und Knoblauch-Brötli		
GRATIN DE CREVETTES ROSES EN COQUILLE		13.50
überbackene Atlantic Crevetten		
in der Porzellanschale serviert, Reis		
SENNERÖSCHTI		12.90
mit Raclette-Käse überbackene Rösti,		
mit knusprig gebratenen Speckscheiben		
und einem Spiegelei		
CHICKEN-CURRY-TOAST		15.80
Pouletbrustwürfel mit frischer Ananas,		
Banane und Peperonistreifen		
an Currysahnesauce, auf Brioche-Toast		
TOAST LOUIS ARMSTRONG		16.50
gebratene feine Schweinsfiletstreifen		
auf Blattspinat, mit frischen Champignons		
und Tomatensauce. Auf Brioche-Toast		
GRUYERE-SCHINKEN-TOAST		11.50
geraffelter Gruyère-Käse und		
Beinschinkenstreifen mit Peterli vermischt		
und auf Brioche-Toast überbacken.		
Dazu frische Birnenschnitze		

PASTA

LASAGNE VERDI		14.80
grüne, breite Nudeln mit Sauce Bolognese		
TAGLIATELLE AL POMODORO		10.50
weisse Nudeln an frischer Tomatensauce		
TAGLIATELLE CON SALMONE AFFUMICATO		16.—
weisse Nudeln an Basilikum-Rahmsauce,		
mit Rauchlachsstreifen		
TAGLIATELLE «DON MIGUEL»		15.80
Pouletbrustwürfel an Kräuterrahmsauce		
mit Tomaten, auf Nudeln angerichtet		
mit Raclettekäse überbacken		
RAVIOLI AL BURRO E SALVIA	kl. Port.	9.80
hausgemachte Ravioli	Port.	14.80
mit Ricotta-Parmesan-Füllung		
an Salbeibutter		
RAVIOLI ALLA PANNA E BASILICO	kl. Port.	10.80
hausgemachte Ravioli	Port.	16.50
mit Ricotta-Parmesan-Füllung		
an Basilikum-Rahmsauce		

FISCHE UND KRUSTENTIERE

LEMONSOLE MEUNIERE	ca. 250 g	19.80
in Butter ganz gebraten, mit Petersilie,		
Zitrone und Reis		
FILET DE CABILLAUD PROVENÇALE		17.30
Kabeljaufilet auf Blattspinat,		
mit Café de Paris-Sauce überbacken.		
Reis		
FILET DE CABILLAUD AU CURRY		16.60
Kabeljaufilet auf Currysauce		
mit frischer Ananas, Banane		
und Peperoni garniert. Reis		
CALAMARES FRITES		12.50
knusprig gebackene Tintenfischringe,		
mit Zitrone und Sauce tartare		
RIESENCREVETTEN «DANIELI»	3 Stk.	17.50
mit der berühmten Café de Paris-	5 Stk.	26.50
Sauce überbacken.		
Mit Blattspinat und Reis		
RIESENCREVETTEN «AIOLI»	3 Stk.	17.50
in der Schale mit Knoblauchbutter	5 Stk.	26.50
gebraten, auf Blattspinat. Reis		
TORTILLA CON SALMONE		15.90
flache Omelette mit gedämpften Zwiebelstreifen,		
Blattspinat, Peperoni und Rauchlachs		

CURRY, SOJA, CHILI

RIZ CASIMIR		23.50
geschnetzeltes Kalbfleisch, frische Ananas,		
Banane und rote Peperonistreifen an		
Currysahnesauce. Im Reisring		
MAH MEE		21.80
Pouletbruststreifen, Atlantic Crevetten,		
verschiedene Gemüse, Baumpilze		
und chinesische Eiernudeln an Sojasauce.		
Fernöstlich gewürzt		
EMINCE DE BOEUF MEXICAINE		17.80
geschnetzeltes Rindfleisch, Peperoni,		
Kichererbsen, Brasilbohnen und Sweet Corn		
an Barbecue-Sauce. Reis		

RIND, KALB, ETC.

FRISCH GEHACKTES RINDSTEAK 150 g

– MIT SCHNITTLAUCH-SAUERRAHM,		14.90
Specküraten und gedämpften		
Zwiebelstreifen. Pommes frites		
– CAFÉ DE PARIS		15.50
mit einer kleinen Gemüsebeigabe		
und Pommes frites		
– NACH WALLISER ART		15.80
mit Tomatensauce und Raclette-Käse		
überbacken. Pommes frites		
GESCHNETZELTES KALBFLEISCH NACH		27.50
ZÜRCHER ART		
mit frischen Champignons an		
Weisswein-Rahmsauce. Rösti		
RIESENKALBSBRATWURST	200 g	13.80
mit gedämpften Zwiebeln und Rösti		
MIXED GRILL SPIESS MADAGASY	130 g	16.80
mit grüner Pfefferbutter.		
Pommes frites und Gemüsebeigabe		
RINDSFILET	120 g	23.50
RINDSFILET	160 g	32.—
KALBSSCHNITZEL	70 g	12.50
KALBSSCHNITZEL	140 g	24.80

BEILAGEN

REIS ODER NUDELN	2.—
POMMES FRITES	2.80
RÖSTI	3.—
BLATTSPINAT	4.—
PORTION POMMES FRITES	5.80

MÖVENPICK
Kantonalbank

Betrieb:

Mövenpick Restaurants Schweiz/Deutschland.
(Mövenpick Unternehmungen, Adliswil)

Betriebstyp/Charakter:

Erlebnisbetont, ungezwungen. Profilschwerpunkt: Qualität und Abwechslung. Saisonale Küche. Einheitliche Grundphilosophie; Erscheinungsbild und Angebot variabel.

Zu den Karten:

Basis-Speisekarten.

Kartensystem:

Beidseitig bedruckte und glanzfolienkaschierte Wikkelfalzkarten, eingeklappte Rückseite schmaler mit Innenfenster für Promotions-Einschubkarte (ca. 10 x 30 cm). Format geschlossen 23 x 37 cm. Durchgehendes Grunddekor (Food-Fotos bzw. Aquarellzeichnungen), Innenteil und Rückseite mit eingedruckten Angebotsrubriken. Zusätzlich individuelle Einleger mit Tagesangeboten und je nach Sonderaktivität Fotokarten, passend zum Thema, sowie je nach Betrieb Weinkarte. Aquarellkarte mit doppelt verklebtem Karton, im Innenteil links und Mitte mehrere kleine Fenster für wechselnde Angebote. Büttenstruktur-Hintergrund technisch erzeugt. Anmutung der Karte erinnert an japanische Malerei. Cover-Gag: Fotografierter Teller einmontiert.

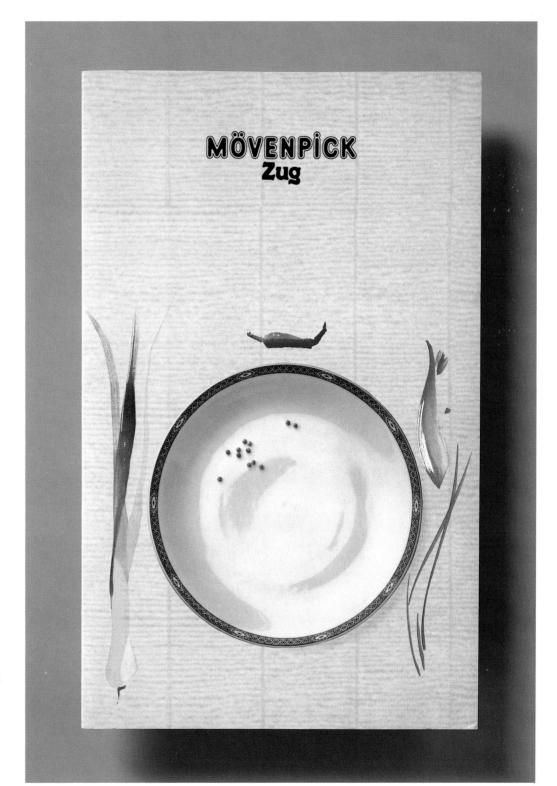

Besonderheiten:

Karten gehören zum zentralen Kartenpool des Unternehmens und können grundsätzlich von allen deutschen und Schweizer Betrieben eingesetzt werden. Einsatzdauer jeweils etwa eine Saison. Standort des Betriebs wird auf Cover-Vorderseite eingedruckt, um Individualität zu unterstreichen. Kartenoptik unterstützt das frische, moderne Profil der Mövenpick-Gastronomie.

Entwurf/Design:

Mövenpick Werbung Restaurants Schweiz, Adliswil.

Hinweis:

Tellermotiv der Aquarellkarte wiederholt sich auf Tischset, siehe Seite 232.

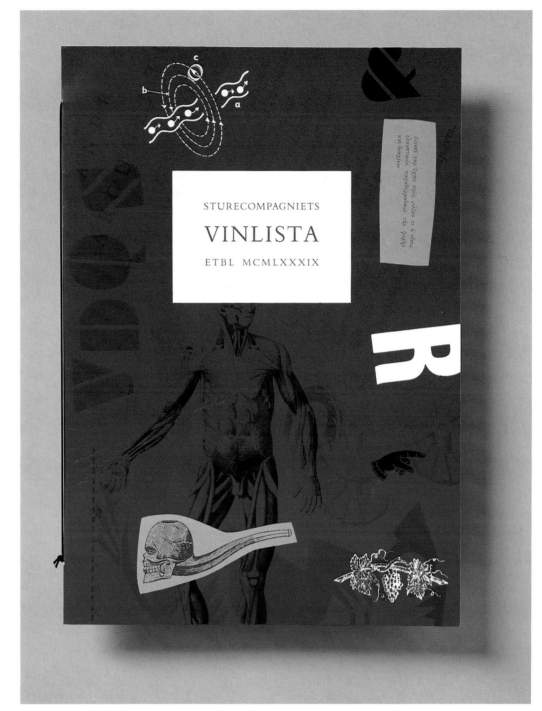

Betrieb:

Sturecompagniet, Stockholm.

Betriebstyp/Charakter:

'Gastronomisches Kaleidoskop'; Komplex mit Delikatessengeschäft, Bäckerei, Bar, Weinkeller, Café/Dis-
kothek und Restaurant. Im Restaurant schwedische
Hausmannskost und klassische französische Gerichte.

Zu den Karten:

Speisekarte und Getränkekarte des Restaurants in
unterschiedlicher Farbgebung.

Kartensystem:

Beidseitig gestaltete, einfach gefalzte Cover, mattfolienkaschierter Karton. Format geschlossen 27 x 37
cm. Ein (Speisekarte) bzw. zwei (Weinkarte) Einlegeblätter farbig, DIN-A3, gefalzt, beidseitig mit PC-Druk-
ker beschriftet. Mit elastischer Kordel gehalten.

Besonderheiten:

Karten-Design als Anspielung auf den früheren Eigen-
tümer des Standorts, einen Erfinder, Weltenbummler
und Konstrukteur; seine Geschichte wird im Haus-
prospekt erzählt. Collagentechnik der Karten-Cover
in Dada-Manier, Motive stammen aus der Welt der
Technik und Forschung.

Entwurf/Design:

Kent Nyström, Saatchi & Saatchi, Stockholm.

Betrieb:

Henry's Cafe Bar.
(Bis Juni 1992: Whitbread-Gruppe, London)

Betriebstyp/Charakter:

Kommunikationsbetont, informell. Verfeinerter Pub-Stil. Kalte und unkomplizierte warme Gerichte. Multipliziert – zuletzt neun Einheiten.

Zu den Karten:

Speise- und Getränkekarte, Cocktailkarte.

Kartensystem:

Beide Karten mattfolienkaschierter Karton, analoger Cover-Auftritt mit Henry's-Logo. Speisekarte: Wickelfalz mit Registereffekt, Format geschlossen 18 x 27 cm. Beidseitig bedruckt. Innenseite Food- und Getränkeangebot auf marmoriertem Fond. Eingeklappte Rückseite Vorstellung der Henry's-Philosophie. Cocktailkarte: einfach gefalztes Cover, zum Dreieck ausgestanzt, mit Registereffekt. Aufstellbar. Format geschlossen (maximal) 16 x 22 cm. Beidseitig bedruckt. Innenteil mit Angebot auf marmoriertem Fond. Unterschiedliche Farbgebung der Karten: Rost und Grün.

Besonderheiten:

Bildelement des Logos (Chamäleon) verstanden als Symbol für die Wandelbarkeit des Betriebs im Tagesablauf – doppelsinniger Slogan: Mood changes at Henry's.

Entwurf/Design:

Kent & Sendall, Tunbridge Wells, Kent.

Merkurkaffee

401	**Café crème oder nature**	**2.60**
402	**Espresso** crème oder nature	**2.60**
403	**Cafésoir,** koffeinfrei	**2.60**
404	**Schale Gold**	**2.60**
406	**Café Mélange**	**3.80**
407	**Wiener Kaffee**	**5.–**
	Ein lecker-heisskalter Genuss!	
	Mit Vanilleglace und Rahmgarnitur	

Tee

Schwarztee-Spezialitäten

Ceylon
Kräftig und aromatisch,
ideal zum Frühstück

Earl Grey
Vorzüglich parfümiert, passt
ausgezeichnet zu Süssigkeiten

Darjeeling
Fein und blumig, herrlich zu
leichteren Mahlzeiten

Kräutertee

**Hagebutten, Pfefferminz,
Lindenblüten, Kamille**

420 Tee nature, citron oder mit Milch **2.40**

Milchgetränke

430	**Kalte Milch**	2 dl	**1.90**
431	**Warme Milch**	Tasse	**1.90**
432	**Kalte Ovomaltine**	2 dl	**2.70**
434	**Warme Ovomaltine**	Tasse	**2.70**
435	**Kalte Schokolade**	2 dl	**2.70**
436	**Warme Schokolade**	Tasse	**2.70**
437	**Chocolat Mélange**		**3.90**
	mit Schlagrahm		
438	**Chocolat Juanita**		**5.–**
	mit Vanilleglace, Schlagrahm und		
	Morettistreusel		
	(Milch dampferhitzt)		

Joghurt-Drinks

445	**Aerobic**	**3.80**
	mit frischen Bananen	
446	**Marathon**	**3.80**
	mit Orangensaft	
447	**Sprinter**	**3.80**
	mit Heidelbeeren	

Kalte Getränke

530	**Valser**	3 dl	**3.–**
551	**Valser Limelite citron**	25 dl	**3.20**
531	**Fontessa**	3 dl	**3.–**
529	**Evian**	25 dl	**3.–**
539	**Coca-Cola**	3 dl	**3.20**
532	**Coca-Cola light**	3 dl	**3.20**
533	**Sinalco**	3 dl	**3.20**
533	**Sinalco light**	3 dl	**3.20**
540	**Rivella rot**	3 dl	**3.20**
541	**Rivella blau**	3 dl	**3.20**
537	**Orangina**	3 dl	**3.20**
536	**Elmer Citro**	3 dl	**3.20**
538	**Schweppes Grapefruit**	3 dl	**3.20**
544	**Schweppes Tonic Water**	18 cl	**3.20**
548	**Schweppes Bitter Lemon**	18 cl	**3.20**
546	**Ramseier Apfelsaft**	3 dl	**3.20**
543	**Wier, alkoholfrei**	29 cl	**3.20**
549	**Sanbitter**	1 dl	**3.20**

Fruchtsäfte

548	**Traubensaft Grapillon**	2 dl	**3.20**
	rot oder weiss		
560	**Orangensaft**	Glas 2 dl	**3.20**
	VITALITY		
561	**Tomatensaft**	Glas 2 dl	**3.20**
563	**Apfelsaft naturtrüb**	Glas 2 dl	**2.50**
	VITALITY		

Apéritifs

700	**Campari**	23%	4 cl	**4.–**
701	**Martini**		4 cl	**4.–**
	rot oder weiss			
702	**Cynar**	16.5%	4 cl	**4.–**
705	**Pastis**	45%	2 cl	**4.–**
706	**Underberg**	44%	Portion	**4.–**

Gebrannte Wasser

730	**Kirsch**	40%	2 cl	**3.80**
742	**Plümli**	40%	2 cl	**3.80**
731	**Williams**	43%	2 cl	**3.80**
732	**Grappa**	40%	2 cl	**3.80**
741	**Calvados**	40%	2 cl	**5.–**
739	**Marc de Bourgogne**	40%	2 cl	**5.–**
738	**Cognac, Rémy Martin**	40%	2 cl	**7.50**
736	**Rum Bacardi**	40%	4 cl	**7.–**
735	**Rum Colonial**	40%	2 cl	**2.80**
737	**Gordon's Dry Gin**	40%	4 cl	**7.–**
740	**Johnnie Walker**	40%	4 cl	**7.50**
	Red Label			

Offene Weine

		2 dl	5 dl
Weiss			
810/820	**Fendant**	5.60	14.–
811/821	**Riesling x Sylvaner**	5.80	14.50
812/822	**Féchy**	6.60	16.50
825	**Montreux**	Pot 17.50	
Rosé			
830/840	**Bardolino**		
	Chiaretto	4.60	11.50
831/841	**Rosé de Gamay**	5.40	13.50
Rot			
850/860	**Dôle**	6.–	15.–
851/861	**Beaujolais**	5.80	14.–
862/862	**Gamay**	5.80	14.50
865	**Fleurie**	Pot 17.50	

FRÜHLING

merkur Restaurants

Betrieb:

Merkur-Restaurants Schweiz.
(Merkur, Bern)

Betriebstyp/Charakter:

Ca. 30 Restaurants in Einkaufs-Centern und innerstädtischen Hochfrequenzlagen. Familien- und versorgungsorientiert.

Zu den Karten:

Vier saisonal eingesetzte Speise- und Getränkekarten.

Kartensystem:

Beidseitig bedruckte, cellophanierte Wickelfalz-Karten, Format geschlossen 22,5 x 37 cm. All-in-one-Karten. Deckblätter identisch aufgebaute Fotocollagen, Makro-Foodaufnahmen, Farben und Motive auf die Jahreszeit abgestimmt. Grundfarbe Angebotsteil ebenfalls wechselnd. Einheitlicher Aufbau: Innenseite Food, klare Rubrikengliederung. Mittelteil blanco, individuelles Angebotsblatt wird eingeklebt. Eingeklappte Außenseite mit Produktfotos. Rückseite Getränke. Schönes Detail: Angeschnittenes Glas vom Deckblatt wird auf Rückseite komplettiert. Zusätzlich Getränkekarte als einfach gefalztes Cover in verwandtem Design, Sonderkarten.

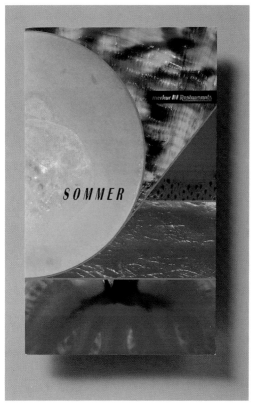

Besonderheiten:

Saisonaler Charakter des Angebots soll via Optik für Gäste erkennbar werden. Regelmäßiger Kartenwechsel erlaubt flexible Angebotsanpassung ans aktuelle Geschehen. Laufzeit der Kartengeneration: drei Jahre.

Entwurf/Design:

Werbeagentur Marty, Köniz (Bern).

Hinweis:

Im gleichen Design: Tischsets, siehe Seite 227-228. Siehe auch Merkur-Dessertkarten Seite 255.

WINTER

merkur **R** Restaurants

Betrieb:

Gastronomie im Scandic Crown Hotel, Lübeck.

Betriebstyp/Charakter:

Zwei Hotelrestaurants, eine Hotelbar. Vorwiegend
Hotelgäste.

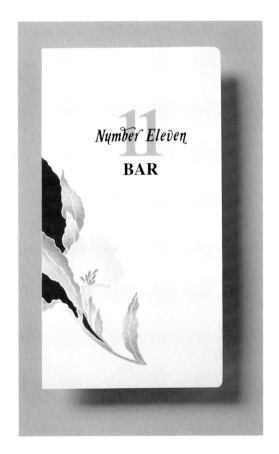

Zu den Karten:

Speisekarte des A-la-carte-Restaurants Fiskekrogen,
Barkarte.

Kartensystem:

Beidseitig strukturfolienkaschierte Cover mit spezieller Falztechnik: Bund mit fünffachem Ziehharmonikafalz. In den so entstehenden doppelten Innenfalz
werden die Angebotsblätter (Bar) oder Kartonagen
mit ausgestanzten DIN-A4-Ausschnitten eingelegt
(Restaurant) und mit Gummibändern fixiert. In die
Kartonagen kommen je zwei Angebotsseiten; grün-
getönte, per Laserdrucker beschriftete Blätter. Spei-
sekarten-Format geschlossen 25 x 33 cm (vier Einle-
ge-Kartonagen), Barkarte: 17 x 31 cm. Wein- und
Getränkekarte des Restaurants (neun Einlege-Karto-
nagen) sowie multifunktionale kleine Karte (Pool, Terrasse – nur Cover) nach dem gleichen Prinzip.

Besonderheiten:

Alle Karten mit dem gleichen Blumenmotiv auf der
Vorderseite des Covers. Abgeleitet vom Dekor der
im Haus verwendeten Platzteller.

Entwurf/Design:

Andreas Steinmann, Scandic Crown Hotel, Lübeck/
Fluhrer, Spezialverlag für Speise- und Getränkekarten, Bielefeld (Falztechnik). Blumendekor übernommen von Rosenthal, Selb.

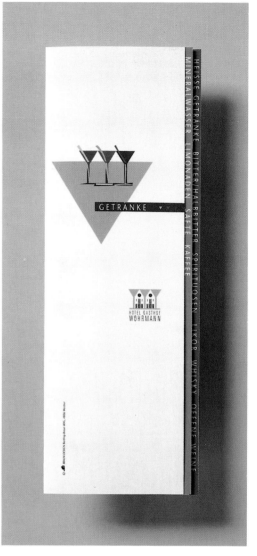

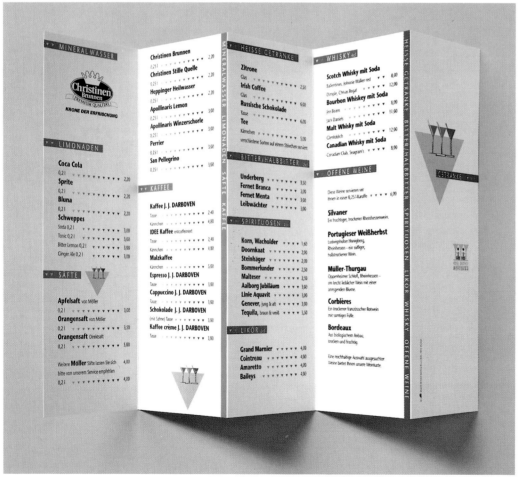

Betrieb:

Hotel Gasthof Wöhrmann, Werther.

Betriebstyp/Charakter:

Hotelrestaurant und Bierstube. Restaurant mit saisonalem Marktküchen-Konzept. Vorwiegend Geschäfts-Gäste.

Zu den Karten:

Restaurant-Speisekarte und Getränkekarte (vorwiegend in Bierstube eingesetzt).

Kartensystem:

Beide Karten strukturfolienkaschierter Karton. Einheitlicher Design-Ansatz mit schönen Details. Unterschiedliche Farbgebung. Speisekarte: Cover-Lösung, beidseitig kaschiert, Cover-Gestaltung Vorder- und Rückseite mit Logo-Vignetten und Dreieck als wiederkehrendem Design-Element. Format geschlossen 25 x 33 cm. Angebotsblätter acht Seiten, handbeschriftet und vervielfältigt. Eigenwillige Falztechnik: Bund fünffacher Ziehharmonikafalz, vorgelocht. Angebotsblätter werden gelocht, in den entstehenden inneren Doppelfalz eingelegt und mit Gummibändern fixiert. Ergänzend neutral gestaltete Weinkarte. Getränkekarte: Durchgehend beidseitig kaschiert und bedruckt, versetzter Ziehharmonikafalz mit Registereffekt. Format geschlossen 11 x 29,5 cm. Cover auf Vorder- und Rückseite identisch gestaltet mit Logo und Dreieck. Dreiecksmotiv als Design-Element im Inneren der Karte.

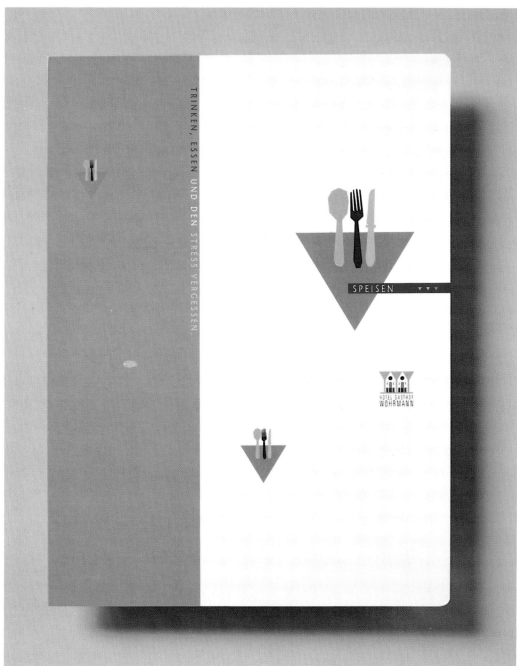

Besonderheiten:

Corporate-Design-Konzept als Pendant zur ganzheitlichen Philosophie des Hauses. Ausgangspunkt fürs Logo die Fassade des Hauses. Als Vexierbild gestaltet: Drei Cocktailgläser umrahmen den Doppelgiebel. Innen zwei stilisierte Figuren mit Koffern. Farben des Logos – Dunkelblau, Türkis – zugleich Haus- und Ambientefarben. Logo kehrt auf allen Hausdrucksachen wieder. Logo-Farben wechselnd kombiniert.

Entwurf/Design:

Braun Design Bartling-Braun, Werther / Spezialfalz: Fluhrer, Spezialverlag für Speise- und Getränkekarten, Bielefeld.

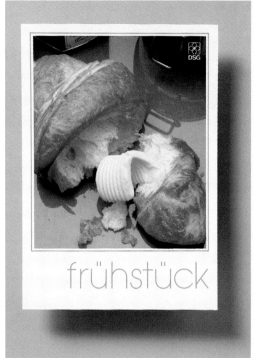

Betrieb:

InterCity Restaurants.
(Deutsche Service-Gesellschaft der Bahn, Frankfurt/Main)

Betriebstyp/Charakter:

Bahnhofs-Restaurantbetriebe in Bahnhöfen der Deutschen Bundesbahn, verkehrsgeprägt.

Zu den Karten:

Frühstücks- und Weinkarte mit Makro-Foodaufnahmen auf den Covern.

Kartensystem:

Beidseitig glanzfolienkaschierte Cover, einfach gefalzt. Fotomotiv auf Vorder- und Rückseite. Frühstückskarte (Format geschlossen 21 x 30 cm) mit bedruckten Innenseiten, Angebotsdarstellung in fotografiertes Frühstücksarrangement eingeklinkt. Weinkarte (Format geschlossen 22 x 31 cm) Innenseiten blanco, Angebotsblätter werden vor Ort bedruckt und mit Rahmen/Klebeecken befestigt. Speisekarte analog gestaltet mit Food-Foto auf Cover, fest bedruckte Angebotsblätter (Ziehharmonikafalz).

Besonderheiten:

Kartenkonzept gültig für rund 12 InterCity Restaurants.

Entwurf/Design:

Abels & Partner, Frankfurt/Main.

Betrieb:

Merkur Snacks und Buffets, Schweiz.
(Merkur, Bern)

Betriebstyp/Charakter:

Rund 25 Fast-Food-geprägte Konzepte, überwiegend Bahnhofs-Standorte, Thekenservice.

Zur Karte:

Angebotskarte.

Kartensystem:

Glanzfolienkaschierter Karton, beidseitig mit Bildmotiv bedruckt, gestanzt. Modifizierter Wickelfalz: asymmetrischer Effekt durch schiefwinkliges Grundformat. Format geschlossen (maximal) 15 x 33,5 cm. Vorder- und Rückseite zeigen je die Hälfte eines belegten Baguettes – als 'Expreßgut' verpackt. All-in-one-Karte; Rückseite=Innenteil wird mit Angebotsblättern beklebt: ein dreigeteiltes Din-A4-Blatt, mit angeschnittenen Express-Aufklebern bedruckt. Beschriftung (Druck oder Kopien) und Schnitt erfolgen zentral, eingeklebt wird vor Ort.

Besonderheiten:

Originelles Spiel mit dem Express-Aufklebermotiv: Anspielung auf Schnelligkeit als Konzeptmerkmal und typischen Bahnhofs-Standort. Flexible Kartenlösung: gleiche Basiskarte, unterschiedliche Angebots-/Preiskonstellationen der Betriebe können berücksichtigt werden.

Entwurf/Design:

Werbeagentur Marty, Köniz (Bern).

Betrieb:

Mövenpick Restaurants Schweiz/Deutschland.
(Mövenpick Unternehmungen, Adliswil)

Betriebstyp/Charakter:

Erlebnisbetont, ungezwungen. Profilschwerpunkt:
Qualität und Abwechslung. Saisonale Küche. Einheitliche Grundphilosophie, Erscheinungsbild und Angebot variabel.

Zur Karte:

Zusatzkarte für Süßspeisen und Getränke.

Kartensystem:

Beidseitig bedruckte und glanzfolienkaschierte Wik-
kelfalzkarte, Format geschlossen 20 x 31,5 cm. Deckblatt und Rückseite mit Fotomotiv auf Büttenstruktur-
Hintergrunddekor, das gleiche Motiv verkleinert als
diagonales Raster auf Innenseiten und eingeklappter
Rückseite. Angebots-Einklebeblätter mit hellem Rap-
port des Kartensujets, Angebot einkopiert.

Besonderheiten:

Karte dient der Präsentation von Desserts, die nicht
in, der Eiskarte zu finden sind, sowie von Heiß- und
nicht alkoholischen Getränken.

Entwurf/Design:

Mövenpick Werbung Restaurants Schweiz, Adliswil.

Betrieb:

Gastronomie im Maritim Hotel, Köln.

Betriebstyp/Charakter:

Mehrere Hotelrestaurants, gestufte Konzepte vom Feinschmecker-Restaurant bis zur eher rustikalen Kneipe.

Zu den Karten:

Speise- und Kaffeekarte des Restaurants Bellevue (gehobenes Niveau).

Kartensystem:

Beidseitig hochglanzcellophanierte Cover, Format geschlossen 28,5 x 36 cm (Speisekarte), 21 x 29,5 cm (Kaffeekarte). Cover mit Buntstiftillustration. Bedruckte Innenblätter, Klammer- bzw. Kordelheftung.

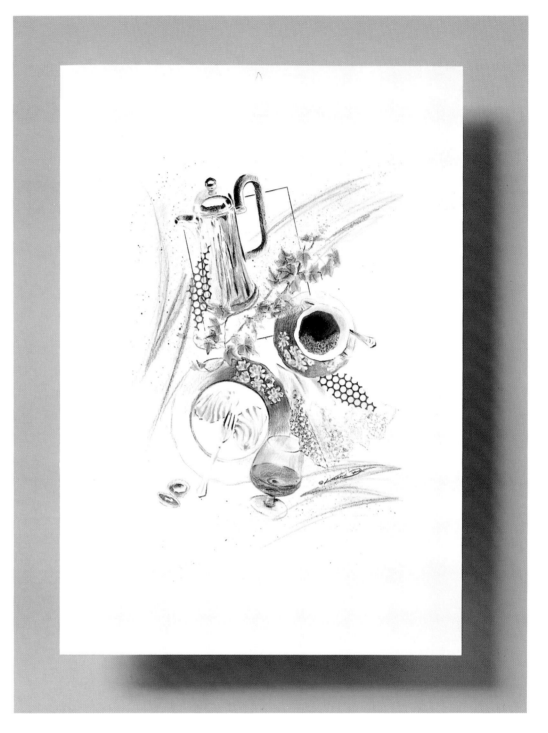

Bei Speisekarte erstes und letztes Innenblatt Pergament; vorne mit Bellevue-Schriftzug. Mittlere Doppelseite ausgestanzt, farbige Blätter mit aktuellen Menü- und Tagesangeboten (Laserdrucker) werden eingeschoben. Basisangebot nacheinander in drei Sprachen präsentiert. Gleiches Design-Prinzip mit leichten Modifikationen für weitere Bellevue-Karten (Getränke, Digestif, Dessert, Menü-Sonderkarten) und alle anderen Betriebstypen; Cover-Zeichnungen mit wechselnden Motiven im selben Stil. Kartenformat und -umfang variierend.

Besonderheiten:

Stil der Zeichnungen hält die Waage zwischen konservativ-gediegen und modern. Anforderung: Optische Verwandtschaft; Anpassungsfähigkeit an gewisse Niveau- und Zielgruppenbandbreite. Bellevue-Speisekarte erhielt 1988 Goldmedaille der Gastronomischen Akademie Deutschlands.

Entwurf/Design:

Karin Bison, Bremen (Illustrationen)/Peter Ballach, Advertising Partner, Hannover.

Betrieb:

Berns' Bar, Stockholm.

Betriebstyp/Charakter:

Hotelrestaurant im Hotel Berns' Salonger. Art Deco-Ambiente in altem, restauriertem Saal. Gleichzeitig auch Bar und Discothek, Trendplatz für ein bunt gemischtes, auch örtliches Publikum.

Zur Karte:

Speise- und Getränkekarte.

Kartensystem:

Beidseitig bedruckter Karton im Format 27 x 40 cm. Vorderseite komplett gestaltet mit Logo und Dekor. Kreidezeichnung, Motiv: klassische Kaffeehausszene. Rückseite der Länge nach dreigeteilt; links und rechts die All-in-one-Angebotspräsentation.

Besonderheiten:

Rubrikentitel in auffallender Ornamentalschrift; gleiche Typographie wie Logo. Ungewohnte, bunt gemischte Anordnung der Rubriken.

Entwurf/Design:

Monica Hellström, Stockholm.

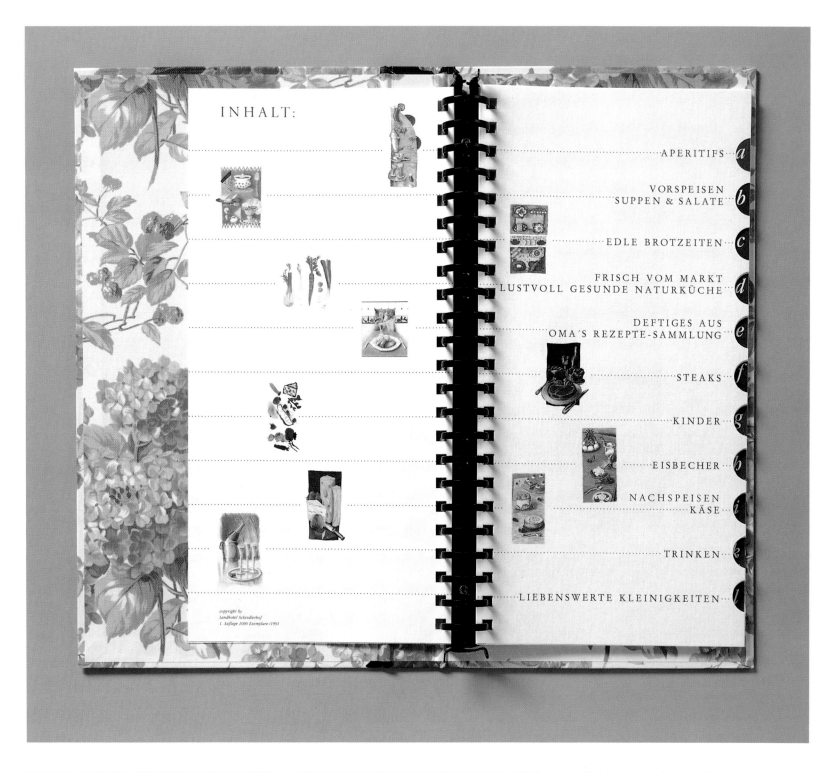

INHALT:

APERITIFS *a*

VORSPEISEN
SUPPEN & SALATE *b*

EDLE BROTZEITEN *c*

FRISCH VOM MARKT
LUSTVOLL GESUNDE NATURKÜCHE *d*

DEFTIGES AUS
OMA´S REZEPTE-SAMMLUNG *e*

STEAKS *f*

KINDER *g*

EISBECHER *h*

NACHSPEISEN
KÄSE *i*

TRINKEN *k*

LIEBENSWERTE KLEINIGKEITEN *l*

*copyright by
Landhotel Schindlerhof
1. Auflage 1000 Exemplare /1991*

Betrieb:

Landhotel und Kreativzentrum Schindlerhof, Nürnberg-Boxdorf.

Betriebstyp/Charakter:

Restaurant im Schindlerhof. Kreative, gesunde Naturküche, Leitmotiv: 'Alle Sinne werden satt.'

Zur Karte:

Angebotskarte des Restaurants.

Kartensystem:

All-in-one-Karte (ausgenommen Wein) nach Art eines Lexikons. Ringbuch mit strukturfolienkaschiertem, festem Einband und 22 beidseitig bedruckten Einlegeblättern aus Leinenstrukturpapier. Format geschlossen 18 x 32,5 cm. Aufwendige, bibliophile Gestaltung mit Vortext (Selbstdarstellung des Hauses), Inhaltsverzeichnis und Register. Farbiges Blumendekor des Einbands im Landhausstil wiederholt sich als blaßgraues Ornament auf den Angebotseiten. Weiteres Design-Element des Grunddekors: Schmuckbuchstaben in Aquarellanmutung. Anspruchsvolle typographische Gestaltung in Buchdruck-Tradition, zweifarbig, grün-schwarz. Farbige Zeichnungen (Mischtechnik) als Rubrikenauftakt. Viele Erläuterungen und Exkurse. Rubriken 'Frisch vom Markt' und 'Naturküche' nur Grunddekor; aktuelles Angebot auf farbigem Papier per Klammer eingefügt.

DEFTIGES
AUS OMA'S
REZEPT-SAMMLUNG

„Tafelspitz" magerer, gesottener Tafelspitz
mit Krensauce, Wurzelgemüse und
Bratkartoffeln

....

„Hubertus" Tournedos vom Hirschkalb rosa
gebraten – mit Waldpilzen in
Rahmsauce, Kronbeeren,
Broccoli-Tarte und hausgemachten
Eierspätzle

....

„Rinder
Filetspitzen" Streifen vom Rinderfilet
in Cognacrahm mit Champignons,
Gurken und Tomatenwürfeln,
dazu hausgemachte Rösti und
knackige Marktsalate

....

„Schweins
Medaillons" an einer Calvadosrahmsauce
mit Apfelscheiben,
glacierte Möhrchen &
Kartoffelkrapfen

„Entenbrust" knusprige Barbarie-Entenbrust
– rosa gebraten – in einer
Orangensauce mit roten
Pfefferkörnern, Gemüsetartelettes
und Kartoffelkrapfen

....

KINDER
LIEBE KINDER!

Während Eure Eltern ihren
Aperitif trinken, könnt ihr Euch
die Zeit bis das Essen kommt mit
Malen vertreiben. Maltsets gibt es
beim Service.
Viel Spaß & bunte Ideen!

Ganz egal für welchen leckeren
Kinderteller Ihr Euch
entscheidet – wir servieren
Euch in jedem Fall
hinterher einen kleinen
Eisbecher – ohne Aufpreis

**Kinderteller
„Amadeus"**

Kleines paniertes Schnitzel
Wiener Art mit langen
Knusperkartoffeln,
Tomatenketchup und kleinen
Buttererbsen

....

**Kinderteller
„Pinocchio"**

Besonders lange Spaghetti mit
einer Hackfleischsauce

....

Besonderheiten:

Stabile, leicht handhabbare Ringmechanik ermöglicht unkomplizierten Austausch einzelner Seiten. Corporate-Design-Ansatz: Blumenmotiv des Einbands wiederholt sich als Stoff- und Tellerdekor im Restaurant sowie auf weiteren Drucksachen des Betriebs. Originale der Rubrikenzeichnungen hängen im Restaurant. Karte mit hohem Unterhaltungswert; Nebeneffekt: Zeitüberbrückung und Kommunikation. Kartenkonzept fügt sich in ganzheitliche Philosophie des Schindlerhofs ein; zentrales Motto: Gleichklang von Geist und Gefühl.

Entwurf/Design:

Werner Steiner, Steiner Design, Erlangen.

Betrieb:

Café de la Paix, Düsseldorf.
(SAS International Hotels, Brüssel)

Betriebstyp/Charakter:

Hotelrestaurant im SAS Royal Scandinavian Hotel.
Gehobenes Bistro-Konzept.

Zur Karte:

Angebotskarte.

Kartensystem:

All-in-one-Karte, Cover plus acht Angebotsseiten, Klammerheftung. Durchgehend hochglanzlaminiert. Cover-Vorder- und -Rückseite farbige Zeichnung, vordere Cover-Innenseite Erläuterungen zur Geschichte des Pariser Café de la Paix. Innenseiten blanco. Angebotsblätter aufgeklebt: Grunddruck mit Logo und monochromer, pastellfarbiger Reproduktion des Cover-Motivs, Angebot per Laserdrucker aufgedruckt.

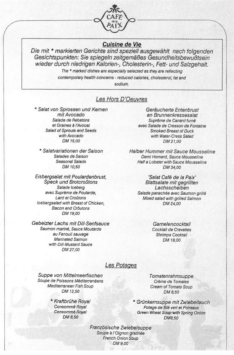

Besonderheiten:

Kartenlösung erlaubt flexible Angebotsgestaltung; einzelne Angebotsblätter jederzeit austauschbar. Karten-Design und Logo mit dem Pariser Original identisch.

Entwurf/Design:

Übernommen vom Café de la Paix, Paris.

Betrieb:

La Louisiane, Genf.
(Rumba, Basel/UTC-Gruppe, Schweiz)

Betriebstyp/Charakter:

Verfeinertes Snackbar-Konzept, kleine Gerichte, ständig wechselnd.

Zur Karte:

Getränkekarte.

Kartensystem:

Einfach gefalztes Cover, mattfolienkaschiert, Deckblatt-Illustration visuelle Umsetzung des Namens – Mississippi-Dampfer, Frauengestalt im Stil der 30er Jahre, Südstaaten-Stimmung: Elegante Heiterkeit als Grundton. Motiv im Karteninnern als umrahmendes Ornament abgewandelt.

Besonderheiten:

Keine Speisekarte; Food-Angebot wird direkt bzw. über Tafeln präsentiert.

Entwurf/Design:

Freitag & Partner, Zürich.

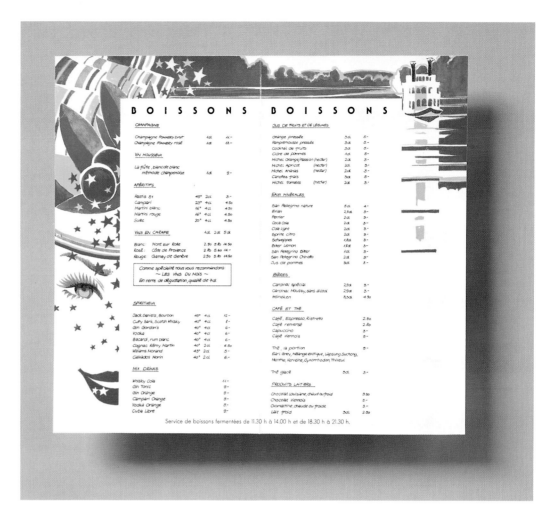

Betrieb:

Mövenpick Restaurants Schweiz/Deutschland.
(Mövenpick Unternehmungen, Adliswil)

Betriebstyp/Charakter:

Erlebnisbetont, ungezwungen. Profilschwerpunkt
Qualität und Abwechslung. Saisonale Küche. Einheitliche Grundphilosophie; Erscheinungsbild und Angebot variabel.

Zur Karte:

Flexible Frühstückskarte.

Kartensystem:

Einfach gefalztes, außen glanzfolienkaschiertes Cover, Format geschlossen 15 x 21 cm. Innen blanco,
Angebot fotokopiert auf gefalzte Einlegeblätter.
Hühnerzeichnung auf Cover-Vorderseite verweist
aufs Produktfeld.

Besonderheiten:

Gute-Laune-Atmosphäre durch Stil der Zeichnung
transportiert.

Entwurf/Design:

Mövenpick Werbung Restaurants Schweiz, Adliswil.

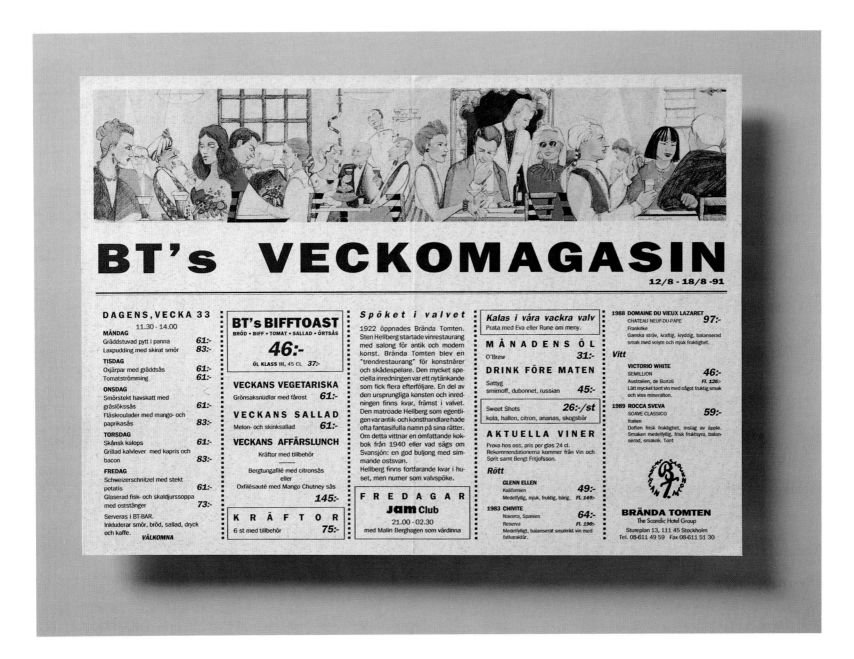

Betrieb:

Brända Tomten, Stockholm.
(The Scandic Hotel Group, Stockholm. Ende 1991 umgewandelt in asiatisches Restaurant)

Betriebstyp/Charakter:

Traditions-Restaurant mit künstlerischem Flair, ungezwungen, mit Treffpunkt-Charakter. Angeschlossene Bar. Ambiente: Kombination aus Neu und Alt. Bunt gemischtes Publikum, auch international.

Zu den Karten:

Basis-Speisekarte und Wochenkarte.

Kartensystem:

Beide Karten einseitig bedruckter Farbkarton, Speisekarte DIN-A4-Format, Wochenkarte (Veckomagasin = Wochenzeitung) mit Speisen- und Getränkeangeboten als Tischset DIN-A3. Blanco-Blätter mit vorgedruckter Illustration, Beschriftung per Laserdrucker.

Besonderheiten:

Layout nach Art einer Zeitungs-Aufmacherseite mit Illustration und Schlagzeile.

Entwurf/Design:

Ulla Knutsson, Lund (Zeichnung)/Eva Jedin, Stockholm.

MATSEDEL

FÖRRÄTTER

Sparris i örtvinegrette med parmaskinka	**74:-**
Små fyllda nachos	**58:-**
Sherrymarinerad matjessill med kapris och hackat ägg	**62:-**
Löjromstoast	**87:-**

VARMRÄTTER

Fisk- och skaldjursspett med dijonhollandaise	**138:-**
Halstrad helgeflundra med paprikasås och sockerärtspuré	**145:-**
Rimmad lax med dillstuvad potatis	**98:-**
Entrecôte med rödvinssås och oliver	**152:-**
Biff Rydberg	**139:-**
Oxfilémedaljonger med calvadospepparsås	**158:-**
Spare ribs med två såser på majsbädd	**94:-**
Biff Bearnaise med pommes frites	**120:-**

SMÅTT & GOTT

BT's Bifftoast	**46:-**
Fisk- och skaldjurssoppa med aioli	**84:-**
Ishavsräkor med sauce vert och västerbottenost	**68:-**

Pasta med parmaskinka, pesto och parmesan	**83:-**
Krämig gravlaxsallad	**65:-**
Quiche	**66:-**
Croque Monsieur	**59:-**
Pytt i panna	**73:-**

BT SPECIAL

Kycklingfilé serveras med curry, cocos, mango chutney, banan och ananas	**128:-**

EFTERRÄTTER

Jordgubbsdessert med vaniljglass	**55:-**
Dagens sorbet med färsk frukt	**44:-**
Chokladtårta med frysta hallon och grädde	**46:-**
Lingonparfait med tjinuskisås	**48:-**
Petit four	**16:-**

BRÄNDA TOMTEN
The Scandic Hotel Group

Stureplan 13, Stockholm
Tel 08-611 49 59

Betrieb:

Café-Restaurant Mathildenhöhe, Darmstadt.

Betriebstyp/Charakter:

Café-Restaurant in den Ausstellungshallen auf der Mathildenhöhe. Ausstellungsbesucher, gezielte Gäste.

Zur Karte:

Getränkekarte.

Kartensystem:

Beidseitig bedruckter, glanzfolienkaschierter Karton, Wickelfalz. Durchgehend schwarz/weiß. Jugendstilzeichnung des Covers als ornamentale Vignette im Innenteil verwendet. Grafischer Aufbau und Typographie Jugendstil-getreu. Ergänzende Frühstücks- und Angebotskarte mit aktuellen Speisen und Getränkespezialitäten (2- bis 3 monatlicher Wechsel) als lose Einleger, ebenfalls mit dem Cover-Motiv versehen. Weitere Karte mit gleichem Motiv fürs Gartencafé.

Besonderheiten:

Visitenkarten im gleichen Stil gestaltet. Jugendstilauftritt steht in Beziehung zum Standort: Auf der Mathildenhöhe fand Anfang des Jahrhunderts die erste Jugendstil-Ausstellung statt. In der noch heute existierenden gleichnamigen Künstlerkolonie in der Nachbarschaft waren bedeutende Namen der Epoche vertreten. Illustration ist einer Originalzeichnung aus Wien nachempfunden.

Entwurf/Design:

Christa Pohl, Dagmar Knieß-Stütz, Café-Restaurant Mathildenhöhe/Manfred Schmidt, Darmstadt.

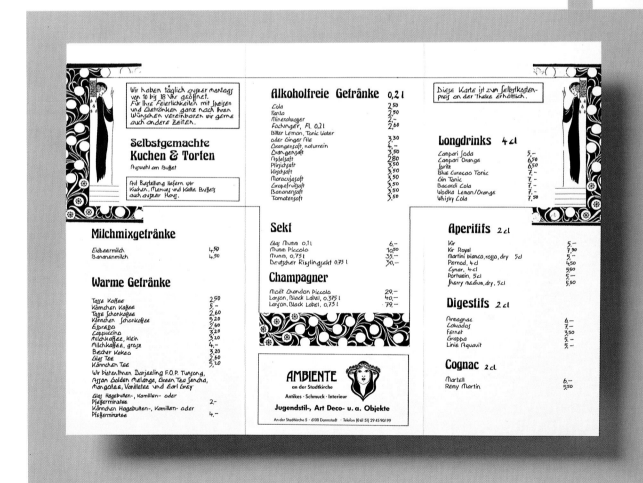

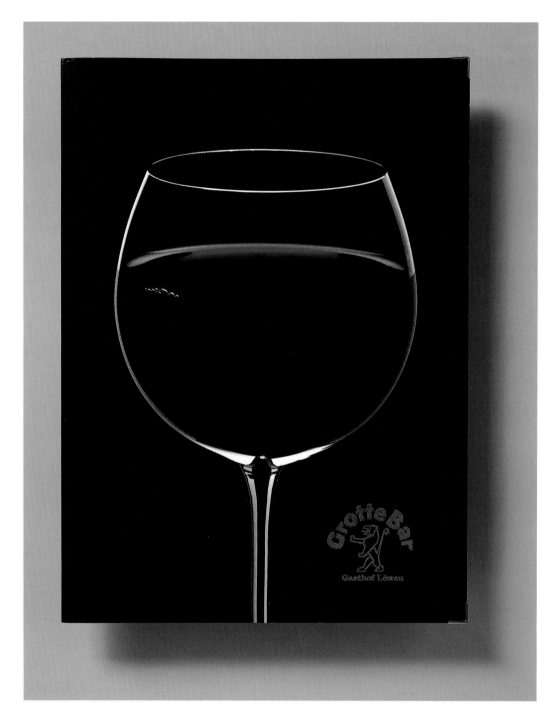

Betrieb:

La Fontaine, Grotte-Bar.

Zu den Karten:

Speise- und Getränkekarte.

Kartensystem:

Einschubkarten in analogem Design, doppelt verklebter, strukturlaminierter Karton. Jeweils Cover-Lösung mit zusätzlicher Innen-Doppelseite. Format geschlossen 28 x 38 cm. Cover-Vorderse ̈e mit edlem Fotodesign auf schwarzem Grund und ᾿estaurant-Logo in Goldprägedruck. Innenseiten ausgestanzt für Angebotsblätter. Einlegeblätter bedruckt mit farbigen Dekor-Zeichnungen in Aquarelltechnik.

Besonderheiten:

Karten-Cover und Einlegeblätter mit diversen Dekorsujets als Fertigprodukte beziehbar; individueller Logo-Eindruck.

Entwurf/Design:

Harald Georg Uhl, Purh b. Hallein (Österreich)/Eindruck: Hypro, Rothenburg (Schweiz).

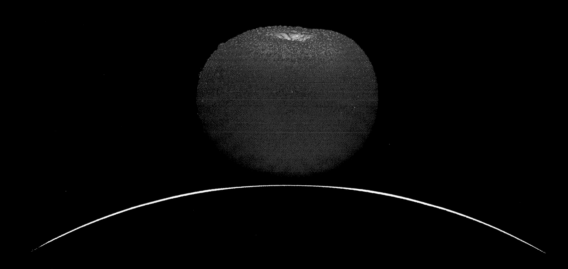

Restaurant
La Fontaine

JOAN CRAWFORD in «Humoresque»

Betrieb:

Mövenpick Restaurant Plaza, Zürich.
(Mövenpick Unternehmungen, Adliswil)

Betriebstyp/Charakter:

Erlebnisbetont, ungezwungen, Profilschwerpunkt: Qualität und Abwechslung. Saisonale Küche. Abendfrequenz-Standort, jüngeres Publikum als typische Mövenpick-Klientel.

Zur Karte:

Basis-Angebotskarte.

Kartensystem:

Einfach gefalztes Cover, außen glanzfolienkaschiert, Format geschlossen 30 x 42 cm. Klammerheftung, Umfang inklusive Cover-Innenseiten sechs Seiten. Zusätzlich nach innen einklappbares Fenster an Cover-Rückseite. Schwarz/weißes Dekor: Cover und Innenteil durchgehend bedruckt, illustriert mit alten Filmaufnahmen. Innen Food, Rückseite Wein.

Besonderheiten:

Aus dem Rahmen fallende Gewichtung von Dekor und Angebotspräsentation: Großformatige, teilweise über Bund gezogene Fotos dominieren den Auftritt, das Sortiment tritt an den Rand. Karte gehört nicht zum zentralen Mövenpick-Kartenpool, Einzelkreation für das Restaurant Plaza. Grund: zielgruppenspezifische Gestaltung, spezielle, standortgerechte Positionierung des Betriebs.

Entwurf/Design:

Mövenpick Werbung Restaurants Schweiz, Adliswil, unter Verwendung von Paramount-Archivfotos.

SUPPEN

MINESTRONE PESTÜ
mit Knoblauch-Brötli   6.80

**TOMATENSUPPE MIT FRISCHEM
BASILIKUM**
und Knoblauch-Brötli   6.80

GERÄUCHERTES UND MARINIERTES

ISLÄNDER SALATTELLER
in Rotwein mariniertes Heringsfilet
mit feuriger Sauce, Blattsalaten,
Tomaten- und Gurkensalat, Cottage
cheese und Knoblauch-Brötli   19.80

GRÖNLÄNDER RAUCHLACHS AUF   60 g   18.50
BUCHWEIZEN-BLINIS
mit saurem Halbrahm, Schnittlauch
und Keta-Caviar

GRÖNLÄNDER RAUCHLACHS   60 g   18.50
MELONE
mit Honigmelone, Cottage cheese und
gerösteten Pinienkernen

RAUCHLACHS-TATAR BELLAVISTA   22.50
mit saurem Halbrahm und Schnittlauch,
Blattsalaten, Tomaten- und Gurkensalat,
Cottage cheese und Knoblauch-Brötli

PICKEREIEN

ATLANTIC-CREVETTEN AUF   16.50
BUCHWEIZEN-BLINIS
mit saurem Halbrahm und Schnittlauch,
Dillrahmgurken-Salat und Keta-Caviar

ARROSTO DI VITELLO   17.80
mit Tomaten-Schnittlauch-Vinaigrette,
Cole Slaw und Knoblauch-Brötli

TATAR

TATAR MÖVENPICK   kleinere Portion 16.50
mild, medium oder feurig.   Portion 22.80
Mit Brioche-Toast und Butter
mit Cognac, Calvados oder Whisky   + 2.50

TATAR MADAGASY (überbacken)   25.80
mit Potato Skins und gebackenen
Zwiebelringen

MARLENE DIETRICH in «Angel»

MÖVENPICKEREIEN

Optische Variationen des Themas

Sie sind die ausgemachten Lieblingskinder der Marketing-Profis unserer Tage. Ein typisches Phänomen des Zeitgeists, der sie hervorgebracht hat und von dem sie profitieren. Die rasant wachsende Arbeitsteilung der letzten Jahrzehnte, parallel zu einer explosiven Zunahme des Wissens über welchen Lebensbereich auch immer, hat das Spezialistentum gefördert und gefordert. Gleich wohin man schaut, die Entwicklung betrifft jede Branche, jede Sparte der Wirtschaft und der Wissenschaft.

Immer mehr Marken in Handel und Dienstleistung basieren auf dem Gedanken der Spezialisierung, ob sie nun Boss heißen oder Benetton, Microsoft oder Minolta ... oder McDonald's. Anders als auf dieser Grundlage läßt sich hohe Kompetenz heute kaum mehr verankern – zu etabliert ist die Gleichung: Reduktion, Konzentration gleich Qualität.

Folgerichtig passiert ihre Übertragung auf das Aktionsfeld der Gastronomie. Der Spezialist, genaugenommen der Produktspezialist, genießt allein kraft dessen einen Kompetenz- und Imagebonus. Er wäre schlecht beraten, ihn nicht auszuspielen!

Gastronomische Spezialisten gibt es nicht erst seit heute. Wir kennen Vorläufer, oder besser: Klassiker wie das Fischrestaurant, die Eisdiele, seit den 50er, 60er Jahren auch die Pizzeria, den Chinesen. Wienerwald gehört hierher, jene Marke, der es zuzeiten gelungen ist, beinahe synonym für ein ganzes Produktfeld zu stehen. Traumziel jeder Produktmarke: die Austauschbarkeit mit dem Gattungsbegriff. Siehe Tempo – wer redet schon von Papiertaschentüchern! Oder, in der gastronomischen Investitionsgüterszene, der Combidämpfer.

In der Gegenwart, das ist nicht überraschend, häufen sich die gastronomischen Spezialisten. Steakhäuser, Italiener, Japaner, Mexikaner, Vollwertrestaurants, Kartoffel-Konzepte ... In der Mehrzahl ist der Spezialisierungsansatz ethnisch fundiert, nicht in einer bestimmten Produktgruppe. Obwohl sich beide Ebenen beim Ethniker – der natürlich immer nur in der Fremde als Spezialist auftreten kann – häufig überlagern. In jedem Fall gilt: Die Dramatisierung des gewählten Themas hat an erster Stelle zu stehen.

Marketing-Aufhänger des Spezialisten ist die Ware und ihr gesamtes Assoziationsfeld, da darf und muß er alle Möglichkeiten der emotionalen Aufladung nutzen.

Naheliegender Anknüpfungspunkt ist die Herkunft der jeweiligen Küche, die oftmals den optischen Bezugsrahmen für die Speisekarte liefert. Unterstützt und zugespitzt durch die Einbeziehung atmosphärischer Elemente, der Einrichtung vor allem. Hier darf Exotik für Urlaubsstimmung sorgen; ein zentraler Aktivposten für all jene Konzepte, die ganz gezielt auf das Lustmoment des 'Urlaubs vom Alltag' als Hauptbesuchsmotiv setzen können.

Solche atmosphärischen Zusatzeffekte untermauern zugleich den Anspruch auf Authentizität, an dem der ethnische Spezialist unweigerlich gemessen wird. Authentizität muß sich vor allem jedoch in der Karte selbst dokumentieren. Denn radikaler als anderswo wird kulinarische Kompetenz hier mit dem 'echten' Charakter des Angebots identifiziert. Das heißt: Erwartet wird ein 'wissender' Auftritt; er darf in der Wortwahl, im Vokabular dokumentiert werden. Gut sein wird vom Gast hier tendenziell übersetzt mit authentisch sein. Und umgekehrt!

Deshalb sind in der Karte auch produkt- bzw. herkunftsbezogene Informationen am Platz. Da dürfen die Besonderheiten der heimatlichen Küche und der verwendeten Produkte erläutert werden; auch dies letztlich im Dienste der Erlebnissteigerung. Schließlich will der Gast den Reiz des Unbekannten intensiv und bewußt genießen.

Betonte Visualisierung dient dem gleichen Zweck: Sie aktiviert die Vorstellungskraft des Gastes. Es geht darum, das gewählte Thema optisch zu variieren, mehr noch: eine emotionsstarke (Bilder-)Welt rund um das Spezialistentum aufzubauen, es, extrem gesprochen, kultisch zu überhöhen.

Überdurchschnittlich viel visuellen Spielraum können sich die Spezialisten auch deshalb gönnen, weil ihr Angebot deutlich schmaler sein darf als im Normalfall. Von ihnen ist allenfalls Tiefe verlangt – ganz analog zum Fachgeschäft im Handel.

Sie sind, auch das ist typisch, im Sortimentsmix häufig extrem foodlastig. Logisch: Das Besuchsmotiv heißt in ihrem Fall primär 'Essen gehen'. Dies schließt ein, daß der Gast sich schon im Vorfeld für eine spezielle kulinarische Richtung entschieden hat – anders als im Fall des Generalisten.

Spezialistentum impliziert eine strengere Zielgruppenausrichtung – soziodemographisch und mental. Deren Intensität läßt sich steuern; über Niveausignale beispielsweise. Sprache, Materialien, Farben, Wertigkeit ganz generell. Doch grundsätzlich gilt: Spezialisten sind ein Bekenner-Fall. Sie sprechen nicht selten 'selbsternannte Kenner' an; Liebhaber und Hobby-Profis. Solche Gäste wollen sich und ihr Kennertum in der Darbietung des Angebots bestätigt finden – abermals ein Argument für konsequente Authentizität.

Der enge Zielgruppen-Focus macht zugleich den konzeptionell bedingten Schwachpunkt eines jeden Spezialisten aus. Seine Anfälligkeit für Gegen-Trends, seine Abhängigkeit von Moden ist beträchtlich; nicht wenige Anbieter bemühen sich daher um eine Ausweitung ihrer Kompetenz über das angestammte Produktfeld hinaus. So werden im Rahmen von Aktionen Ausflüge in fremde Produktreviere unternommen oder am Basissortiment Standard-Klassiker angebaut. Doch Vorsicht ist geboten: Ein Spezialist muß, bei Strafe des Profilverlustes, sachte mit Veränderungen umgehen. Wenn Wandel, dann in kleinen Schritten; nirgendwo zählt – anbieter- und nachfragerseits! – gelernte Kontinuität so viel wie in diesem Segment.

Visual variations of the topic

They are the declared favourites of today's marketing professionals. A typical phenomenon of the 'zeitgeist' which created them and from which they benefit. During the last decades, there has been a tremendous movement towards more and more divison of labour, together with an explosive growth of specialized knowledge in whatever part of life. Specialization has become a necessity. No matter where one looks, this development has touched all branches of industry, economy and science.

More and more companies providing a service or a product are based upon the philosophy of specialization – whether the name is Boss or Benetton, Microsoft or Minolta … or McDonald's. Outstanding competence is hard to bring across in any other manner, we all have to a large extent equated reduction or concentration with quality.

Consequently we have transferred this equation onto the field of gastronomy. The specialist, or better the product-specialist, enjoys an image-bonus simply because he offers nothing else. He'd be foolish not to exploit it!

Gastronomical specialists aren't an invention of modern days. We all know their precursors, the classical examples of the seafood-restaurant, the ice-cream parlor, and from the 50's and 60's on also the pizza parlor and the Chinese restaurant. Wienerwald belongs in this category, a company which achieved to have its brandname become almost synonymous with an entire genre of products. The dream-come-true for each brandname is to stand for an entire type of product. Just think of Kleenex – who ever uses the word 'tissue paper'?

Nowadays, and this should come as no surprise, we can find a host of gastronomical specialists. Steakhouses, Italian, Japanese, Mexican and natural foods restaurants, potato-concepts … The majority of specialists seems to stick to ethnic themes, not so much a certain line of products. Although in ethnic restaurants – which of course can only be considered specialists 'away from home' – these criteria may overlap. In any case the most important thing is to dramatize the chosen concept.

Main attraction of such a marketing-specialist is his particular product and its field of association – of course he may and must use all of his resources to charge it emotionally.

An obvious way of doing this would be referring to this particular cuisine's country of origin, by using visual elements in menu-card design as well as atmospheric elements in general decoration and furnishing. An exotic element reminds the customer of vacation; this is a central marketing strongpoint for all restaurants using 'take a holiday from everyday-life' as their main attraction.

Such atmosphere-creating visual effects at the same time cement a restaurant's claim to authenticity, which the customer will unfailingly use to judge an ethnic specialist. In the first place, this authenticity has to be stated by the menu-card. More strongly than anywhere else, culinary competence is synonymous with the 'real' character of the products offered. This means: the menu-card has to document knowledge and expertise, this may also be expressed by the vocabulary chosen. Here the customer has a tendency to translate 'good' with 'authentic'. And vice versa!

This is why it is appropriate to give information on the products and their origins in such a menu-card. Special characteristics of the ethnic cuisine and the ingredients used are well received. After all, the customer likes to experience the unknown delicacies with full awareness and intensity.

Emphasized visualization serves the same goal: it activates the guest's imagination. The objective is to visually vary the chosen theme, or even stronger: to build up a world of emotionally charged images around the particular specialty. To use an extreme expression, one could say: to raise it to a cult.

Because their list of products may be much shorter than average, the specialists may give a lot more attention to visual detail. Instead of length, their menu-card is expected to show depth – just as in any store specializing on a particular item.

Their assortment of items frequently is extremely oriented towards foods – quite logically, as people come here primarily to eat. This includes the fact that a customer beforehand has already made the decision to enjoy a certain kind of food – this is a major difference from the 'generalists'.

Specialization implies a stricter orientation towards a certain clientele, socio-demographically and mentally speaking. The intensity of this orientation may be modified, e.g. by signalling a certain standard; language, materials used, colours, values represented may be used in this context. But a general rule is: specialists are devoted to what they do; and they often appeal to self-proclaimed connoisseurs and hobby experts. These customers like to feel their expertise acknowledged by the presentation – yet another argument for greatest possible authenticity.

This focus on a certain clientele also is the specialist's conceptional weak point. Trends and fashions change, and his dependance on them is considerable. For this reason many entrepreneurs make an effort to widen their field of competence, leaving behind the limitations of their traditional line of products. Specialty promotions offer the opportunity to explore new items, tried-and-true standard dishes can be added to the menu. But in all this, special care needs to be taken: any specialist must be very cautious when making changes. There is too big a danger of loosing profile. Taking small steps is the wisest solution – continuity is as important here as nowhere else.

ALLES
GUTE FÜR
FEIN-
SCHMECKER.

Heinemann ®
DÜSSELDORF

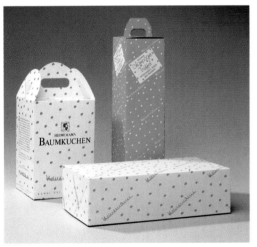

Betrieb:

Heinemann Konditoreibetriebe, Mönchengladbach.

Betriebstyp/Charakter:

Konditorei/Confiserien mit Café-Restaurants, multipliziert.

Zur Karte:

Speise- und Getränkekarte der Café-Restaurants.

Kartensystem:

All-in-one-Angebotskarte, geklappter Altarfalz, dadurch aufstellbar (kleine Tische!). Oben gestanzt, beidseitig bedruckt und strukturfolienkaschiert. Format geschlossen 10,5 x 31,5 cm (ohne Stanzung). Frische Optik durch Farbstellung: Grün/Gelb auf weißem Grund. Grunddekor grüne Tupfen, grün unterlegte Rubrikzeilen mit eingeklinkten Zeichnungen.

Deckblatt mit Werbeslogan; im aufgeklappten Mittelteil das Speiseangebot auf einen Blick; rechte Mittelseite Einklebeblatt mit aktuellen Angeboten.

Besonderheiten:

Corporate-Design-Konzept. Hausfarbe Grün kombiniert mit Weiß, grüner Heinemann-Schriftzug und Schleife sowie Tupfenmotiv in wechselnder Anordnung auch für Tischsets, Servietten und sämtliche Verpackungsmaterialien verwendet. Beispiel für visuelle Verjüngung eines Traditionsbetriebs. CD wurde 1988 von Handwerkskammer Düsseldorf mit Marketingpreis ausgezeichnet.

Entwurf/Design:

Heinz-Richard und Bernd Heinemann, Heinemann Konditoreibetriebe.

Steaks vom Besten

			DM
Hüftsteak 180 g	Das würzige Steak, fein gemasert, kräftig.		14,50
Hüftsteak 250 g			19,40
Rumpsteak 180 g	Der typische Fettrand gibt ihm seinen würzigen		16,90
Rumpsteak 250 g	Geschmack - innen zart und fettarm.		22,80
Filetsteak 180 g	Das zarteste Steak, ohne Fett, fein im Geschmack.		24,90
Filetsteak 250 g			30,30
Entrecôte 200 g	Das Zwischenrippenstück (Rib Eye) mit dem		17,50
Entrecôte 300 g	wichtigen Fettauge, welches ihm Saft und Würze gibt.		24,80
Lammrücken-steaks 200 g	Zwei zarte Steaks vom Lammrücken mit Kräuterbutter, rosa gegrillt.		19,50

Beilagen

	DM
Papa Asada, die große gebackene Kartoffel mit Kräuterschaum oder Sauercreme	3,30
Pommes frites	2,90
Maiskolben mit frischer Butter	4,70
Ganze Champignons in Rahmsauce mit Kräutern	5,50

Kombinationen

DM

... mit Fleisch
Steak & Salat
saftiges Hüftsteak (150 g) und eine Schale knackiger Salat 13,90

... mit Gambas
»Zweimaldrei«
6 Gambas mit Champignons am Spieß gegrillt,
Zitronen-Hollandaise, Knoblauchbrot 29,50

Salatgerichte

DM

»Moreno«
ein Teller frischer Salate mit zartem Hüftsteakfleisch,
Sahnemeerrettich und Kräutergarnitur 12,90

»Carlos«
eine Salatauswahl mit gegrillter Putenbrust, garniert mit Früchten 10,90

»Costa Cabana«
warmes Palmenmark mit Schinken- und Käsestreifen auf
frischen Salaten angerichtet und mit Croutons garniert 14,90

Zu diesen Salatgerichten reichen wir gebackenes Knoblauchbrot.

Bier

		DM
Pils vom Faß	0,3 l	3,60
Bier light	0,3 l	3,60
Weizenbier	0,5 l	4,50
Radler/Alsterwasser	0,3 l	3,60

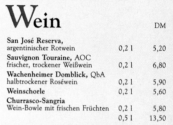
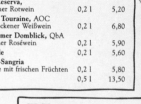

Alkoholfreies

		DM
Selters, Mineralwasser	0,25 l	3,20
Coca-Cola light[7]	0,3 l	3,20
Coca-Cola[7]	0,3 l	3,20
Fanta oder Sprite[2]	0,3 l	3,20
Apfelschorle	0,2 l	2,80
Apfelsaft, Vaihinger	0,2 l	2,80
Orangensaft, Vaihinger	0,2 l	3,20
Schweppes Bitter Lemon[4]	0,2 l	3,40
Bonaqa, Tafelwasser	0,2 l	2,50

Wein

		DM
San José Reserva, argentinischer Rotwein	0,2 l	5,20
Sauvignon Touraine, AOC frischer, trockener Weißwein	0,2 l	6,80
Wachenheimer Domblick, QbA halbtrockener Roséwein	0,2 l	5,90
Weinschorle	0,2 l	5,60
Churrasco-Sangria Wein-Bowle mit frischen Früchten	0,2 l	5,80
	0,5 l	13,50

Kaffee

	DM
Kännchen Kaffee	6,20
Cappuccino-Churrasco	3,30

Eis

	DM
Drei Kugeln Eis nach Wahl mit Sahne	5,50

Copa Amigos – das Eisvergnügen für zwei
Eine bunte Mischung aus Walnuß-, Pistazien-,
Schokoladen-, Erdbeer-, Waldbeere-Joghurt-,
Rumtopf- und Vanilleeis auf Baiser, mit
Schokoladen- und Waldbeersauce, Schlagsahne,
Walnüssen und frischen Früchten garniert. 18,50

Betrieb:

Churrasco Steakrestaurants Deutschland.
(Whitbread Restaurants Holding Deutschland, Düsseldorf/Whitbread-Gruppe, Großbritannien)

Betriebstyp/Charakter:

Steakhaus-Konzept, multipliziert.

Zu den Karten:

Speise- und Getränkekarte, Terrassenkarte.

Kartensystem:

Beide Karten all-in-one, beidseitig bedruckt und glanzfolienkaschiert. Format geschlossen jeweils 17,5 x 30 cm. Basiskarte: Wickelfalz, Deckblatt Fotomontage mit schwebenden Zutaten. Innenteil Grunddekor: freigestellte, 'freischwebende' Angebotsabbildungen vor rötlichem Hintergrund, Angebotsrubriken als Kästen mit weißem Fond eingeklinkt. Rückseite Produktinformationen. Terrassenkarte: Einfach gefalztes Cover. Deckblattgestaltung und Innenlayout analog zur Basiskarte, aber leichtere Anmutung durch weißen Hintergrund. Zusätzlich Dessertkarte.

Besonderheiten:

Grundfarben der Basiskarte Schwarz/Rot – abgestimmt aufs Logo. Typische, symbolhafte Farbkonstellation, aufs Profilprodukt bezogen.

Entwurf/Design:

Churrasco Steakrestaurants Deutschland.

Hinweis:

In analogem Design: die Dessertkarte, siehe Seite 258.

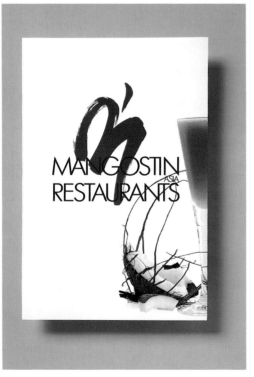

Betrieb:

Mangostin Asia, München.
(Kaub-Gruppe, München)

Betriebstyp/Charakter:

Mehrere Betriebstypen/Betriebsteile unter einem Dach: Lemon Grass (Thailändische Spezialitäten, Wok), Keiko Japan Restaurant (Sushi, Tempura, Sukiyaki), Papa Joe's Colonial Bar & Restaurant, Mangostin Garden. Zweiter Standort in Karlsruhe.

Zu den Karten:

Kartenensemble in einheitlichem Layout. Restaurant-Karten und Cocktailkarte.

Kartensystem:

Variierende Cover-Lösungen: einfach gefalztes Cover für Cocktailkarte, Format geschlossen 23,5 x 34,5 cm. Im gleichen Format gefalztes Cover mit Knickrillen und Lochung für Lemon Grass- und Papa Joe-Angebotskarten, A4-Einlegeblätter werden gelocht und mit Plastik-Druckschraubknöpfen fixiert. Gleiches Prinzip, aber A4-Cover für Keiko-Karte. Cover jeweils beidseitig glanzfolienkaschiert, weißgrundig, Fotomotiv und Logo auf Vorderseite. Lemon Grass/Papa Joe: identisches Cover, Cover-Innenseiten Produktinformationen, mit Fotos illustriert. All-in-one-Karten, Angebotsseiten hellgrau/grünes Papier mit Pergamentstruktur, einseitig mit Laserdrucker bedruckt. Umfang 15/17 Seiten (variabel). Keiko-Cover mit eigenem Logo und Bildmotiv, Cover-Innenseiten blanco, 14 Innenseiten, gelbes Papier mit Pergamentstruktur. Cocktailkarte mit produktbezogenem Bildmotiv, Cover-Innenseiten Angebotspräsentation mit Produktfotos.

Besonderheiten:

Flexibles, ökonomisches System, Sortimentsveränderungen durch Austausch einzelner Blätter ständig möglich. Ausnahme: Cocktailkarte (feststehendes Sortiment). In sich geschlossener Design-Auftritt.

Entwurf/Design:

Studio Rastorfer, München.

Betrieb:

Wienerwald-Restaurants Österreich.
(Wigast, Wien)

Betriebstyp/Charakter:

Geflügel-Spezialitätenkonzept, auch in Tourastbetrieben (Autobahn-Raststätten) der Wigast. Multipliziert, insgesamt 53 Standorte.

Zur Karte:

Speise- und Getränkekarte.

Kartensystem:

All-in-one-Karte, Cover-Lösung plus vier Innenseiten, gestanzt. Klammerheftung, Format geschlossen 18 x 35 cm (ohne Stanzung). Durchgehend beidseitig bedruckt und glanzfolienkaschiert, Cover-Außenseiten künstlerisch gestaltetes · Motiv: Naive Darstellung

zeigt Modell der jüngsten, im Mai 1992 eröffneten Tourast-Raststätte. Innenseiten weißgrundig, mit Produktfotos illustriert.

Besonderheiten:

Cover-Aquarell des burgenländischen Künstlers Gottfried Kumpf – Kunstcharakter des Kartenauftritts als Profilierungsmoment.

Entwurf/Design:

Der Künstler Gottfried Kumpf (Cover-Illustration)/
Wienerwald Österreich.

Le carni
Fleisch
Meat dishes

– Bistecca alla griglia
  Rumpsteak gegrillt
  Grilled rump steak   DM 22,–

– Bistecca alla pizzaiola
  Rumpsteak mit Tomaten, Oliven, Basilikum und Kapern
  Rump steak with tomatoes, olives, basil and capers   DM 24,–

– Bistecca al pepe verde
  Rumpsteak mit grünem Pfeffer
  Rump steak with green peppercorns   DM 24,–

– Bistecca al vino rosso e funghi
  Rumpsteak in Rotwein mit Pilzen
  Rump steak with mushrooms in a red wine sauce   DM 24,–

– Filetto alla griglia
  Filet gegrillt
  Grilled tender loin   DM 27,–

– Filetto al gorgonzola
  Filet mit Gorgonzola
  Tender loin with Gorgonzola-cheese sauce   DM 35,–

– Filetto al pepe verde
  Filet mit grünem Pfeffer
  Tender loin with green peppercorns   DM 35,–

– Filetto ai funghi
  Filet mit Pilzen
  Tender loin with mushrooms   DM 35,–

– Nodino di vitello al burro e salvia
  Kalbskotelett mit Butter und Salbei
  Veal chop in butter and sage   DM 36,–

Betrieb:

Ristorante Golfo di Napoli, Frankfurt.

Betriebstyp/Charakter:

Klassisches italienisches Restaurant (kein Pizza-Ange-bot).

Zur Karte:

Speise- und Getränkekarte.

Kartensystem:

All-in-one-Karte, Cover mit zwei Einschlagklappen und 16 Angebotsseiten, Klammerheftung. Format geschlossen (ohne Klappen) 23,5 x 34 cm. Cover-Außenseiten inklusive Klappen illustriert, glanzfolien-kaschiert. Cover-Innenseiten blanco. Angebotssei-ten klassisch gestaltet, dreisprachig italienisch, deutsch, englisch.

Besonderheiten:

Cover-Illustration von Wilhelm Schlote im typischen Strichzeichnungsstil; freie Interpretationen der The-men 'Gastronomie' und 'Neapel'.

Entwurf/Design:

Der Künstler Wilhelm Schlote (Cover-Zeichnung)/ Golfo di Napoli.

145

Betrieb:

Hippodrom, Köln-Weidenpesch.
(KGSG Kaufhof Gastronomie Service Gesellschaft, Köln)

Betriebstyp/Charakter:

Carvery-Konzept, Prinzip: Buffet-Bedienung, Vorspeisen- und Bratenbuffet, Dessertbuffet. Getränke Tischservice. Festpreise bei Food und Hausweinen. Zweiter Standort in Neuss.

Zur Karte:

Getränke- und Eiskarte mit Rennbahnmotiv auf Cover.

Kartensystem:

Einfach gefalztes Cover plus vier Innenseiten, Klammerheftung. Format geschlossen 21 x 29,5 cm. Cover-Vorder- und -Rückseite durchgehendes Fotomotiv, Vorlage s/w-Foto, im Duplexverfahren (s/w mit Zusatzfarbe Bordeaux) wiedergegeben. Glanzfolienkaschiert. Cover-Innenseiten blanco, Angebotsseiten mit bordeauxfarbiger Schrift auf weißem Grund.

Besonderheiten:

Cover-Foto nimmt Bezug auf den Standort an der Rennbahn. Bordeaux kehrt als Akzentfarbe im Restaurant-Interieur wieder. Ausführliche Konzepterklärung und Buffetpreise auf zwei Seiten im Karteninnern.

Entwurf/Design:

Werbehaus, Köln.

Betrieb:

La Part du Lion, Paris.
(CRC Compagnie de Restaurants et Caféterias, Bagneux)

Betriebstyp/Charakter:

'Themen-Restaurant'; Logo, Ambiente und Karten-auftritt im afro-kolonialen Stil. Angebotsschwer-punkt Grillgerichte, exotische Akzente. Ein Franchise-Betrieb in Bordeaux.

Zu den Karten:

Speise- und Getränkekarte, Dessertkarte.

Kartensystem:

Beide Karten gleiches Grunddekor; Cover stilisierte Dschungellandschaft in Scherenschnittmanier mit Wort-/Bildmotiv des Logos. Jeweils beidseitig be-druckt und glanzfolienkaschiert. Basiskarte: einfach gefalztes Cover in ungewöhnlichem Querformat. Format geschlossen 33,5 x 24 cm. Grundfarben Grüntöne, im Innenteil aufgehellt, zwei Farbflächen plus umrahmende Palmwedel-Ornamente. Ange-botsrubriken (Speisen und Wein) als Kästen auf wei-ßem Grund eingeklinkt. Cover-Rückseite sonstige Ge-tränke. Dessertkarte: Einfach gefalztes Cover, Format geschlossen 16,5 x 24 cm. Analoges Layout, aber Grundfarben Gelb/Braun, innen Gelb/Orange.

Besonderheiten:

Corporate-Design-Konzept mit einfallsreichen Ab-wandlungen. Rechnungsformular zeichnerisch aus-geführte Umsetzung des Dschungelmotivs in pastelli-gen Grüntönen. Tischset aus Packpapier, Logo als Stempelaufdruck schwarz/braun gestaltet. Tisch-decken-Dekor passend zum Kartenauftritt.

Entwurf/Design:

La Part du Lion.

147

Betrieb:

Ristorante Fiorello, Hamburg.
(Bleichenhof-Restaurantbetriebe, Hamburg)

Betriebstyp/Charakter:

Italienisches Restaurant in der Bleichenhof-Passage.

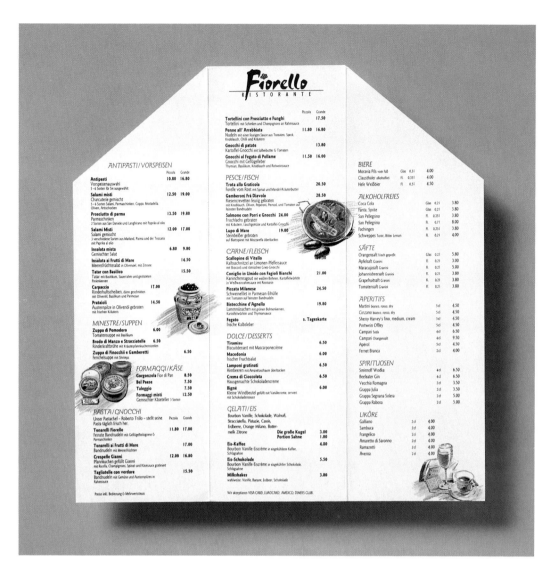

Zur Karte:

Speise- und Getränkekarte.

Kartensystem:

All-in-one-Karte, Wickelfalz mit Stanzung, erinnert in geschlossenem Zustand an Serviette. Format geschlossen 11 x 34 cm (ohne Stanzung). Voll mattgestrichener, beidseitig vierfarbig bedruckter Karton, Grundfarbe Weiß, Farbzeichnungen auf Cover und im Innenteil, farbige Rubrikentitel. Logo im Innenteil durch Stanzung sichtbar. Zusätzlich Eis-/Terrassen-karte, analog gestaltet.

Besonderheiten:

Kompakte, dennoch übersichtliche Gestaltung; platzsparendes Kartenformat (kleine Tische!).

Entwurf/Design:

Fiorello/Agentur Horstmann & Werbung, Hamburg (Illustrationen).

Vorspeisen

Carpaccio
Roh mariniertes Rinderfilet mit frisch
geriebenem Parmesan — 16,--

Prosciutto e Melone
Parmaschinken mit marinierten Melonenkugeln — 14,--

Insalata di Gamberetti
Crevettensalat mit mariniertem
Avocadofächer — 18,50

Antipasto all'italiana
Salami und Käse
garniert mit Nudelsalat — 11,--

Calamari fritti
Gebackene Tintenfischringe
mit Knoblauch-Remouladensauce — 9,50

Carne Fritta
Aus der Pfanne

Piccata alla Milanese
Kalbschnitzel in Käse-Ei-Hülle
Tomatenspaghetti — 19,50

Scaloppina di Maiale
Schweinerückenschnittchen auf
pikanter Peperoni-Champignonsauce
Gemüsereis — 19,--

Vom Grill (Original Maredo Steaks)

Huftsteak — 17,--
Rumpsteak — 23,--
Filetsteak — 28,--

Kalbsrückensteak — 26,--
Lammkotelett — 27,--

Beilagen
wahlweise

Käsekartoffeln — 3,--
Pommes frites — 3,--
Folienkartoffeln
mit Speck-
sauerrahm — 3,--
Grüne Bohnen — 4,20
Maiskolben — 4,20
Feinschmecker-
sauce — 2,--
Grüne Pfeffer-
sauce — 2,--
Kräuterbutter — 2,--

Suppen

Minestrone
Gemüsesuppe mit Spaghetti — 5,80

Crema di Pomodoro
Tomatencremesuppe mit gerösteten Weißbrotwürfeln — 6,50

Consumato di Carciofini
Kraftbrühe mit Artischockenherzen — 6,50

Pizza
klein / groß

Margherita
Tomaten und Käse — 10,50 / 8,50

Capricciosa
Eier, Sardellen, Oliven, Artischocken — 12,50 / 10,50

Frutti di Mare
Meeresfrüchte — 18,-- / 16,--

Quattro Stagioni
Vier Jahreszeiten — 16,-- / 14,--

Legumi diversi
Kräutersauerrahm, Tomatenwürfel, Gemüse-
streifen, Mais, Champignons, Zwiebeln — 14,50 / 12,50

Calzone
Gefüllt mit Schinken, Paprika, Tomaten,
Zucchini und Bolognaise — 15,-- / 13,--

Pasta
Nudelgerichte

Spaghetti Napoli oder Bolognese
Tomatensauce oder Fleischsauce — 8,50

Spaghetti alla Carbonara
Schinken-Sahne-Sauce — 12,50

Lasagna al Forno
Fleischsauce und Käse überbacken — 13,--

Maccaroni alle Vongole
Tomaten-Muschel-Sauce mit Käse überbacken — 12,--

Tagliatelle con Spinaci
Spinatnudeln in Schnecken-Sahne-Sauce — 14,--

Fischgerichte

Scampi alla Griglia
Gegrillte Scampis mit Cocktailsaucen,
geröstetes Knoblauchbrot — 34,--

Salmone
Gebratene Lachstranchen mit Limonenbutter,
Blattspinat, Tomatenreis — 26,--

Piatto di Pesce
Fischteller: Scampis, Sardellen, Tintenfischringe,
Folienkartoffel — 28,--

Insalata
Salate

Insalata Mista
Salatbuffet — 7,50

Insalata Caprese
Tomatensalat mit Mozzarella und Kräutern — 9,--

Insalata di Pesce
Gemischter Blattsalat mit Sardinen in Öl,
Thunfisch und sautierten Dillcrevetten — 16,--

Insalata di Faechina
Salatteller mit warmer Putenbrust — 13,--

Gerne versuchen wir, Ihre besonderen
Wünsche zu erfüllen. Bitte wenden Sie sich an
unsere Mitarbeiter.

Bitte verlangen Sie auch unsere Dessertkarte!

Betrieb:

Bella Vista, Schluchsee.

Betriebstyp/Charakter:

Italienisches Restaurant/Pizzeria im Hetzel-Hotel
Hochschwarzwald. Unkompliziert, leger.

Zur Karte:

Speise- und Getränkekarte.

Kartensystem:

All-in-one-Karte, beidseitig bedruckt und glanzfolienkaschiert. Altarfalz, Format geschlossen 21 x 30
cm. Fotomotive der Cover-Seiten ergänzen sich geschlossen zum gefüllten Tellerausschnitt; Motiv wird
im Innenteil der Karte wieder aufgenommen. Rückseite Getränkeangebot auf neutral grauem Fond.

Besonderheiten:

Originelles Spiel mit dem Doppelmotiv des gefüllten
und 'geleerten' Tellers.

Entwurf/Design:

Lothar Scheding Graphic-Design, Staufen i.Br.

Betrieb:

Chili's, Innsbruck.
(System-Gastronomie, Innsbruck)

Betriebstyp/Charakter:

Tex-Mex-Restaurant, Produktschwerpunkte: mexikanische Spezialitäten, Steaks, Burger. Atmosphärestark.

Zur Karte:

Speise- und Getränkekarte.

Kartensystem:

All-in-one-Karte, beidseitig bedruckt, glanzfolienkaschiert. Wickelfalz, Format geschlossen 21 x 35 cm. Deckblatt und Rückseite durchgehendes Fotomotiv, Chili's-Logo auf Cover eingeklinkt. Innenteil und eingeklappte Rückseite Angebot auf ockerfarbigem Fond.

Besonderheiten:

Fotomotiv der Karte zeigt ein Poster des mexikanischen Künstlers Sergio Bustamante. Thema und Farbstimmung unterstreichen Konzeptaussage und korrespondieren mit Interieur-Farben. Originalplastiken und weitere Poster des Künstlers im Restaurant. Cover-Motiv wiederholt sich auf Visitenkarte des Restaurants.

Entwurf/Design:

Der Künstler Sergio Bustamante (Cover-Foto)/System-Gastronomie, Innsbruck.

Hinweis:

Ebenfalls unter Verwendung eines Bustamante-Objektes: Chili's Frühstücks-Tischset, siehe Seite 229.

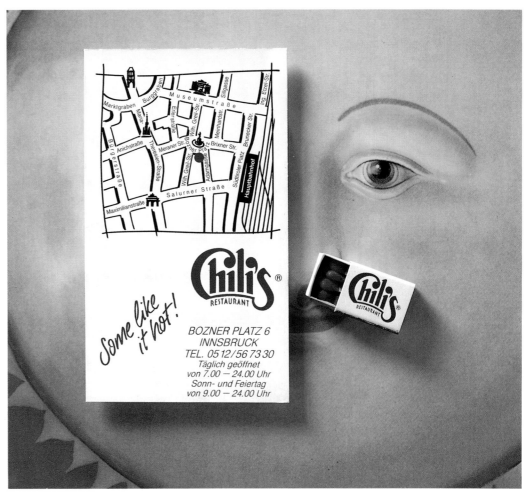

SPECIAL THANKS TO:

Mark Anderson, Chicago Meat Market Representative
Anderson Food Concepts; Chicago, Illinois

Rocio Martinez, Director General
VIP-Tours; Chapultepec, Mexico

Andreas Rupprechter, General Manager
Buenaventura Hotels****; Puerto Vallarta, Mexico

Sergio Bustamante, Artist
Galería de Arte en Joyas Y Artesanías;
Tlaquepaque, Mexico

Ruth's Chris Steak House – Home of Serious Steaks
Ft. Laudertale – San Francisco – Dallas

Old San Francisco Steak House
Dallas, Texas

Baby Doe's Matchless Mine
Dallas, Texas

Butcher Shop Steak House
Dallas – Knoxville – Memphis – Little Rock – Orlando

Señor Frog's
Cancun, Mexico

Captains Cove Seafood Restaurant & Bar
Cancun, Mexico

La Mansion Restaurantes
Mexico City, Mexico

Carlos O'Brian's – Bar & Grill & Clothesline
Puerto Vallarta, Mexico

Carlos'n Charlie's – Bar & Grill & Pawnshop
Cancun, Mexico

Pirámide Charlie's – Members & Non Members Only
Pirámides de Teotihuacan, Mexico

J.P. & Catalina I
Marina Puerto Vallarta, Mexico

and…
…LULU & other great friends!

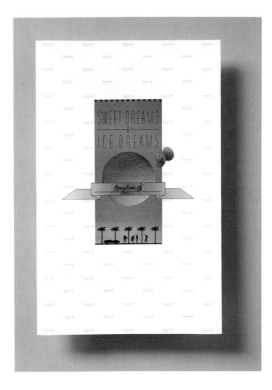

Betrieb:

Spaghetti Factory Schweiz.
(Bindella Unternehmungen, Zürich)

Betriebstyp/Charakter:

Junges Restaurantkonzept mit Produktschwerpunkt
Spaghetti; Profilbasis: die italo-amerikanische Spaghetti-Kultur. Multipliziert.

Zu den Karten:

Sonderkarten Super Specials und Desserts. Aufsteller mit Getränkeangebot.

Kartensystem:

Beide Sonderkarten in einheitlichem Layout; einfach
gefalzte Cover, beidseitig bedruckt, mattfolienkaschiert. Format geschlossen 19 x 29,5 cm. Grundfarbe Weiß, Außenseiten mit Logo-Raster als Grunddekor, Cover-Vorderseite mit Bildmotiv. Innenseiten
Angebot in farbigen Kästen auf weißem Grund. Beide Karten variieren die Farbstellung Pink-Türkis. In
analoger Cover-Gestaltung: Fremdsprachenkarte.
Getränkeaufsteller zwei ineinandergesteckte, beidseitig bedruckte Kartons, gestanzt. Grundformat (ohne Stanzung) 21 x 21 cm. Kernsortiment über Tischsets kommuniziert.

Besonderheiten:

Super Specials-Karte forciert das auch auf Tischsets
erscheinende Randsortiment. Foto aus aktueller
Image-Broschüre.

Entwurf/Design:

Werbeatelier Gerhard Brauchle, Thal/Lesch + Frei
Werbeagentur, Zürich (Logo); Spaghetti Factory Cor-
so/Werbeatelier Gerhard Brauchle (Getränke-
aufsteller); Spaghetti Factory Corso/Atelier am See,
Zürich (Karten); Helmut J. Koch, Spaghetti Factory
Corso/Farner Publicis FCB, Zürich (Image-Broschüre).

Hinweis:

Kernsortiment über Tischsets kommuniziert, siehe
Seite 222 und 223.

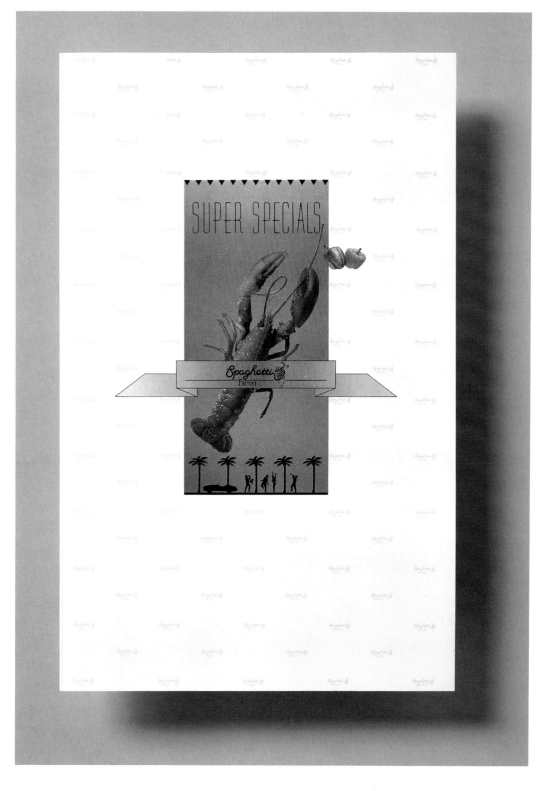

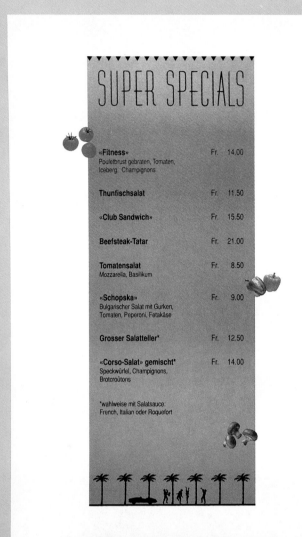

SUPER SPECIALS

«Fitness» Pouletbrust gebraten, Tomaten, Iceberg, Champignons	Fr.	14.00
Thunfischsalat	Fr.	11.50
«Club Sandwich»	Fr.	15.50
Beefsteak-Tatar	Fr.	21.00
Tomatensalat Mozzarella, Basilikum	Fr.	8.50
«Schopska» Bulgarischer Salat mit Gurken, Tomaten, Peperoni, Fetakäse	Fr.	9.00
Grosser Salatteller*	Fr.	12.50
«Corso-Salat» gemischt* Speckwürfel, Champignons, Brotcroûtons	Fr.	14.00

*wahlweise mit Salatsauce:
 French, Italian oder Roquefort

SUPER SPECIALS

Terrine mit grünem Pfeffer	Fr.	11.50
Terrine mit Geflügelleber	Fr.	12.50
«Seafood Festival» Meeresfrüchtesalat	Fr.	17.00
«Chicken Delight» Pouletbruststreifen mit Vinaigrette	Fr.	13.50
«Chicken-Curry-Salad» Pouletbruststreifen, Ananas, Curry	Fr.	14.50
Crevetten auf Icebergsalat Cocktailsauce separat	Fr.	14.50
Geräucherter Lachs aus Norwegen	Fr.	23.50
Rohschinken	Fr.	16.50
«Where's the beef» Roastbeef kalt	Fr.	18.50

Verlangen Sie unsere Dessertkarte mit
 «Sweet Dreams & Ice Dreams»

SF8/5.91

Betrieb:

Lokales, Darmstadt.

Betriebstyp/Charakter:

Pizzeria, buntes Publikum, viele Studenten, ungezwungen. Kommunikationsbetont.

Zur Karte:

Speise- und Getränkekarte.

Kartensystem:

All-in-one-Karte, einfach gefalztes Cover, asymmetrisches Format, gestanzt. Format geschlossen 35 x 50 cm (maximal). Beidseitig bedruckt, drucklackiert. Alle Cover-Seiten unterschiedliche Grundfarbe, Basisdekor Kreidetechnik plus witzige Zeichnungen, Sortiment wird gesondert eingedruckt. Rubrikzeilen in wechselnder Typographie.

Besonderheiten:

Karte wird in Zeitungshaltern präsentiert. Format mit wellenförmiger Stanzung, Dekor und Typographie unterstreichen den unkonventionellen Auftritt des Betriebs (Motto: Die ganz andere Pizzeria). Bei Sortimentsänderungen muß nur Texteindruck erneuert werden.

Entwurf/Design:

Müller, Stoiber & Reuß, Darmstadt.

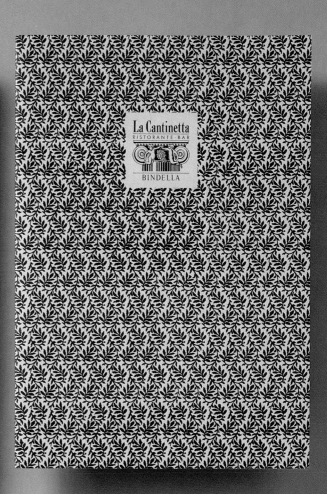

Betrieb:

La Cantinetta, Solothurn.
(Bindella Unternehmungen, Zürich)

Betriebstyp/Charakter:

Klassisches italienisches Restaurant (kein Pizza-Angebot)/Enoteca (integrierter Weinkeller mit Degustation).

Zu den Karten:

Speisekarte, Getränkekarte und Weinkarte.

Kartensystem:

Alle Karten im gleichen Layout. Cover plus vier (Speise-, Getränkekarte) bzw. acht Innenseiten (Weinkarte), Klammerheftung. Unterschiedliche Formate: Speisekarte geschlossen 21 x 30 cm, Weinkarte 16 x 30 cm, Getränkekarte 10,5 x 30 cm. Cover-Außenseiten mit Rankenornament in unterschiedlichen Farben, matt laminiert. Angebotsseiten weißes Strukturpapier, erste Seite nur Logo. Cover-Innenseite der Speisekarte mit Erläuterungen zur Cantinetta-Philo-

sophie, der Weinkarte mit Vorstellung des unternehmenseigenen Weinguts in Italien.

Besonderheiten:

Dezenter, wertiger Kartenauftritt. Rankenmotiv der Cover zeigt das Dekor eines typischen Florentiner Schulbuch-Einschlagpapiers – Bezug zur im Restaurant gepflegten toskanischen Küche.

Entwurf/Design:

Atelier Jacquet, Bern.

Vorweg oder zwischendurch

Omelette „Valencia"   12,80
ein flaches Omelette mit Gemüsen, Kartoffeln,
Champignons und Garnelen*), in der Pfanne serviert

Gravad Lachs   kleinere Portion 14,50
kräutergebeizter, norwegischer Lachs   Portion 24,50
mit Senf-Dill-Sauce, Toast und Butter

Grönländer Garnelen*) und grüner Spargel   13,50
auf Eisbergsalat, mit pikantem Dressing, im Cocktail-
Glas serviert, mit Toast und Butter

Gourmet-Teller „von Eicken"   20,80
Gravad Lachs, rosa gebratenes Roastbeef,
Garnelen*) und gebratene Poulardenbrust,
mit Salaten garniert,
dazu zwei leckere Saucen und Baguette

Carpaccio vom Rind   16,90
hauchdünn geschnitten und bestens
abgeschmeckt, serviert mit Stangenweißbrot

Roastbeef kalt - rosa gebraten   kleinere Portion 14,90
mit Bratkartoffeln und Sauce Remoulade   Portion 19,80

Aus dem Suppentopf
immer frisch und hausgemacht

Westfälische Kartoffelsuppe   6,20
mit frischem Sauerrahm und Schnittlauch

Hausgemachte Gulaschsuppe   6,70
kräftig und deftig

Tomatencreme-Suppe   5,90
mit Crème fraîche und Buttercroutons

Frühstück–Kuchen–Party-Service

Frühstück- und Kaffeezeit
Frühstück wird bei uns „Groß" geschrieben!
Lassen Sie sich von unserem vielfältigen
Angebot überraschen.

Den ganzen Tag bei uns Kuchenzeit.
Alle Kuchen auch zum Mit-nach-Hause-nehmen.

Von Eicken-Party-Service
Wir organisieren für Sie ganz nach Ihren Wünschen
Ihre Feier bei Ihnen zu Hause oder auch außerhalb
- selbstverständlich alles auch im Full-Service!
Nähere Informationen erhalten Sie gerne von
unserer Restaurant-Leitung.

Vom Salat-Buffet

Zu jeder Jahreszeit erwartet Sie eine Vielfalt verschiedener Salate
Wählen Sie nach Herzenslust am Buffet und stellen Sie sich Ihren
Salat selbst zusammen.   Salat 7,90
   großer Salat 10,90

Dazu unsere hausgemachten Salatsaucen:
„von Eicken-Dressing"
eine phantasievolle Salatsauce, würzig-pikant,
mit vielen Kräutern, und, und ...
„French-Dressing"
die originale, französische Salatsauce
„Swiss-Dressing"
sahnig, mit Ei(gelb, mildem Sherryessig,
bestem Salatöl und ausgesuchten Gewürzen

Salat-Hits wie in Kalifornien...

„Sunset Boulevard"   16,20
Gravadlachs, sautierte Babycalamares
und Champignons auf Blattsalaten, Tomaten
und Gurken mit würziger Vinaigrette angemacht.
Dazu geröstetes Kräuterbaguette.

„American"   18,50
eine knackig-frische Salat Komposition
mit saftig gebratener Poulardenbrust, rosa
Grönland-Garnelen*), krossen Speckscheiben
und „von Eicken-Dressing".

Nudeln & Toasts

„Grüne Nudeln -du Chef"   15,80
mit Schinkenstreifen, Tomaten, Sahne,
ausgewählten Kräutern und Parmesan

Spaghettini „Frutti di Mare"   18,50
Lachswürfel, Crevetten, Zucchini und Baby-Calamares
in Kräuterbutter frisch gebraten, auf geschmolzenen
Tomaten und Basilikum

„Von Eicken - Toast"   16,70
zwei zarte Schweinemedaillons mit frischen
Champignons, Sauce Hollandaise gratiniert

Poularden - Spargel - Toast   15,80
eine saftige Poulardenbrust mit grünem Spargel
und Sauce Hollandaise

Mal etwas anderes...

Broccoli mit Käsesahnesauce gratiniert   13,80
und warmen Knoblauchbrot serviert

Baked Potatoes mit Kräuterquark,   12,50
marinierten Lachsstreifen und Garnelen belegt

von Eicken-Steaks

Pfeffer-Steak   120 g 17,50
in einer rassig-pikanten Sauce aus Schalotten,   180 g 22,40
Cognac und grünem Madagaskarpfeffer,
Kartoffelkroketten

Rumpsteak „Strindberg"   180 g 23,50
mit einer Zwiebelsenfkruste, Bratkartoffeln

Filetsteak „Gärtnerin Art"   120 g 22,50
mit frischen Gemüsen umlegt,   180 g 32,50
Sauce Bearnaise, Kartoffelkroketten

Grill-Teller   21,80
3 Medaillons mit frischen Champignons,
Sauce Bearnaise, Grilltomate, Pommes frites

Schweinerücken-Steak   180 g 18,80
mit frischen Champignons in Rahm,
Pommes frites

Schweinerücken-Steak „Teppan Yaki"   180 g 18,80
mit Zwiebeln, Chinakohl, Sojasprossen und
anderen Gemüsen, kurzgebraten, fernöstlich
mit Soya und Sesam gewürzt, dazu Reis

„Entrecôte Double" (für 2 - 3 Personen)   360 g 54,00
ein doppelt großes Rumpsteak mit 3 Marktgemüsen,
frischen Champignons, Bratkartoffeln mit Speck,
Pfeffer- und Kräutergarten-Sauce
- in der Riesenpfanne serviert -

Steaks natur
mit geröstetem Baguette, Steaksauce
oder Kräuterbutter serviert

Hüftsteak   180 g 18,50
aus dem Herzstück der Rinderhüfte,   250 g 23,90
kernig und kräftig

Rumpsteak   180 g 21,30
herzhaft im Geschmack   250 g 28,90
mit dem typischen Fettrand

Filetsteak   180 g 27,20
aus der Rinderlende   250 g 34,00
besonders zart und saftig

Dazu empfehlen wir:
Pommes frites, Kartoffelkroketten, Butterreis, Bratkartoffeln   3,50
Tagesfrisches Gemüse, kleiner Salatteller   4,50
Rahm-Champignons, grüner Spargel mit Sauce Hollandaise   5,50
Sauce Hollandaise, Sauce Bearnaise   3,50
Baked Potatoe mit Kräuterquark   4,20

von Eicken-Pfannen
originell und heiß in der Pfanne serviert

„die von Eicken-Grill-Pfanne"   25,90
ein Huft-, Poularden- und Schweine-Medaillon
mit frischen Champignons in Rahm, drei Marktgemüsen,
Bratkartoffeln mit Speck und dreierlei Saucen

„die asiatische Gemüse-Pfanne"   17,80
vielerlei von frischem Gemüse in der Pfanne
kurz gebraten, mit Glasnudeln,
interessant fernöstlich gewürzt, dazu Reis

„die mediterrane Seafood-Pfanne"   23,50
Lachs, Tiefseecrevetten, Babycalamares und Champignons
in der Pfanne mit Knoblauchbutter gebraten, mit Zitrone
und frischen Kräutern gewürzt, serviert mit Reis

„die herrliche Nudel-Pfanne"   20,80
ein saftig gebratenes, mit Schinken gefülltes
Pouletbrustfilet mit Mascarpone, geschmolzenen Tomaten,
an frischer Sahne auf grünen Nudeln

Aus Meer & See...

Norwegischer Frischlachs vom Grill   kleinere Portion 15,90
mit grünem Spargel und Kräutergarten-Sauce,   Portion 23,90
wahlweise Butterkartoffeln oder Butterreis

Heilbuttsteak vom Grill mit Kräuterbutter   18,50
dazu Salzkartoffeln und bunter Salat

Heilbuttsteak „Schöne Müllerin"   19,80
in Butter gebraten, mit Tomatenwürfeln und Kräutern,
mit Zitrone gewürzt, dazu reichen wir Salzkartoffeln
und Tagesgemüse

Ihre Lieblings-Gerichte...

Geschnetzeltes vom Schweinefilet „Züricher Art"   20,80
mit frischen Champignons, Weißwein und viel
Rahm zubereitet, dazu grüne Nudeln

Poulardenbrust „gratiniert"   18,80
saftig gebraten, mit einem halben Pfirsich,
Schinken und Käse überbacken, dazu Pommes frites

Schnitzel „Wiener Art"   19,50
vom Schweinerücken - paniert und in Butter gebraten,
dazu Pommes frites und ein bunter Salatteller

Streifen von der Poulardenbrust   17,90
in Curryrahm und in Kokos gebackener Ananas,
serviert mit Butterreis

Filetspitzen „Mexicana"   21,80
ein feuriges Gericht mit Geschnetzeltem vom
Rinderfilet, mit mexikanischem Gemüsen,
im Reisring serviert

Betrieb:

von Eicken essen & trinken.
(Casserole Feine Fleischkost, Herten/Westf.)

Betriebstyp/Charakter:

Restaurant mit Produktschwerpunkt auf Steaks und
Fleischgerichten. Multipliziert.

Zur Karte:

Speise- und Getränkekarte.

Kartensystem:

All-in-one-Karte, geklappter Altarfalz, Format geschlossen 18 x 30 cm. Beidseitig bedruckt, glanzfolienkaschiert. Cover-Seite mit produktbezogener Illustration im naiven Stil und Logo, Gestaltung nach
Art eines Wappens auf grauem Fond. Angebotsseiten weißgrundig mit grünen Rubrikzeilen und grünen
Rahmen. Innenseiten Food, eingeklappte Außenseiten Getränke.

Besonderheiten:

Frische, 'natürliche' Anmutung durch Akzentfarbe
Grün. Cover-Illustration verweist auf Produktkompe-
tenz des Betriebs.

Entwurf/Design:

Die Künstlerin Marlis Lunau, Essen (Cover-Illustration)/Agentur Strauff & Weiss, Essen.

Betrieb:

Ristorante da Paolino, Hamburg.

Betriebstyp/Charakter:

Klassisches italienisches Restaurant (kein Pizza-Angebot); 'trendy'.

Zur Karte:

Speise- und Getränkekarte.

Kartensystem:

All-in-one-Karte, Cover plus acht Seiten, Klammerheftung. Format geschlossen 24 x 43 cm. Drucklackierung. Cover-Vorderseite s/w-Foto von Paolino und Logo auf weißem Grund, Innenseiten durchgehend doppelseitige s/w-Fotos: Land und Leute in Paolinos Heimat Sardinien. Angebotsrubriken als Kästen eingeklinkt. Rubrikzeilen in den Landesfarben unterstrichen – Referenz ans Logo und belebender Farbakzent. Zusätzlich zahlreiche Tagesgerichte; mündliche Empfehlung.

Besonderheiten:

Totale Dominanz der Fotomotive; Angebot tritt völlig zurück. Hohe konzeptstützende Ausstrahlungskraft der großformatigen Bilder: visuelles Erleben als Vorverkäufer. Marketing by Imagination.

Entwurf/Design:

Paolino Cherchi, da Paolino.

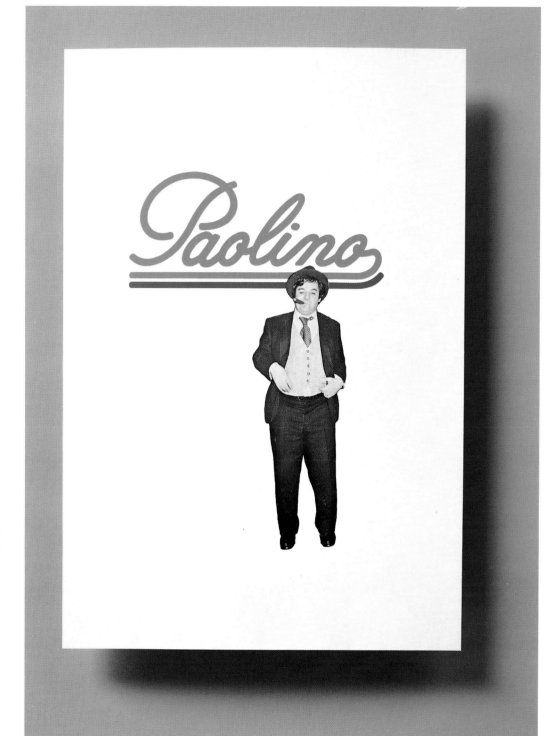

ANTIPASTI / VORSPEISEN	
Antipasto all'Italiana *Italienische Salami, Parmaschinken und Oliven*	DM
Antipasto della Casa *Gemischte Vorspeisen vom Buffet*	DM
Prosciutto e Melone *Parmaschinken und Melone*	DM
Mozzarella, Pomodoro e Basilico *Mozzarella, Tomaten mit frischem Basilikum*	DM
Insalata di Frutti di Mare *Salat aus Meeresfrüchten*	DM
Carpaccio *Rohes Rinderfilet fein geschnitten mit Olivenöl und Parmesan*	DM

INSALATE / SALATE	
Insalata Verde *Grüner Salat*	DM
Insalata Mista *Gemischter Salat*	DM
Insalata di Pomodoro *Tomatensalat*	DM
Insalata-Capricciosa *Salat nach Art des Hauses*	DM

MINESTRE / SUPPEN	
Minestrone *Italienische Gemüsesuppe*	DM
Tortellini in Brodo *Tortellini in frischer Fleischbrühe*	DM
Stracciatella alla Romana *Frische Fleischbrühe mit Biereinlauf*	DM

BIBITE / GETRÄNKE

APERITIF

Campari Bitter mit Soda	DM
Martini Bianco	DM
Martini Rosso	DM
Ramazotti	DM
Cynar	DM
Sherry	DM
Rossantico	DM

WHISKY

Jim Beam/Cola	DM
Scotch Whisky/Cola	DM
Bourbon/Cola	DM

COGNAC

Martell	DM
Vecchia Romagna	DM
Stock 84	DM
Courvoisier	DM

SPIRITUOSEN

Wodka	DM
Rum	DM
Gin	DM
Fernet Branca	DM
Grappa Libarna	DM
Sambuca	DM
Amaretto Gambarotta	DM
Cointreau	DM
Amaro Averna	DM

BIER

1 Flasche Holsten	DM
1 Flasche Moravia	DM
1 Glas Moravia 0,3	DM

ALKOHOLFREI

Coca Cola	DM
Fanta	DM
Orangensaft	DM
Apfelsaft	DM
San Pellegrino Mineralwasser	DM

WARM

1 Tasse Kaffee	DM
1 Tasse Espresso	DM
1 Tasse Cappuccino	DM
1 Glas Tee	DM

VINO / WEIN

OFFENE WEINE weiß, rot, rosé
¼l DM 6,–   ½l DM 10,–   1l DM

VINO BIANCO / WEISSWEIN

Verdicchio Fazi Battaglia	DM
Soave Bolla	DM
Aragosta	DM
Pino Grigio Marco Felluga	DM
Vernaccia Giannina	DM
Gavi La Scola	DM
Chardonnay	DM
Terre Bianche	DM

VINO ROSSO / ROTWEIN

Chianti Classico	DM
Barbera	DM
Brunello di Montalcino	DM
Tignanello	DM
Barolo	DM
Barbaresco Gaja	DM
Cabernet	DM

ROSÉ

Five Roses	DM
Rosé Bolla	DM

CHAMPAGNER / SPUMANTE

Moët Chandon	DM
Dom Perignon	DM
Ferrari	DM
Fürst von Metternich	DM

PESCE / FISCH

Calamari Fritti *Gebackener Tintenfisch*	DM
Calamari alla Livornese *Tintenfisch in Tomatensauce*	DM
Scampi e Calamari alla Griglia *Scampi und Tintenfisch auf dem* *Rost gegrillt*	DM
Scampi alla Griglia *Gegrillte Scampi*	DM
Fritto Misto *Gemischte Meeresfrüchte gebacken*	DM
Scampi alla Livornese *Scampi in Tomatensauce*	DM
Scampi del Pirata *Scampi in Knoblauch-Petersiliensauce*	DM
Scampi al Pernod *Scampi mit Pernod-Sahnesauce*	DM
Scampi della Casa *Scampi nach Art des Hauses*	DM

CARNE / FLEISCH*

Bistecca di Manzo alla Griglia *Rumpsteak auf dem Rost gegrillt*	DM
Bistecca alla Pizzaiola *Rumpsteak in Tomatensauce*	DM
Filetto alla Griglia *Rinderfilet auf dem Rost gegrillt*	DM
Filetto al Gorgonzola *Rinderfilet in Gorgonzolasauce*	DM
Filetto alla Nerone *Rinderfilet in pikanter Cognacsauce*	DM
Saltimbocca alla Romana *Kalbsmedaillons mit Schinken* *und Salbei*	DM
Scaloppine al Vino Bianco *Kalbsmedaillons in Weißweinsauce*	DM
Scaloppine al Limone *Kalbsmedaillons in Zitronensauce*	DM
Piccata alla Paolino *Geschmortes Kalbsmedaillon* *mit Artischocken* *und Pilzen in Weißweinsauce*	DM
Costeletta di Agnello all'Aglio e Rosmarino *Lammkoteletts mit Knoblauch* *und Rosmarin*	DM
Fegato di Vitello con Burro e Salvia *Kalbsleber mit Butter und Salbei*	DM
Grigliata Mista *Verschiedene Sorten Fleisch* *auf dem Rost gegrillt*	DM

*Tutti i piatti verranno serviti
con verdura di stagione
Alle Gerichte werden mit
Gemüse der Saison serviert

Betrieb

al dente, Innsbruck.
(System-Gastronomie, Innsbruck)

Betriebstyp/Charakter:

Italienisch geprägtes Café-Restaurant-Konzept mit Pasta-Schwerpunkt.

Zur Karte:

Speise- und Getränkekarte.

Kartensystem:

All-in-one-Karte, einfach gefalztes Cover mit Einschlagklappe an Cover-Rückseite, Format geschlossen (ohne Klappe) 21 x 29,5 cm. Beidseitig bedruckt, glanzfolienkaschiert. Cover-Vorderseite vollformatiges Fotomotiv, eingeklinkter al dente-Schriftzug. Innenseiten Angebot auf gelbem Fond, auf linker Innenseite Einkleber mit aktuellen Angeboten. Klappe innen Desserts, außen Getränke.

Besonderheiten:

Foto-Design des Cover-Motivs unkonventionell-frech, künstlerische Verfremdung des Profilprodukts: Food Art. Corporate-Design-Ansatz: Wiederholung des Motivs auf den Visitenkarten des Restaurants. In verwandtem Stil das Fotomotiv der Promotionkarte 'La Spaghettata': einseitig bedrucktes A4-Blatt, Text ins Bild integriert.

Entwurf/Design:

Otto Kasper Studios, Rielasingen (Cover-Foto)/System-Gastronomie, Innsbruck.

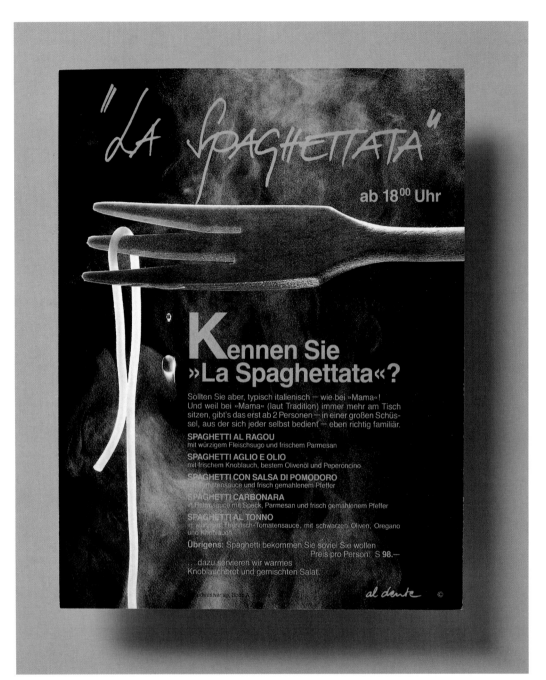

"La Spaghettata"

ab 18:00 Uhr

Kennen Sie »La Spaghettata«?

Sollten Sie aber, typisch italienisch — wie bei »Mama«!
Und weil bei »Mama« (laut Tradition) immer mehr am Tisch
sitzen, gibt's das erst ab 2 Personen — in einer großen Schüs-
sel, aus der sich jeder selbst bedient — eben richtig familiär.

SPAGHETTI AL RAGOU
mit würzigem Fleischsugo und frischem Parmesan

SPAGHETTI AGLIO E OLIO
mit frischem Knoblauch, bestem Olivenöl und Peperoncino

SPAGHETTI CON SALSA DI POMODORO
mit Tomatensauce und frisch gemahlenem Pfeffer

SPAGHETTI CARBONARA
in Rahmsauce mit Speck, Parmesan und frisch gemahlenem Pfeffer

SPAGHETTI AL TONNO
in würziger Thunfisch-Tomatensauce, mit schwarzen Oliven, Oregano
und Knoblauch

Übrigens: Spaghetti bekommen Sie soviel Sie wollen
Preis pro Person: S **98.—**

...dazu servieren wir warmes
Knoblauchbrot und gemischten Salat.

al dente

Nudeln ißt man (im)
al dente
und damit pasta!

al dente ®
CAFE RESTAURANT
MERANER STRASSE 7
INNSBRUCK
TEL. 05 12/58 49 47
Täglich geöffnet von 7.00 — 23.00 Uhr
Sonn- und Feiertag von 11.00 — 23.00 Uhr

al dente ®
CAFE · RESTAURANT
6020 INNSBRUCK · MERANER STR. 7 ☎ 05 12/58 49 47

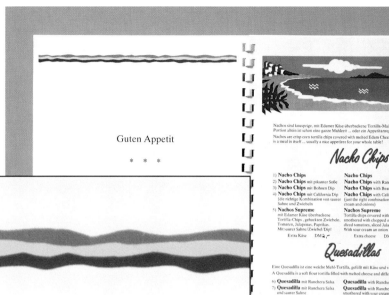

Betrieb:

El Paso, Wiesbaden.

Betriebstyp/Charakter:

Mexikanisches Restaurant, Tex-Mex-Küche. Zweiter Standort in Mainz.

Zur Karte:

Speise- und Getränkekarte.

Kartensystem:

All-in-one-Karte, Cover plus acht Angebotsseiten, Spiralbindung. Format geschlossen 21,5 x 31 cm. Durchgehend beidseitig bedruckt auf weißem Fond, glanzfolienkaschiert. Cover-Vorderseite mit Bild-Vignette, Innenseiten teilweise mit über den Text gestellten plakativen Illustrationen, Stil und Motive verweisen aufs Herkunftsland. Weiteres Design-Element quer über die Seiten verlaufende Balken in den Landesfarben. Alle Angebotsrubriken zweisprachig deutsch/englisch. Preise handschriftlich eingefügt. Auf der Cover-Rückseite die El-Paso-Story.

Besonderheiten:

Produktinformationen vor den erklärungsbedürftigen Food-Rubriken wie Nachos, Burritos, Enchiladas.

Entwurf/Design:

Georgios Angelopoulos, El Paso.

Betrieb:

Papa Joe's Grill-Cantina-Bar, Innsbruck.
(System-Gastronomie, Innsbruck)

Betriebstyp/Charakter:

Tex-Mex-Konzept mit ausgeprägtem US-Akzent. Ungezwungen, kommunikationsbetont, getränkestark (große Bar). Bemerkenswertes Ambiente.

169

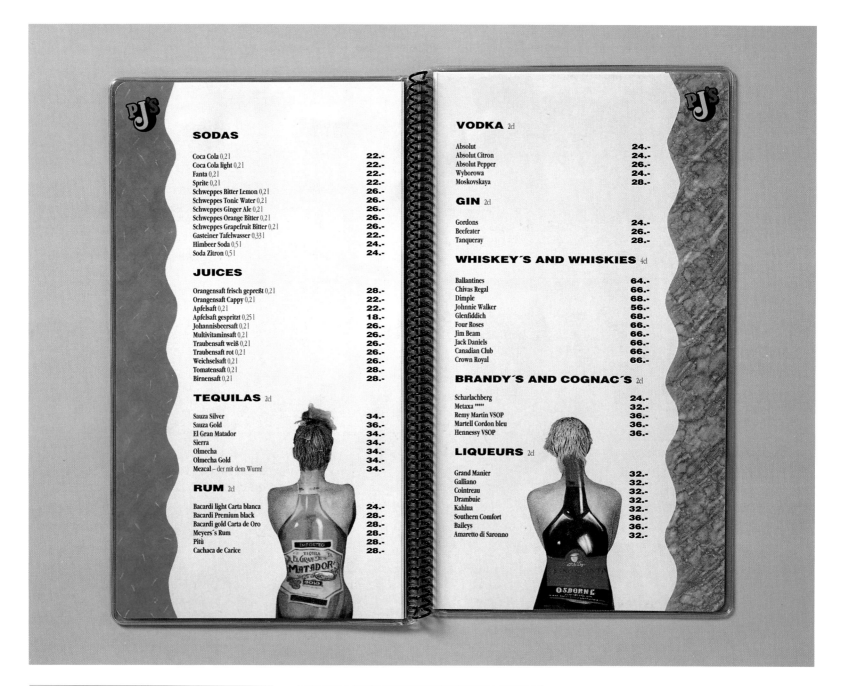

SODAS

Coca Cola 0,2 l	22.-
Coca Cola light 0,2 l	22.-
Fanta 0,2 l	22.-
Sprite 0,2 l	22.-
Schweppes Bitter Lemon 0,2 l	26.-
Schweppes Tonic Water 0,2 l	26.-
Schweppes Ginger Ale 0,2 l	26.-
Schweppes Orange Bitter 0,2 l	26.-
Schweppes Grapefruit Bitter 0,2 l	26.-
Gasteiner Tafelwasser 0,33 l	22.-
Himbeer Soda 0,5 l	24.-
Soda Zitron 0,5 l	24.-

JUICES

Orangensaft frisch gepreßt 0,2 l	28.-
Orangensaft Cappy 0,2 l	22.-
Apfelsaft 0,2 l	22.-
Apfelsaft gespritzt 0,25 l	18.-
Johannisbeersaft 0,2 l	26.-
Multivitaminsaft 0,2 l	26.-
Traubensaft weiß 0,2 l	26.-
Traubensaft rot 0,2 l	26.-
Weichselsaft 0,2 l	26.-
Tomatensaft 0,2 l	28.-
Birnensaft 0,2 l	28.-

TEQUILAS 2cl

Sauza Silver	34.-
Sauza Gold	36.-
El Gran Matador	34.-
Sierra	34.-
Olmecha	34.-
Olmecha Gold	34.-
Mezcal – der mit dem Wurm!	34.-

RUM 2cl

Bacardi light Carta blanca	24.-
Bacardi Premium black	28.-
Bacardi gold Carta de Oro	28.-
Meyers´s Rum	28.-
Pitú	28.-
Cachaca de Carice	28.-

VODKA 2cl

Absolut	24.-
Absolut Citron	24.-
Absolut Pepper	26.-
Wyborowa	24.-
Moskovskaya	28.-

GIN 2cl

Gordons	24.-
Beefeater	26.-
Tanqueray	28.-

WHISKEY´S AND WHISKIES 4cl

Ballantines	64.-
Chivas Regal	66.-
Dimple	68.-
Johnnie Walker	56.-
Glenfiddich	68.-
Four Roses	66.-
Jim Beam	66.-
Jack Daniels	66.-
Canadian Club	66.-
Crown Royal	66.-

BRANDY´S AND COGNAC´S 2cl

Scharlachberg	24.-
Metaxa *****	32.-
Remy Martin VSOP	36.-
Martell Cordon bleu	36.-
Hennessy VSOP	36.-

LIQUEURS 2cl

Grand Manier	32.-
Galliano	32.-
Cointreau	32.-
Drambuie	32.-
Kahlua	32.-
Southern Comfort	36.-
Baileys	36.-
Amaretto di Saronno	32.-

Zu den Karten:

Speisekarte, Getränkekarte.

Kartensystem:

Beide Karten analoges Layout, Cover- und Innenblätter jeweils zu zweit seitlich in Klarsichthüllen eingeschoben. Spiralheftung. Cover-Auftritt der Titelseite einer Illustrierten nachempfunden. Cover-Motive: Gemüse-Stilleben bzw. Getränkeflaschen, als Body Painting realisiert. Speisekarte: Format geschlossen 22 x 32,5 cm. Cover plus sechs Innenseiten. Innenseiten zweifarbiges, in der Linienführung an indianische Folklore erinnerndes Grunddekor, wechselnde, zeitgeisttypische Farbstellungen. Ausschnitte aus Cover-Foto eingebaut. Erste Innenseite: die Botschaft von Papa Joe. Getränkekarte: Format geschlossen 17 x 29 cm. Cover plus sechs Innenseiten. Dekor analog zur Speisekarte, Illustrationen im Innenteil entsprechend variiert. Letzte Innenseite jeweils mit Filmstreifen aus der Fotoproduktion der Body Paintings.

Besonderheiten:

Hochgradig originelle Grundidee, Zusammenführung von Kunst und Leben. Visueller Auftritt der Karten – farbenfroh, plakativ, an Santa Fé-Stil erinnernd – unterstreicht die Positionierung des Betriebs. Cover-Texte, Rubrikzeilen, Produktnamen, teilweise auch Produktbeschreibungen und Randglossen englisch – konzeptgerechte, authentische Fiktion. Cover-Motive auch für Visitenkarten verwendet. Klarsichthüllen-Lösung erlaubt partiellen Austausch im Angebot.

Entwurf/Design:

Werbeagentur Mallner & Fuchs, Innsbruck/Henrik Müller-Künast, Samerberg (Körperbemalung)/Gerold Tomas, München (Fotografie).

CANTINA

Seafood Quesada
gebratene Weizentortilla, gefüllt mit Tiefseekrabben, Tintenfisch, Miesmuscheln,
Seezungenfilet, frischen Champignons und Lauchstreifen, dazu Chili-Salsa
und Kräuterrahm **98.-**

Beef Burrito
gerollte Weizentortilla, gefüllt mit frisch gebratenen Rindfleischstreifen,
roten Bohnen, Mais und Tomaten, dazu Chili-Salsa und Kräuterrahm **98.-**

Chicken Burrito
gerollte Weizentortilla, gefüllt mit gebratenem Hühnerfleisch, Paprikastreifen,
Tomaten und Zwiebeln, dazu Chili-Salsa und Kräuterrahm **98.-**

Fajitas

Fajita, ein ursprünglich texanisches Nationalgericht, entstammt dem spanischen
„Falditas" (kleine Stücke) und ist ein Rezept der Chicano-Cowboys des
19. Jahrhunderts. Mundgerecht geschnittenes Fleisch, serviert in der heißen Gußeisenpfanne, wird mit Kidney-Beans, Guacamole, Shredded Cheese, Eisbergsalat
und Kräuterrahm in warme Weizentortillas gerollt und von Hand gegessen.

Pork Fajitas   **Ab 2 Personen!**
gebratene Schweinsfilets mit sautierten Zwiebeln
und Paprikastreifen   pro Person **124.-**

Beef & Chicken Fajitas
gebratene Rind-und Hühnerfleischstreifen mit Mais, Tomaten
und roten Bohnen   pro Person **124.-**

Seafood Fajitas
Tiefseekrabben, Miesmuscheln und Seezungenfilet in leichter
Weißweinsauce   pro Person **138.-**

Texas Style Chili
feuriger Chilitopf mit ausgesuchten Rindfleischstücken, roten Bohnen,
Knoblauch, Tomaten und Paprika, dazu wilder Reis **108.-**

Mexican Style Chili
rassiges Ragout aus faschiertem Rindfleisch, mit roten Bohnen, Knoblauch,
Tomaten und Paprika, dazu wilder Reis **108.-**

Corn on the Cob

am Grill goldbraun gebratener Maiskolben
mit Kräuterbutter **30.-**

PJ´s GRILL

Steaks

Anderson´s Gourmet Steak
180g Rindersteak aus der Hüfte mit **Mark Anderson´s Spice Mix**™,
einer speziellen Kräutergewürzmischung, dazu Baked Potato
und Grilltomate **160.-**

Beef & Pork
gegrillte Rindfleisch- und Schweinsfiletstreifen mit Tomaten, grünen
Bohnen und Paprika, in der heißen Gußeisenpfanne serviert **148.-**

Steak & Salad
180g Rindersteak aus der Hüfte, dazu eine Auswahl knackfrischer
Salate und warmes Knoblauchbrot **160.-**

Mini Steak
kleines Rindersteak aus der Hüfte, dazu Pfefferrahmsauce und
Baked Potato mit Kräuterrahm **132.-**

Filet Spieß
Stücke vom Rinderfilet, dazu grüne Bohnen, Kräuterbutter und
Baked Potato mit Kräuterrahm **190.-**

IT´S PRIME TIME

Im ganzen medium gebratener Rinderrücken, zart marmoriert
mit dem typischen Fettrand, dazu Baked Potato mit Kräuterrahm

Regular Cut	King Cut	Papa Joe´s
180g **170.-**	280g **270.-**	400g **44**

US-Steaks

Fleisch allerhöchster Qualität – richtig gelagert – wunschgerecht zub…
ein herzhafter Genuß!

Sirloin	Filet	Si…
190g **164.-**	210g **190.-**	3… **2…**

—————— dazu wahlweise: ——————

Chili´s Maiskolben	**30.-**	Knoblauchbrot	
Baked Potato	**20.-**	Champignons…	
Pommes frites	**24.-**	Grüne Bohnen…	
Wildreis	**22.-**	Zwiebeln - …	

Falls Sie keinen anderen Wunsch äußern, grillen wir Ihn…

SORRY, we are not responsible for steaks ord…

Stimmung als Verkaufsvehikel

Fun, Vergnügen, Spaß – natürlich gehört diese Erlebnisdimension mehr oder weniger zu jedem Gastronomiebesuch. Und doch gibt es eine gastronomische Spezies, die sich gerade diesen Aspekt der Sache – nennen wir ihn den 'emotionalen Mehrwert' der erbrachten Leistung – ausdrücklich aufs Panier geschrieben hat.

Fun- oder Kommunikations-Gastronomie: Hier zielen Erwartungshaltung und Besuchsmotive der Gäste nicht in erster Linie auf das klassische Kernstück gastronomischer Dienstleistung: Essen und Trinken. Vorrangig geht es in ihrem Fall um eine letztlich immaterielle Dimension. Eben: Spaß. Unterhaltung. Kommunikation. Emotionales Erleben; Kontrapunkte zum banalen Alltag.

Moderne Interpretationen des Typus wenden sich in aller Regel an ein relativ junges Publikum – vorwiegend Singles oder Cliquen.

Essen und Trinken fungieren da in letzter Instanz als materielle Vehikel fürs eigentlich angestrebte Erlebnisziel. Halt – die Reihenfolge ist umgekehrt: Trinken und Essen. Denn im Verkaufsmix von Fun-Konzepten rangieren die Getränke typischerweise mit weitem Abstand vor den Speisen.

Analog dazu nehmen Getränke in der Karte überdurchschnittlich viel Raum ein. Hier sind Sortimentsbreite und -tiefe angesagt. Manche fun-orientierten Konzepte nehmen das – ohnehin meist schmale – Food-Angebot gar nicht erst in die Karte auf.

Keine Regel ohne Ausnahme: Auch im Segment Fun-Gastronomie finden sich hie und da (Grenz-)Fälle mit stärker ausgeprägten Food-Akzenten. Hierher gehören beispielsweise eine ganze Reihe der neu entstehenden Tex-Mex-Konzepte, die vom Angebotsansatz her ethnisch fundiert sind – also Food-Spezialisten mit entsprechendem Küchengewicht. Auf der Karte wie im Verkaufsmix. Doch gleichzeitig schwimmen sie voll auf jener Lifestyle-Welle, für die das Exotische in manchen Spielarten zugleich 'in' und 'trendy' ist. Hier überlagern sich die Besuchsmotive; das kommunika-

tive, emotionale Erlebnis steht im Vordergrund, nicht der Eß-Genuß.

Im Marketing-Mix der Kommunikations-Gastronomie können Speise- bzw. auch reine Getränkekarten eine Hauptrolle spielen. Ihr Leistungsrepertoire geht weit über die bloße Angebotskommunikation hinaus:

* Sie spiegeln das Selbstverständnis des jeweiligen Betriebs wider und tragen zur Selbstdefinition seiner Identität bei – wie in anderen Branchensegmenten auch. Ein Profilbaustein.

* Sie fungieren – über optische und/oder sprachliche Signale – als Hilfsmittel zur Zielgruppenfilterung. Design und Sprache werden vom Gast ohne großes Nachdenken mit konkreten Lifestyle-Welten in Verbindung gebracht – sie beeinflussen, gemeinsam mit anderen Konzeptelementen, ob er sich zur symbolisierten Wertewelt zugehörig fühlen will oder nicht.

* Sie sind ein extrem wichtiges Mittel der Gästeansprache. Kommunikationsträger im umfassenden Sinn: Gut gemachte Karten zielen exakt auf das Gästebedürfnis nach Unterhaltung und Erlebnis; sie fungieren als Stimmungsmacher. Über die Karte dürfen reichlich Lust und Laune rübergebracht werden; sie ist einer der ersten Prüfsteine für das konzeptionelle Versprechen: Hier sollst du Spaß haben!

Ein edler Auftritt ist fast immer fehl am Platz. Vielmehr darf, ja soll die Karte witzig, frech, verrückt sein. Die emotionale Message – Lebenslust als Leitmotiv – muß ankommen. Und zwar sorgsam abgestimmt auf die angepeilte Zielgruppe.

Denn anders als die gute alte Kneipe – im Statistikdeutsch unter dem schönen Namen Schankwirtschaft geführt –, die im Grunde genommen durchaus in diese Kategorie gehört, arbeiten moderne Fun-Konzepte zielgruppenbezogen und mit präzisen Marketing-Konzepten. Die erste Frage lautet: Wen will ich ansprechen? Den Schicki-Micki, den kosmopolitischen Akademiker, den Kreativ-Ausgeflippten . . . oder den schlichter geschnitzten Youngster?

Auch wenn grundsätzlich legere Verhältnisse statt Förmlichkeit angesagt sind – der Zielgruppenansatz entscheidet über den Ton des Ganzen. Locker vom Hocker oder burschikos. Schräge Sprüche, flockige Kommentierungen des Angebots; gewagt, dezent oder schrill. Humor kennt viele Spielarten!

Gleiches gilt für die Optik. Nicht alle Fun-Konzepte arbeiten mit sprachlicher Dramatik, sondern bleiben da ganz neutral und überlassen kommunikative Anmache und Standortbestimmung auf der Lifestyle-Landkarte allein der Bildbotschaft. Wichtig ist: Werden beide Dimensionen – Optik und Sprache – genutzt, müssen die Tonarten zueinander passen.

Generell gilt: Je extremer die gewählte Darstellung, desto enger wird der Zielgruppenfocus. Je zurückhaltender, desto demokratischer die Ausstrahlung.

Bemerkenswert gelungene Kartenlösungen hat in dieser Disziplin eine in Nordamerika beheimatete Kette vorgelegt, die mittlerweile auch in Großbritannien vertreten ist: T.G.I. Friday's – ein Repräsentant des Misch-Typus 'Fun & Food'. Friday's, in den USA der achtziger Jahre zweifellos eines der innovativsten Konzepte in Sachen Speisekarten-Design, muß zu den großen Vorbildern der Branche gerechnet werden. Sein inspirierender Einfluß war in Nordamerika über Jahre hinweg mindestens ebenso gewichtig wie jener von Mövenpick in Europa.

Hierzulande fällt allerdings auf, daß gerade im Segment der getränkeorientierten Gastronomie die Marketing-Möglichkeiten der Karte vielfach ungenutzt brachliegen. Von allen Gastronomiesparten wird hier, aufs Ganze gesehen, am wenigsten Wert auf das Gesicht der Angebotskarte gelegt.

Solche Vernachlässigung hat ihren Grund: Marketing – das Thema hat man in der Vergangenheit nahezu vollständig den Brauereien überlassen. Erst jetzt, mit dem Entstehen professioneller Systeme in diesem Marktsegment, ändert sich das. Sie aktivieren ganz bewußt die Karte: als hochwirksames Animationsinstrument.

Atmosphere as sales vehicle

Fun, entertainment, having a good time – naturally this dimension of experience is more or less part of every visit of a gastronomical establishment. Yet there is a species of enterprises which has made it its objective to provide primarily this aspect – maybe we could call it the 'emotional surplus value of provided services'.

Fun or communication-oriented gastronomy: here the customer's expectation or his reason for coming is not that of being supplied with food and drink; his main interest here will be in a more immaterial dimension, which is to have fun, to be entertained – communication, emotional experiences setting a counterpoint to everyday life.

Modern interpretations of this theme usually address themselves to a younger clientele – to a large degree singles or small groups.

In this case food and beverages function as a material vehicle for the actually anticipated experience. Hold it – the sequence is just the other way around: it's drink and food! In a typical fun-concept-establishment, sales of beverages figure way ahead of the edibles.

Analogically, beverages make up the major part of such a restaurant's menu card. The assortment of drinks is usually much more varied. As limited as the choice of foods is here anyway, some fun-oriented concepts don't have any on their menu at all.

But there is no rule without its exception: a small segment of the entertainment-gastronomy attaches more importance to food – examples of this are a number of the so-called Tex-Mex-concepts, which are sprouting up everywhere. Here the idea is to offer ethnic specialties. Food specialists with emphasis on cuisine; on the menu as well as in the entire range of products sold. These restaurants are part of a certain trend in lifestyle, which seeks the exotic to

be 'in'. The customer is attracted primarily by emotional and communicative experiences, culinary enjoyment is secondary.

Consequently, within the entertainment-gastronomy you will find 'mixed' as well as 'just drinks' menues. Both are expected to achieve much more than simple communication of items offered:

* They reflect the self-image of a particular business and help to define its identity – as is the case in all other branches of this line of industry. A profiling element.

* Their function – with the aid of visual and linguistic means – is to attract a certain clientele by creating connection to specific lifestyle categories: without much thought a customer decides whether he'd like to be a part of the symbolized value system. Design and language used in a menu card, together with other design concepts, strongly influence this decision.

* They are an extremely important means of addressing the customer, an instrument of communication par excellence. A well-made card will aim directly at the customer's inherent desire for entertainment, it will set the mood, so to speak. The more exciting, the better; it is the first delivery on the conceptual promise: You'll have a good time here!

A classy appearance is very rarely the style to choose. To the contrary: such a card can, or should be, funny, smart and crazy. The emotional message is: "Isn't it fun to be alive?!" and this message should be carefully aimed to reach the desired clientele.

Differing from traditional pubs or neighbourhood watering holes – which actually do belong within this category of establishment – modern fun-concepts aim at a very well-defined clientele and employ precise marketing-concepts. The first question to answer is always: "Who do I want to attract?" Trendy yuppies, academically trained cosmopolitans, arty Bohemians … or a less discriminating teenage crowd?

Even if a relaxed, informal design has become more common, styles differ greatly depending on the envisioned clientele.

Free and easy – or 'letting it all hang out', flippant asiders or funny comments on the offerings; far out, more conservative, shrill: humor knows many variations.

The same goes for the visual means used. Not all fun-concepts rely on a certain lingo, but rather use neutral language and employ visual means to define their place on the map of lifestyles. If using both means, it is very important that they be well-matched. A general rule is: the more extreme the choosen language or imagery, the more closely-defined the desired clientele. A more discreet design tends to attract a wider public.

An outstanding example in this discipline has been presented by T.G.I.Friday's, a chain of restaurants originating in the US, but now also operating in Great Britain. T.G.I. Friday's is a model representative of mixing 'fun & food', and during the 80's definitely offered one of the most innovative menu-card designs in the United States. Friday's inspiration and influence in North America could be compared to that of Mövenpick restaurants on the European market.

It is remarkable, though, that at least in Germany the beverage-oriented segment of the gastronomical industry frequently is not exploiting full marketing potential of menu cards. Of all gastronomical branches, this one puts the least emphasis on presenting itself by this means.

Such neglect has its reason: in the past, marketing had been completely left to the breweries. Only now, with the rise of professional systems on this market (such as restaurant chains), the situation is changing. The menu card is now very consciously being activated as an extremely powerful instrument of animation.

Noodles — *Noodles*

aperitivi

cynar soda		5 cl	5.00
punt e mes		5 cl	4.00
campari* soda		5 cl	7.00
campari* orange		0,2 l	8.00
martini	weiß, rot, dry	5 cl	5.00

degistivi

fernet branca		2 cl	4.00
fernet menta		2 cl	4.00
linie aquavit		2 cl	5.00
grappa sigillo		2 cl	4.50
grappa piave		2 cl	5.50
grappa sigillo nero		2 cl	5.00
streitberger hausbrand	waldhimbeer, schlehe, kirsch, birne	2 cl	4.00
ramazzotti		2 cl	4.00
averna		2 cl	4.00
wodka		2 cl	4.00
tequilla weiß		2 cl	3.50
tequilla braun		2 cl	4.50

weißweine offen

frascati secco d.o.c. trocken	0,2 l / 0,5 l / 1,0 l	5.00 / 12.00 / 24.00
verdicchio castelli d.o.c. trocken frischfruchtig	0,2 l / 0,5 l / 1,0 l	5.00 / 12.00 / 24.00
orvieto classico d.o.c. umbrien trocken, feinherb	0,2 l / 0,5 l / 1,0 l	5.50 / 13.00 / 26.00
pinot grigio trocken, feines bukett	0,2 l / 0,5 l / 1,0 l	6.50 / 16.00 / 32.00

rosé offen

bardolino classico	0,2 l / 0,5 l / 1,0 l	5.50 / 13.00 / 26.00

rotweine offen

chianti classico d.o.c.g. trocken	0,2 l / 0,5 l / 1,0 l	5.50 / 13.00 / 26.00
montepulciano d'abruzzo d.o.c. trocken, zarte herbe	0,2 l / 0,5 l / 1,0 l	5.00 / 12.00 / 24.00
valpolicella classico superiore d.o.c. würzig, kräftig	0,2 l / 0,5 l / 1,0 l	5.50 / 13.00 / 26.00

Betrieb:

Noodles, München.
(Kaub-Gruppe, München)

Betriebstyp/Charakter:

Restaurant und Bar mit Schwerpunkt auf Nudelspezialitäten, Slogan: 1. münchner spaghetti oper. Modernes Ambiente, kommunikationsbetont, Treffpunktcharakter. Zeitgeistig, 'trendy'.

Zur Karte:

Speise- und Getränkekarte 1990.

Kartensystem:

Cover plus acht Angebotsseiten, Klammerheftung. Format geschlossen 21 x 29,5 cm. Cover beidseitig glanzfolienkaschiert. Cover-Vorderseite s/w-Foto, Noodles-Logo eingeklinkt. Innenseiten Angebot in Schreibschrift-Typographie auf weißem Fond. Logo-Schriftzug auf jeder Seite als Dachzeile.

Besonderheiten:

Karte enthält neben Getränken nur Antipasti und Desserts. Nudelgerichte wurden über Tafel angeboten (Konzept heute geändert). Cover-Motiv ironisch-erotisch gefärbt – unterstreicht Positionierung des Betriebs: unkonventionell, frech, genußbetont.

Entwurf/Design:

Kruse & Specht, München.

Betrieb:

Zoozie'z, München.
(Kruse & Specht Unternehmensgruppe, München)

Betriebstyp/Charakter:

Café-Bar-Restaurant. Überwiegend junges, bunt gemischtes Publikum. Mischkonzept, tageszeitenabhängig. Abends Bistro-Charakter.

Zur Karte:

Karte nicht abgebildet. Werbemittel: Ein Vielzweckblatt in A4-Format, zwei Einladungskarten für jährliches Sommerfest. Blatt mit vollständigem Wort-Bild-Zeichen des Logos; es dient auch – Schwarz auf Weiß – als Cover-Illustration der Angebotskarte.

Besonderheiten:

Gestalterische Variation soll Stimmung transportieren und zugleich Ermüdungserscheinungen vorbeugen – Konzept existiert bereits 12 Jahre.

Entwurf/Design:

Kruse & Specht, München.

Betrieb:

Spitz, Köln/Bonn.
(Spitz-Gruppe, Köln)

Betriebstyp/Charakter:

Mischkonzept: Kneipe, Café, Bistro. In-Treff, kommunikations- und getränkegeprägt. Multipliziert.

Zu den Karten:

Drei Versionen der Speise- und Getränkekarte.

Kartensystem:

Einfach gefalztes Cover, Umweltpapier. Format geschlossen 15,5 x 25,5 cm. Cover-Vorderseite mit s/w-Fotomotiv und eingeklinktem Logo in Blau. Angebotsseiten mit blauen Rubriktiteln. All-in-one-Karte mit Basis-Speisenangebot, zusätzlich Tagesangebote.

Besonderheiten:

Bewußt einfach strukturierte Karte, unaufwendig in der Herstellung, als Verbrauchsgut für täglichen Wechsel konzipiert (hohe Gästefrequenz!). Blau – die Hausfarbe – einzige Zusatzfarbe. Karte wird Franchise-Nehmern von Zentrale kostenlos zur Verfügung gestellt. Individuelles Deckblattmotiv für jeden Betrieb: historische Aufnahme des entsprechenden Spitz-Standorts vor ca. 40 Jahren.

Entwurf/Design:

Spitz-Gruppe, Köln.

Betrieb:

T.G.I. Friday's Großbritannien.
(Whitbread-Gruppe, London)

Betriebstyp/Charakter:

American Bistro – atmosphäre- und dekorstark, animativ, lebendig; Spaß und Unterhaltung zentrales Konzeptmoment. Umfangreiches Speise- und Getränkeangebot. Große zentrale Bar. Multipliziert.

Zur Karte:

Speise- und Getränkekarte.

Kartensystem:

All-in-one-Karte (Cocktails nur Auszüge, rd. 500 Cocktails im Angebot), Spiralheftung, insgesamt 18 Seiten plus zwei in Kunststoffhüllen eingeschobene Cover-Seiten, durchgehend mattfolienkaschiert. Format geschlossen 23 x 33 cm (Hülle), Angebotsseiten 21 x 31 cm. Angebotsseiten durchgehend farbig gestaltet auf gelbem Fond, je Rubrik eine Doppelseite. Eingebaute Fotomotive zeigen kuriose Sammelgegenstände, antiquarische Objekte aller Art. Typographie mehrfarbig. Die gleiche Karte mit Klammerheftung, in s/w-Fassung und verkleinert auf 14,5 x 21 cm als Mitnahmekarte. Zusätzlich neu: Cocktail- und Bierkarte, ebenfalls im Format 14,5 x 21 cm und 48 Seiten stark, in farbenfrohem, eigenständigem Dekor.

Besonderheiten:

Ausgesprochen eigenwilliges, identitätsstarkes Kartenbild mit hohem Unterhaltungswert. Optik als Stimmungsträger. Grunddekor ist vorgedruckt; Sortimentsänderungen daher relativ unaufwendig. Abbildungen der Karte referieren auf prägendes Dekorelement der Betriebe selbst: Ähnliche Original-Objekte ('elegant clutter') schaffen Atmosphäre. Äußerst sparsamer Einsatz des Logos – lediglich als Goldprägedruck auf der Kartenhülle (im Original schwarze Schrift auf rot-weißem Hintergrund).

Entwurf/Design:

Übernommen von T.G.I. Friday's USA.

ENTREES

All entrees include seasonal fresh vegetables

SEAFOOD

Broiled Scallops
Sea scallops seasoned with sherry, butter and garlic then topped with seasoned breadcrumbs and broiled. Served with brown rice pilaf. £8.75

Salmon Friday
A thick salmon fillet in a rich cream mushroom sauce. Accompanied by brown rice pilaf. £10.95

Charbroiled Salmon Fillet
A thick salmon fillet marinated in butter, lime, white wine and spices. Charbroiled and topped with lemon-herb butter. Served with brown rice pilaf. £10.25

BEEF

Mushrooms, Steak and Mushrooms
Charbroiled choice sirloin topped with sautéed mushrooms, onions and melted Mozzarella cheese. Served with fried mushrooms and a loaded baked potato. £10.75

New York Strip 12oz
Seasoned and charbroiled to your taste, with your choice of maison butter or sautéed mushrooms in Burgundy wine sauce. Served with a loaded baked potato. £12.45

Filet Mignon 8oz
Seasoned and charbroiled to your taste, with your choice of maison butter or sautéed mushrooms in Burgundy wine sauce. Served with a loaded baked potato. £12.45

Blackened-Cajun Filet Mignon
Three tournedos of choice tenderloin seasoned with Cajun spices and blackened on a cast iron skillet. Served with spicy black beans with brown rice. £12.45

CHICKEN

Chicken Dijon
Sautéed with white wine, herbs and Dijon mustard, covered with ham and melted Swiss cheese. Served on a bed of spinach and accompanied by brown rice pilaf. £10.25

Blackened-Cajun Chicken
Breast of chicken seasoned with Cajun spices and blackened on a cast iron skillet. Served over brown rice pilaf and topped with an herb cream sauce. Accompanied by spicy black beans. £9.95

Mushrooms, Chicken and Mushrooms
Deep-fried and topped with sautéed mushrooms and Mozzarella cheese. Served with fried mushrooms and a loaded baked potato. £9.95

SIDE ORDERS

Friday's Fries £1.05

Friday's Thin Onion Rings £2.95

Parmesan-Garlic Rolls £1.25

Fresh Vegetable Selection £1.65

Friday's House Salad £2.85

Friday's Coleslaw £1.45

Brown Rice Pilaf £1.45

Black Beans and Brown Rice £2.25

Baked Potato £1.05 **Loaded** £1.65

SOUPS & SALADS

SOUPS

Black Bean Soup
Black Turtle beans topped with melted Monterey Jack cheese and chopped spring onions. Accompanied by Saltine crackers. £3.25

Onion Soup
Sautéed onions simmered in a rich broth topped with a crouton and a thick layer of melted Mozzarella cheese. £3.25

COMBINATIONS

Soup and Salad
A bowl of soup and a Friday's House Salad. £6.30

Soup and Sandwich
A bowl of soup and half of a Friday's Club Sandwich on whole wheat bread. £6.40

Sandwich and Salad
Half of a Club Sandwich on whole wheat bread with a Friday's House Salad. £6.50

Fresh Vegetable Medley
A selection of fresh steamed seasonal vegetables served with a grilled tomato half topped with garlic, herbs and Parmesan cheese. Your choice of a steaming baked potato topped with melted Swiss cheese or brown rice pilaf. Accompanied by lemonaise sauce, a Friday's House Salad and a warm Parmesan-garlic roll. £6.95

SALADS

Cobb Salad
Bands of chicken breast, crisp bacon, avocado, Cheddar cheese, hard-boiled egg, black olives, tomatoes, bleu cheese and mushrooms on a mound of tossed greens. Served with Parmesan-garlic rolls and your choice of dressing. £6.55

Charbroiled Chicken Salad
Marinated, charbroiled breast of chicken atop salad greens tossed with brown rice, Monterey Jack and Cheddar cheeses and a special dressing. Garnished with grilled onions and bell peppers, avocado and tomatoes. Served in a crisp flour tortilla with sour cream and fresh salsa. £6.95

Cajun-Fried Chicken Salad
Crispy fried, Cajun-battered breast of chicken on a bed of tossed greens, with tomato, hard-boiled egg, black olives and shredded Monterey Jack cheese. Served with hot bacon-mustard dressing and Parmesan-garlic rolls. £6.95

Friday's Chef Salad
Smoked turkey, ham, bacon, Cheddar and Swiss cheeses, hard-boiled egg, tomatoes and black olives on a mound of tossed greens. Served with Parmesan garlic rolls and your choice of dressing. £6.15

SALAD DRESSINGS

Country Buttermilk · Italian
Creamy Bleu Cheese · Low-cal Italian
Hot Bacon · Oil & Vinegar
Hot Bacon Mustard · Thousand Island
House (Italian Dressing with crumbled bleu cheese)

Friday's House Salad
A large Friday's salad including a selection of crisp lettuce tossed with red cabbage and carrot. Topped with tomatoes, sliced cucumber and croutons. Served with a warm Parmesan-garlic roll and your choice of dressing. £2.85
With Cheddar cheese and bacon, add 75p

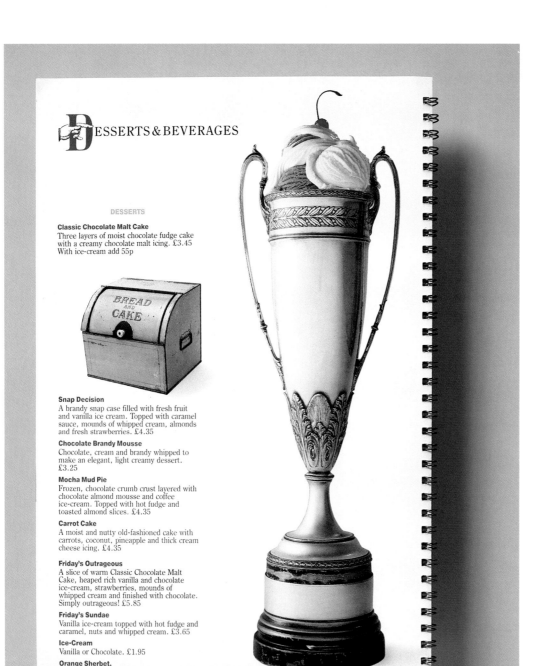

DESSERTS & BEVERAGES

DESSERTS

Classic Chocolate Malt Cake
Three layers of moist chocolate fudge cake
with a creamy chocolate malt icing. £3.45
With ice-cream add 55p

Snap Decision
A brandy snap case filled with fresh fruit
and vanilla ice cream. Topped with caramel
sauce, mounds of whipped cream, almonds
and fresh strawberries. £4.35

Chocolate Brandy Mousse
Chocolate, cream and brandy whipped to
make an elegant, light creamy dessert.
£3.25

Mocha Mud Pie
Frozen, chocolate crumb crust layered with
chocolate almond mousse and coffee
ice-cream. Topped with hot fudge and
toasted almond slices. £4.35

Carrot Cake
A moist and nutty old-fashioned cake with
carrots, coconut, pineapple and thick cream
cheese icing. £4.35

Friday's Outrageous
A slice of warm Classic Chocolate Malt
Cake, heaped rich vanilla and chocolate
ice-cream, strawberries, mounds of
whipped cream and finished with chocolate.
Simply outrageous! £5.85

Friday's Sundae
Vanilla ice-cream topped with hot fudge and
caramel, nuts and whipped cream. £3.65

Ice-Cream
Vanilla or Chocolate. £1.95

Orange Sherbet.
£2.15

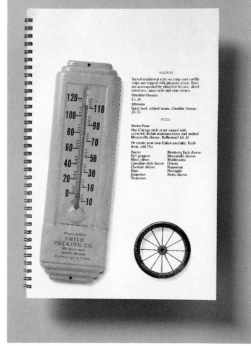

WINES

WHITE WINES

	Large Glass	Bottle
Lambrusco Bianco D.O.C.	£3.10	£9.25

Semi-sparkling, delightfully cool and refreshing, fun to drink! *8.0%*

Piesporter Michelsberg Qba. £3.35 £9.95
The classic Mosel, light with full flavour and spicy fruitiness from the Riesling grape. *9.0%*

Muscadet de Sèvre et Maine A.C. £3.35 £9.95
Crisp, dry wine with a fresh palate, and delicate bouquet. *12.0%*

Frascati Superiore, Montecompatri £11.25
Pale, golden, light and fresh, with a slight sparkle this dry wine is perfect with fish, white meats and salads. *11.5%*

New Zealand Chardonnay, Montana £12.50
A dry yet full-flavoured buttery wine. Ideal with fish and white meats. *12.0%*

Californian Sauvignon Blanc £12.50
Full flavoured, dry yet fruity wine. A suitable accompaniment for white meats and salads. *13.0%*

Sancerre, Domaine Bottled £17.50
From the Loire Valley a dry, crisp, refreshing wine with a gooseberry tang. *12.5%*

BLUSH WINES

	Large Glass	Bottle
Lambrusco Blush D.O.C.	£3.10	£9.25

Fresh and lively, semi-sparkling with a delicious hint of pink. *8.0%*

California White Zinfandel £16.50
From California's oldest operating winery, in the Napa Valley. A "blush" wine, medium dry, light and fresh. *10.0%*

DE-ALCOHOLISED WINE

	Large Glass	Bottle
Esprit	£1.95	£5.75

This wine has all the fruity taste and sweetness of German wine — without the alcohol. *0.5%*

HOUSE WINES

These wines are specially selected, bottled and shipped for T.G.I. Friday's

	Large Glass	Bottle
French Dry White *11.0%*	£2.95	£8.75
French Full Red *11.0%*	£2.95	£8.75
Liebfraumilch Qba. *9.5%*	£2.95	£8.75
Friday's Champagne A.C. *12.5%*		£23.00

RED WINES

	Large Glass	Bottle
Fitou, Mme Claude Parmentier	£3.45	£9.95

This full-flavoured wine complements all red meats particularly steak. *12.0%*

Bardolino Classico £3.45 £9.95
Soft, light and easy to drink. The Italian equivalent of Beaujolais. *11.5%*

California Cabernet Sauvignon £12.50
Dry and robust, with the distinctive flavour of the Cabernet Sauvignon grape. A perfect complement to red meats and spicy dishes. *12.3%*

Rioja Faustino V Reserva £16.50
Sophisticated, smooth, warm and mellow wine, aged in casks for that unique oaky flavour. *12.5%*

CHAMPAGNE

	Bottle
Mercier Brut N.V.	£26.00

A delicate colour combines with strength of character in the full bouquet. Adds a sparkle to any occasion. *12.0%*

Moët & Chandon N. V. £33.00
This delicate wine displays all the elegant qualities one would expect from this famous champagne house. *12.0%*

Dom Perignon — Vintage Champagne £70.00
A very dry celebration of the art of champagne. Elegant and balanced, the Mother of champagnes. *12.5%*

In accordance with the Food Labelling (Amendment) Regulations 1989, the percentages expressed represent alcohol by volume.

Betrieb:

Pupasch.
(Pupasch-Gruppe, Hannover)

Betriebstyp/Charakter:

Erlebnis- und kommunikationsbetontes Kneipenkonzept, biergeprägt. Motto: Die total verrückte Kneipe. Rustikaler Auftritt, kontaktfördernde Enge, gesteuerte Animation. Junges Publikum: Multipliziert.

Zur Karte:

Speise- und Getränkekarte.

Kartensystem:

Einfach gefalztes Cover, gestanzt und mit Ausstanzungen. Format geschlossen 15 x 30 cm (ohne Stanzung). Cover-Außenseiten als Clownmaske gestaltet mit Öffnungen für Augen, Nase, Mund. Zwei Maskenvarianten: weiblich und männlich. Basisfarbe Gelb wie Pupasch-Logo. Innenseiten Angebot auf gelbem Fond, umrahmt von deftig-derben Sprüchen. Angebotsdarstellung selbst mit gewollt frivolen Untertönen.

Besonderheiten:

Kartenauftritt unterstreicht Positionierung: laut-herzhafte Spaßgastronomie.

Entwurf/Design:

B + B Gastronomie Marketing, Ostrittum/Berlin.

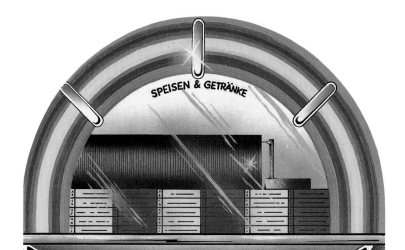

Betrieb:

Jimmy's Diner, Berlin.

Betriebstyp/Charakter:

Stimmungsstark, erlebnis- und kommunikationsbetont. Slogan: 'Not just a restaurant but a way of life.' In Angebot und Ambiente den typischen US-Diners der 50er Jahre nachempfunden: fast-foodige Küche von Burgers bis Chili con Carne, Einrichtung in Chrom und Pink.

Zur Karte:

Speise- und Getränkekarte.

Kartensystem:

All-in-one-Karte, einfach gefalztes Cover plus vier Innenseiten, gestanzt, beidseitig glanzfolienkaschiert. Klammerheftung, Format geschlossen (ohne Stanzung) 19 x 32 cm, Innenseiten 19 x 13 cm. Durchgehend farbig bedruckt, Cover-Illustration stellt eine Jukebox dar. Auf Cover-Innenseiten Schallplattenmotiv. Rubriktitel/Bezeichnungen der Gerichte überwiegend in englischer Sprache.

Besonderheiten:

Farbenfroher Auftritt und Illustrationsthemen verweisen auf die Herkunft des Diner-Konzepts, zugleich auf Musik als wichtiges Konzeptelement. Englische Sprache soll Authentizität des Angebots unterstreichen.

Entwurf/Design:

Jimmy's Diner.

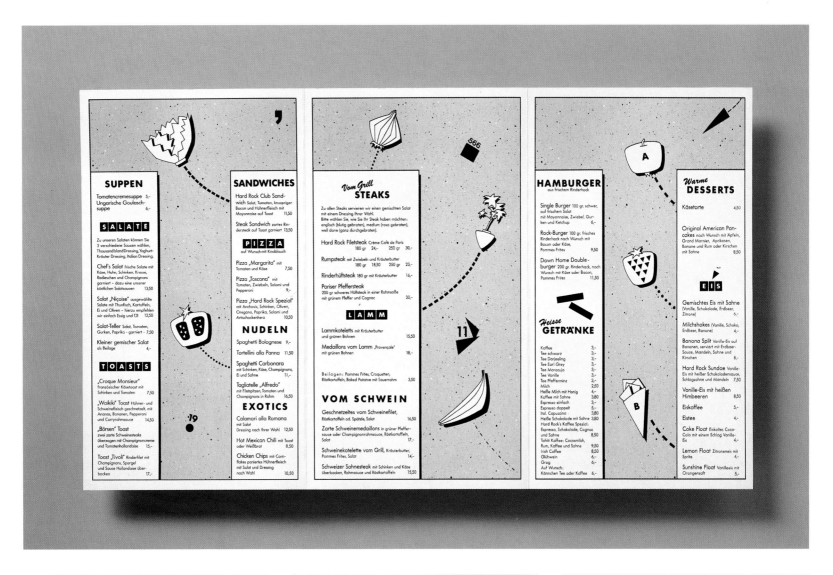

The menu shows the following sections:

SUPPEN
Tomatencremesuppe 5,-
Ungarische Goulasch-
suppe 6,-

SALATE
Zu unseren Salaten können Sie
3 verschiedene Saucen wählen,
ThousandIslandDressing,Yoghurt-
Kräuter Dressing, Italian Dressing.

Chef's Salat frische Salate mit
Käse, Huhn, Schinken, Kresse,
Radieschen und Champignons
garniert – dazu reine unserer
köstlichen Salatsaucen 13,50

Salat „Niçoise" ausgewählte
Salate mit Thunfisch, Kartoffeln,
Ei und Oliven – hierzu empfehlen
wir einfach Essig und Öl 12,50

Salat-Teller Salat, Tomaten,
Gurken, Paprika - garniert - 7,50

Kleiner gemischter Salat
als Beilage 4,-

TOASTS
„Croque Monsieur"
französischer Käsetoast mit
Schinken und Tomaten 7,50

„Waikiki" Toast Hühner- und
Schweinefleisch geschnetzelt, mit
Ananas, Bananen, Pepperoni
und Curryrahmsauce 14,50

„Börsen" Toast
zwei zarte Schweinesteaks
überzogen mit Champignoncreme
und Tomatenhollandaise 15,-

Toast „Tivoli" Rinderfilet mit
Champignons, Spargel
und Sauce Hollandaise überbacken 17,-

SANDWICHES
Hard Rock Club Sand-
wich Salat, Tomaten, knuspriger
Bacon und Hühnerfleisch mit
Mayonnaise auf Toast 11,50

Steak Sandwich zartes Rindersteak auf Toast garniert 13,50

PIZZA
auf Wunsch mit Knoblauch

Pizza „Margarita" mit
Tomaten und Käse 7,50

Pizza „Toscana" mit
Tomaten, Zwiebeln, Salami und
Pepperoni 9,-

Pizza „Hard Rock Spezial" mit
Anchovis, Schinken, Oliven,
Oregano, Paprika, Salami und
Artischockenherz 10,50

NUDELN
Spaghetti Bolognese 9,-

Tortellini alla Panna 11,50

Spaghetti Carbonara
mit Schinken, Käse, Champignons,
Ei und Sahne 11,-

Tagliatelle „Alfredo"
mit Filetspitzen, Tomaten und
Champignons in Rahm 16,50

EXOTICS
Calamari alla Romana
mit Salat
Dressing nach Ihrer Wahl 12,50

Hot Mexican Chili mit Toast
oder Weißbrot 8,50

Chicken Chips mit Corn-
flakes panierte Hühnerfleisch
mit Salat und Dressing
nach Wahl 10,50

Vom Grill STEAKS
Zu allen Steaks servieren wir einen gemischten Salat
mit einem Dressing Ihrer Wahl.
Bitte wählen Sie, wie Sie Ihr Steak haben möchten:
englisch (blutig gebraten), medium (rosa gebraten),
well done (ganz durchgebraten).

Hard Rock Filetsteak Crème Café de Paris
180 gr 24,- 250 gr 30,-

Rumpsteak mit Zwiebeln und Kräuterbutter
180 gr 18,50 250 gr 23,-

Rinderhüftsteak 180 gr mit Kräuterbutter 16,-

Pariser Pfeffersteak
200 gr schweres Hüftsteak in einer Rahmsoße
mit grünem Pfeffer und Cognac 20,-

LAMM
Lammkoteletts mit Kräuterbutter
und grünen Bohnen 15,50

Medaillons vom Lamm „Provençale"
mit grünen Bohnen 18,-

Beilagen: Pommes Frites, Croquetten,
Röstkartoffeln, Baked Potatoe mit Sauerrahm 3,50

VOM SCHWEIN
Geschnetzeltes vom Schweinefilet,
Röstkartoffeln od. Spätzle, Salat 16,50

Zarte Schweinemedaillons in grüner Pfeffer-
sauce oder Champignonrahmsauce, Röstkartoffeln,
Salat 17,-

Schweinekotelette vom Grill, Kräuterbutter,
Pommes Frites, Salat 14,-

Schweizer Sahnesteak mit Schinken und Käse
überbacken, Rahmsauce und Röstkartoffeln 15,50

HAMBURGER
aus frischem Rinderhack

Single Burger 100 gr. schwer,
auf frischem Salat
mit Mayonnaise, Zwiebel, Gurken und Ketchup 6,-

Rock-Burger 100 gr. frisches
Rinderhack nach Wunsch mit
Bacon oder Käse,
Pommes Frites 9,50

Down Home Double-
burger 200 gr. Rinderhack, nach
Wunsch mit Käse oder Bacon,
Pommes Frites 11,50

Heisse GETRÄNKE
Kaffee 3,-
Tee schwarz 3,-
Tee Darjeeling 3,-
Tee Earl Grey 3,-
Tee Maracuja 3,-
Tee Vanille 3,-
Tee Pfefferminz 3,-
Milch 2,50
Heiße Milch mit Honig 4,-
Kaffee mit Sahne 3,80
Espresso einfach 3,-
Espresso doppelt 4,-
Ital. Capuccino 3,80
Heiße Schokolade mit Sahne 3,80
Hard Rock's Kaffee Spezial:
Espresso, Schokolade, Cognac
und Sahne 8,50
Tahiti Kaffee: Cocosmilch,
Rum, Kaffee und Sahne 9,50
Irish Coffee 8,50
Glühwein 6,-
Grog 6,-
Auf Wunsch:
Kännchen Tee oder Kaffee 6,-

Warme DESSERTS
Käsetorte 4,50

Original American Pan-
cakes nach Wunsch mit Apfeln,
Grand Marnier, Aprikosen,
Banane und Rum oder Kirschen
mit Sahne 8,50

EIS
Gemischtes Eis mit Sahne
(Vanille, Schokolade, Erdbeer,
Zitrone) 6,-

Milchshakes (Vanille, Schoko,
Erdbeer, Banane) 4,-

Banana Split Vanille-Eis auf
Bananen, serviert mit Erdbeer-
Sauce, Mandeln, Sahne und
Kirschen 8,-

Hard Rock Sundae Vanille-
Eis mit heißer Schokoladensauce,
Schlagsahne und Mandeln 7,50

Vanille-Eis mit heißen
Himbeeren 8,50

Eiskaffee 5,-

Eistee 4,-

Coke Float Eiskaltes Coca-
Cola mit einem Schlag Vanille-
Eis 4,-

Lemon Float Zitroneneis mit
Sprite 4,-

Sunshine Float Vanilleeis mit
Orangensaft 5,-

Betrieb:

Hard Rock Café, Frankfurt/Main.

Betriebstyp/Charakter:

Musik-Kneipe, getränkelastig, mit Treffpunktcharakter. Kein klassischer Hard Rock-Auftritt; designed im
Lofthouse-Stil.

Zur Karte:

Speise- und Getränkekarte.

Kartensystem:

All-in-one-Karte, Wickelfalz, beidseitig durchgehend
bedruckt und glanzfolienkaschiert. Format geschlossen 21 x 36,5 cm. Cover-Vorderseite zeigt stilisierte
New Yorker Skyline, Mintgrün wiederholt sich als
Fondfarbe auf allen Außenseiten. Fond auf den Innenseiten pink. Eigenwillige Hintergrunddekore, Angebot in Kästen auf weißem Grund eingeklinkt. Innenseiten Speisen und Heißgetränke, Rückseite und eingeklappte Außenseite sonstige Getränke. Wechselnde typographische Gestaltung der Rubriktitel. Ergänzend Einleger mit Tagesgerichten.

Besonderheiten:

Sachliches, grafisch geprägtes, 'zeitgeistiges' Design
mit hoher Eigenständigkeit. Modernisiertes Hard
Rock-Logo. Skyline-Motiv des Covers korrespondiert mit Neon-Wandskulptur im Betrieb.

Entwurf/Design:

Frank Martin Petschull, Wiesbaden.

Hinweis:

Ebenfalls sehenswert: die zusätzliche Eiskarte, siehe
Seite 256 und 257.

HARD ROCK CAFE...

Main courses special dinner   Peppermint Park L.A.

L.A. super tacos
    taco shells gefüllt mit Rindfleisch
    Tomaten und Käse   _____
hot L.A.
    taco shells gefüllt mit Chili, Mais
    und Jalapeno
Enchilada (Maismehl Tortillas)
    Huhn, braune Bohnen und Sauerrahm   _____
    Rindfleisch, braune Bohnen u. Sauerrahm   _____
    Käse, braune Bohnen und Sauerrahm   _____
Burritos (weizenmehl Tortillas)
    Huhn mit Mais und Tomatensoße   _____
    Rindfleisch mit Mais und Tomatensoße   _____
    Käse mit Mais und Tomatensoße   _____
Chili con Carne
    „Super heiß" mit Brot und Maissalat   _____

Steak
    L.A. T-Bone Steak   ca. 850 g
    mit Pommes Frites und gemischten Salat   _____
    Minutensteak mit gemischten Salat   _____

Betrieb:

Peppermint Park L.A., München.
(Kruse & Specht Unternehmensgruppe, München)

Betriebstyp/Charakter:

Californisches Restaurant und Bar, Tex-Mex-Küche, kommunikationsorientiert.   Treffpunktcharakter, 'trendy'.

Zur Karte:

Speise- und Getränkekarte.

Kartensystem:

All-in-one-Karte, Cover plus zwölf Innenseiten, Klammerheftung. Format geschlossen 21 x 30 cm. Cover-Außenseiten mattfolienkaschiert, Vorderseite vollformatige Illustration, Skyscraper-Motiv erinnert an konstruktivistischen Stil. Eingeklinktes Logo. Cover-Rückseite und Cover-Innenseiten blanco, Angebot in Schreibschrift-Typographie auf weißem Papier. Preise werden nachträglich eingetragen. Logo als Dachzeile auf jeder Seite.

Besonderheiten:

Farbgebung von Cover und Logo korrespondiert mit der prägenden Ambientefarbe des Betriebs: Türkis/Mint.

Entwurf/Design:

Kruse & Specht, München.

Betrieb:

Alex.
(Alex-Gruppe, Oldenburg)

Betriebstyp/Charakter:

Mischkonzept: Kneipe, Café, Bistro. Jung, kommunikationsbetont, getränkestark. Gelenkte Stimmung im Vordergrund, Slogan: 'Frühstück. Mittags. Abends. Immer.' Multipliziert.

Zu den Karten:

Zwei Eiskarten-Generationen, die ältere (Heiß auf Eis) und die aktuelle Version (I love Eis).

Kartensystem:

Beide Karten einfach gefalzte Cover, beidseitig bedruckt. Heiß auf Eis: außen glanz-, innen mattfolienkaschiert. Format geschlossen 14 x 31 cm. Cover-Außenseite buntes Dekor, Innenseiten in 'Alex-Strickart': poppige Optik, locker getextet, Sprechblasen-Kommentare. I love Eis: beidseitig glanzfolienkaschiert, Format geschlossen 16,5 x 33 cm. Gestaltet als Bildergeschichte in drei Teilen, Cover-Vorderseite, Innendoppelseite und Rückseite jeweils vollformatiges Fotomotiv in typischer Alex-Szenerie. Angebot in Kästen eingeklinkt. Eiskarte ergänzt die Basis-Angebotskarte.

Besonderheiten:

Text wird genutzt, um spezifisches Alex-Feeling aufzubauen. Intensive Arbeit mit dem Logo – Markenbildung! Die zweite Version – bunter, frecher, 'lifiger' – als Fortentwicklung der Animation via Karte: Narrativer Ansatz, die Karte erzählt eine (Love-)Story. Bildbotschaft erhält höheres Gewicht als Angebotsdarstellung. Effekt: emotionale Aufladung des Produkts.

Entwurf/Design:

B + B Gastronomie Marketing, Ostrittum/Berlin.

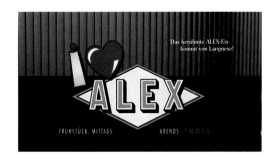

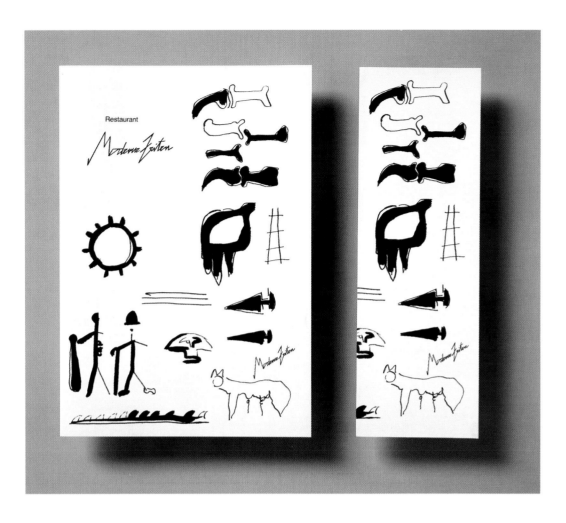

Betrieb:

Moderne Zeiten, Köln.
(Sanssouci Gaststätten, Köln)

Betriebstyp/Charakter:

Mischkonzept; Bar, Café, Restaurant. Zwei Etagen, Restaurantbereich im oberen Stock. Kommunikationsbetont, mit Treffpunktcharakter.

Zu den Karten:

Große Speise- und Getränkekarte für Restaurantteil, schmale Speise- und Getränkekarte in allen übrigen Bereichen eingesetzt.

Kartensystem:

Restaurantkarte einfach gefalztes Cover, all-in-one. Beidseitig glanzfolienkaschiert. Format geschlossen 20,5 x 29,5 cm. Cover-Vorderseite vollformatige Zeichnung im Stil primitiver/archaischer Malerei. Logo integriert. Innenseiten links Food, rechts Geträn-keangebot auf weißem Fond. Kleine Karte Cover plus acht Innenseiten, all-in-one. Format geschlossen 10 x 29,5 cm. Gleiches Cover-Motiv wie bei großer Karte, läuft hier über beide Cover-Seiten. Innenseiten Angebot auf weißem Fond.

Besonderheiten:

Corporate-Design-Ansatz: Cover-Motiv der Karten auch auf Visitenkarten und – aufgehellt – fürs Briefpapier eingesetzt. Spiel mit Bedeutungen: Name 'Moderne Zeiten' verweist auf gleichnamigen Chaplin-Film; Chaplin-Figur taucht auf Cover-Zeichnung auf. Spannung zwischen Logo/Filmtitel und Stil sowie Thematik der Illustration, die symbolhaft die Entwicklungsgeschichte der Menschheit beschreibt.

Entwurf/Design:

Die Künstlerin CAP (Ingrid Grundheber), Köln (Cover-Zeichnung)/Fabian Charlemagne, Moderne Zeiten.

Wie man Außergewöhnliches adäquat kommuniziert

Jede Aktion lebt aus der Aura des Nicht-Alltäglichen, Außergewöhnlichen, Über-Durchschnittlichen. Ihre Verlockung liegt in der Intensität, mit der sie ein Thema in den Vordergrund rückt, das seinen Reiz gerade aus der Vergänglichkeit bezieht: Nur einige Tage lang, eine Woche, wenn's hoch kommt, einen Monat. Diese Kurzfristigkeit ihrer Geltung haben Aktionskarten mit Tageskarten gemeinsam. Für beide gilt: In Funktion und Charakter prinzipiell additiv.

Praktisch nie sind sie im Alleingang anzutreffen – in aller Regel kommen sie als Ergänzung zur Basiskarte zum Einsatz.

Zur Aktionskarte gehört weiter als elementares Charakteristikum, daß sie unter einem Motto steht: Sie braucht ein Thema. Dieses Thema kann ganz unterschiedlich hergeholt werden:

* Ein bestimmtes Land/eine Region
  – asiatische Küche,
  – die Küche der Mittelmeerländer,
  – sächsische Spezialitäten.

* Eine Produktgruppe/eine Ernährungs- oder Zubereitungsform
  – Fisch & Meeresfrüchte,
  – Reis,
  – Schnitzel,
  – Vollwertkost,
  – aus dem Wok.

* Anlaßbezogen – das können Feste sein oder
  – Ereignisse wie Kirchentag,
  – auch Promotionsstrecken für bestimmte Produkte/Marken.

* Sogar personenbezogen
  – Witzigmann kocht,
  – Rezepte von Alfons Schuhbeck.

Häufig auch verdoppeln/überlagern sich die thematischen Motive: So gehört eine Gänse-Aktion selbstredend in die Vorweihnachtszeit; die Trüffel-Aktion in den Herbst. Die Koppelung bestimmter Produkte mit einer speziellen Jahreszeit kennzeichnet die saisonal begründete Aktion: Spargelzeit, Erdbeerzeit, Saure-Gurken-Zeit.

Mit Sicherheit ist die saisonale Aktion die verbreitetste aller Aktionsformen. Sie dürfte auch die älteste, die Ur-Fassung dieses Marketing-Instruments sein, noch aus Zeiten herrührend, wo eben nicht alles zu jeder Zeit verfügbar war und das Prinzip der Saisonalität ohnehin den Speisezettel regierte. Heute müssen wir die ehedem naturwüchsigen Rhythmen des Angebots kunstvoll imitieren, um verlorengegangene Spannung neu zu erzeugen.

Daraus folgt: Die Aufgabe der Aktionskarte beschränkt sich nicht darauf, das Angebot zu kommunizieren. Sie muß es mit visuellen Mitteln dramatisieren. Der Sinn von Aktionen liegt aus Marketing-Sicht darin, die Attraktivität des Angebots – und damit des Anbieters – zu steigern, zugleich seine gastronomische Kompetenz zu untermauern.

Aus ökonomischer Sicht zielen Aktionen darauf ab, im veranschlagten Zeitraum die (Zusatz-)Nachfrage nachdrücklich auf die Aktionsprodukte zu lenken. Denn jede Aktion erfordert materiellen, personellen und organisatorischen Mehraufwand – der muß sich neutralisieren lassen. Wenn also ein gezielter Eingriff ins Entscheidungsverhalten der Gäste zugunsten der Aktionsangebote intendiert wird, ist visuelles Klotzen, nicht Kleckern angesagt. Denn die Aktionskarte fungiert hier als wichtigstes Steuerungsmoment. Und dieser nachdrückliche Lenkungsaspekt der Nachfrage im Restaurant unterscheidet die Aktionskarte graduell von allen anderen Karten.

Gestalterische Quintessenz: Signalcharakter. Sie soll gerade nicht die im Betrieb eingeführten Design-Standards reproduzieren, sondern darf sich in puncto Optik enorme Freiheiten erlauben. Im Auftritt weit, weit von der Standardkarte, selbst von allen Corporate Design-Vorgaben entfernt. Ihr oberstes Ziel heißt nun mal: auffallen, ausscheren aus den Farben-, Formen- und Dekorspielregeln der gastronomischen Alltagswelt.

Zugute kommt ihr dabei, daß der Platzbedarf für die Darstellung des Angebots selbst im Regelfall relativ gering ist: günstige Voraussetzung für visuelle Opulenz. Raumgreifender als bei der Standardkarte kann der gestalterische Aspekt sich entfalten; das Verhältnis von Text und Bild fällt bei Aktionskarten entschieden marketingfreundlicher aus als im Normalfall – zugunsten des Eyecatching-Effekts.

Gestalterischer Aufhänger ist im Optimalfall das Thema der Aktion selbst – beziehungsweise seine assoziative Umsetzung. Als limitierender Faktor kommt der Kostenaufwand ins Spiel – er muß im Verhältnis zur reduzierten Nutzbarkeit der Karte stehen.

Folglich wird eine Aktionskarte selten als eigenständige Sonderkarte, häufiger als schlichtes Einlegeblatt oder als Tischaufsteller bzw. Folder konzipiert. Und meist ist ihr Format kleiner als jenes der Hauptkarte. Ebenfalls exzellent nutzbar für Aktionen sind Tischsets – darüber mehr im nächsten Kapitel.

Die Darstellung des Angebots selbst hat oft handschriftlichen bzw. Schreibschrift-Charakter. Damit wird das improvisierte, spontane Moment der Sache unterstrichen, die ja im Grunde auch den Gedanken der Tages-Frische nutzbar macht – nicht nur bei saisonal fundierten Aktionen. So gesehen sind Aktionen nichts anderes als Zitate des Marktküchen-Gedankens.

How to adequately communicate the extraordinary

Every specialty promotion subsists upon the aura of it being something extraordinary, unique, overaverage. Its fascination lies in the intensity, with which it directs the spotlight on a certain topic which derives its attraction specifically from its transience: only a few days, a week, a month at the most. This temporarity is what specialty cards have in common with Menus of the Day: they both are principally additive in function and character.

You practically never encounter them alone – they usually complement the regular menu card. Another elementary characteristic feature is that they require a motto, they need a ruling theme. This theme may have all kinds of origin:

* a certain country/region
    - Asian cuisine
    - Mediterranean cooking
    - Saxon specialties

* a group of products, a kind of diet or method of preparation
    - fish and sea food
    - rice
    - Schnitzel
    - wholesome foods
    - Wok cooking

* it could be related to an event
    - which might either be a
    - celebration or
    - public events such as Church conventions, as well as
    - promotion launches for certain products or brands

* it might even be related to a certain person
    - cooking by Witzigmann
    - recipies by Alfons Schuhbeck

Thematical mottos often superimpose or double each other: a goose tastes best in the Advent season; truffle dishes should be served in fall. The combination of certain products with a specific time of the year characterizes the seasonally-founded specialty offer: asparagus season, strawberry season, etc …

Seasonal specialty offers certainly are the most widespread of all forms of special offers. They probably also are the original version of this marketing instrument stemming from the days when you just couldn't have everything at all times and seasonal availability dictated the course of meals anyway. Today we must ingeniously imitate the formerly natural rythms of availability to recreate this lost exitement.

Consequently, the objective of specialty menu cards is not limited to communicating the offer; it must dramatize this offer with visual means. Seen from a marketing standpoint of view, the purpose of specialty promotions is to increase the attractivity of the offer – and thus of the offerer – and at the same time to underline his or her gastronomical competence.

The economic objective of these actions is to expressly direct the (additional) demand towards the specialty products within the projected period of time. After all, promotional activities require additional expenditures for material, personnel and organizational means – and these have to be neutralized. So if deliberate interference is planned in the decision-making behaviour of customers in favor of a certain product, you had better use a visual hammer! The specialty card, after all, is the most important management instrument available here; and this explicit guidance aspect of demand in a restaurant distinguishes the specialty card by degrees from all other cards.

Signal character is the artistic gist of specialty card design. The idea expressly is not to reproduce the standard designs introduced in the business, but to disregard all limitations in respect of visual design. Its appearance is far, very far away from all ties to the standard card and even to all corpo-

rate design norms. Its supreme objective is to attract attention, to deviate from all rules on colors, forms and setting established in everyday gastronomical life.

Space requirement for the presentation of the offer itself usually is quite low; favorable conditions for visual opulence. Creative aspects are more dominant here than for the standard card; the relation between text and picture is far more marketing-oriented than in normal cases – decisively shifted in favor of eyecatching effects.

The specialty theme itself respectively its associative transformation is the ideal stylistic approach. Cost expenditures must be taken into consideration as limiting factor – they must be in proportion to the card's limited usability.

Specialty cards consequently rarely are concepted as independent separate card, but more often as simple loose leaf or as table stand resp. folder. Usually its format is smaller than that of the main card. Table sets are just as well suited for specialty-related promotional purposes – read more about these in the following chapter.

Depiction of the offer itself often has a hand-written resp. script character. This underlines the improvised and spontaneous character of the entire action, which basically also utilizes the idea of daily freshness – not only for season-based promotions. Looked at from this standpoint of view, specialty promotions are nothing else than quotations of the market-kitchen philosophy.

Betrieb:

Eurest-Betriebsrestaurants.
(Eurest Deutschland, Frankfurt/Main)

Betriebstyp/Charakter:

Mitarbeiterverpflegung: Von Eurest als Catering-Un-
ternehmen bewirtschaftete Personalrestaurants.

Zu den Karten:

Zwei Aktionskarten 1991. Thema der Jahresaktion:
'Rein ins Gemüse. Hier und Jetzt.' Karten zu den
Schwerpunkten im Frühjahr und Herbst.

Kartensystem:

Einfach gefalzte Cover, Umweltkarton, Format geschlossen 15 x 21 cm. Vorderseite vollformatige farbige Illustration und Titel der Aktion, Rückseite gelb
bzw. rot. Cover-Zeichnungen der beiden Karten analog gestaltete Variationen des Themas; jahreszeiten-
typische Gemüse vor rot-gelbem Hintergrund. Innenseiten blanco, Angebot des jeweiligen Betriebs
auf gefalzten A4-Einlegeblättern oder eingedruckt.

Besonderheiten:

Jahresaktionen werden zentral konzipiert; Cover-
Lösung ermöglicht flexible, individuelle Gestaltung
des Aktionsangebots je nach Erfordernis der einzelnen Betriebe. Wechselnde Kombination der Fondfar-
ben Rot/Gelb unterstreicht Zusammengehörigkeit,
aber auch Eigenständigkeit der Karten. Zusätzlich
eingesetzt: A2-Plakate sowie Expo-Wände mit gleichem Motiv.

Entwurf/Design:

Interne Eurest-Arbeitsgruppe (Gesamtkonzept)/
Agentur Trust, Frankfurt/Main.

Betrieb:

Churrasco Steakhäuser Schweiz.
(Churrasco Steakhouse, Basel / UTC - Gruppe, Schweiz)

Betriebstyp/Charakter:

Steakhaus-Konzept, multipliziert.

Zur Karte:

Sommer-Aktionskarte (Juni bis August 1991) mit zusätzlichen Angeboten (Cocktails, Hauptgerichte, Desserts) und integriertem Preisausschreiben.

Kartensystem:

Wickelfalzkarte, durchgehend beidseitig farbig illustriert. Drucklackiert. Format geschlossen 14,5 x 25,5 cm. Angebot auf den Innenseiten, eingeklappte Rückseite Verweis auf Preisausschreiben. Gestaltung im 'kolonialen Stil'; nostalgischer Effekt durch Verwendung unterschiedlicher Dekorelemente, entlehnt von alten Aktien, Zigarrenbanderolen, Kupferstichen. Auch Typographie der Rubriktitel erinnert an Kolonialstil. Die s/w-Vorlagen wurden nachträglich im Airbrush-Verfahren coloriert.

Besonderheiten:

Aktionskarte ist Teil eines Promotionpakets mit Schwerpunkt auf Produkt-Promotion in Lebensmittelketten unter der Marke Churrasco inklusive Preisausschreiben, begleitet von Plakataktionen. Design der Pack- und Werbemittel im gleichen Stil wie Karte. Zielsetzung: synergetische Effekte durch Anknüpfen an gastronomische Erlebniswelt.

Entwurf/Design:

Freitag & Partner, Zürich.

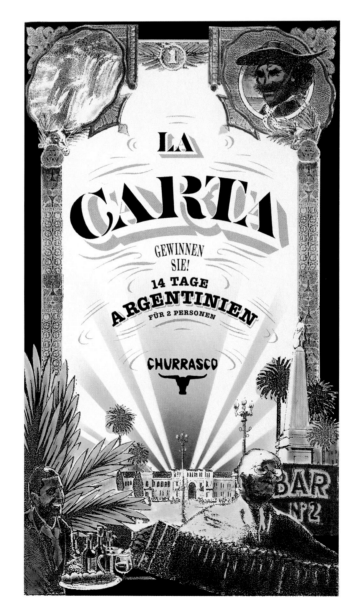

192

Betrieb:

Bräustuben Spatenhaus, München.
(Kuffler-Gruppe, München)

Betriebstyp/Charakter:

Speiseorientiert mit breitem Sortiment, traditionell-bürgerlich.

Zu den Karten:

Vollwert-Aktionskarten-Ensemble; vier jahreszeiten-bezogene Motive: Frühling, Sommer, Herbst und Winter.

Kartensystem:

Einzel-Einlegeblätter für die Standard-Speisekarte, einseitig vollformatig mit Saison-Dekor bedruckt. Format: Frühling 21 x 32,5 cm, Sommer 21 x 29 cm, Herbst 21 x 29,5 cm, Winter 21 x 31 cm. Beschriftung per Schreibmaschine oder PC-Drucker, nachträglich einkopiert.

Besonderheiten:

Täglich wechselndes Vollwert-Angebot als ständiges Begleitprogramm. Auf der Rückseite der Aktionsblätter Erläuterungen zur Vollwert-Linie des Hauses.

Entwurf/Design:

Die Künstlerin Ricarda Dietz, München.

Hinweis:

Ebenfalls von Ricarda Dietz gestaltet: Spatenhaus-Jahreszeitenkarten, siehe Seite 91.

AUS UNSERER VOLLWERTKÜCHE
ein gesunder Genuß

Demeter Apfelsaft	0,2l	DM 2,50
Demeter Gemüsesaft	0,2l	DM 2,80
Brot-Trunk	0,2l	DM 2,50
frischgepreßter Orangensaft	0,2l	DM 6,--

ROHKOST-SALATTELLER - Salat von Kichererbsen und Gerste,
verschiedene Keimlinge, Blattsalate, Kohlrabi,
Zucchini, Karotten, Sellerie, Apfel, Mais,
Apfel-Meerrettich-Dressing   DM 12,50

Gemüsegratin mit Tomaten, Champignons, Buchweizen und
Reisnudeln auf Paprikasauce   DM 12,50

3 Stück GRÜNKERN-KÜCHLEIN mit frischen Rahmpilzen und
feine Gemüse der Saison   DM 13,50

Erfrischender Melonensalat mit geraffelten
Karotten, Wasserkresse, leichte Zitronen-
marinade   DM 10,50

Natur-Joghurt mit frischen Himbeeren   DM 10,--

Biologische H a f e r c r e m e mit frischen
Erdbeeren   DM 8,90

Naturbelassen - ungeschält - nicht raffiniert -
ohne künstliche Aroma-und Zusatzstoffe

Betrieb:

Bahnhof Buffet Bern.

Betriebstyp/Charakter:

Bahnhofsgastronomie, breites Betriebstypen-Spektrum vom mitnahmeorientierten Fast Food-Konzept bis zum gehobenen Bedienungsrestaurant.

Zu den Karten:

Zwei Aktionskarten-Aufsteller, eingesetzt im Restaurant 'Galerie' (anspruchsvolles Restaurant, örtliches, überwiegend Business-Publikum): 'Melonien läßt grüßen' (Melonen-Aktion) und 'Le rendez-vous aux légumes' (Gemüse-Aktion).

Kartensystem:

Gemüse-Aktionskarte: Einfach gefalztes und aufgestelltes, einseitig weiß auf rot bedrucktes Halbkarton-Cover. Format geschlossen 24 x 16 cm. Text auf beiden Aufsteller-Seiten gleich, aber unterschiedliches Layout. Karte wird im Betrieb in Tomatenform geschnitten und mit Leuchtstift nachcoloriert. Melonen-Aktionskarte: Einseitig bedruckter, gestanzter, dreimal gefalzter Halbkarton. Aufstellbar durch Zusammenstecken vorgestanzter Laschen. Format aufgestellt 22 x 18,5 cm (maximal). Grunddekor zeigt Melonenscheibe; Text und Layout auf beiden Aufsteller-Seiten unterschiedlich. Grunddruck nur zweifarbig, Gelb- und Orangeton nachträglich mit Leuchtstift erzeugt. Dekor-Motive jeweils vorgedruckt, Text wird nachträglich eingedruckt. Ermöglicht Mehrfacheinsatz der Grundkarten.

Besonderheiten:

Beide Karten bewerben das ständige Abendbuffet des Restaurants – für Aktionierung besonders geeignet. Form und Farbgebung der Aufsteller führen unmittelbar – noch vor dem Lesen – zu den beworbenen Produkten. Praktische Stecklösung bei Melonenkarte sichert Standfestigkeit ohne weitere Hilfsmittel.

Entwurf/Design:

Hannes Friedli, St. Gallen.

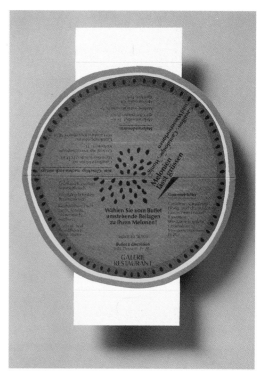

HIS MASTER'S CHOICE

Betrieb:

Mövenpick Restaurants Schweiz/Deutschland. (Mövenpick Unternehmungen, Adliswil)

Betriebstyp/Charakter:

Erlebnisbetont, ungezwungen. Profilschwerpunkt Qualität und Abwechslung. Saisonale Küche. Einheitliche Grundphilosophie; Erscheinungsbild und Angebot variabel.

Zur Karte:

Aktionskarte 'The Rolling Kohls' (Kohl-Aktion).

Kartensystem:

Karte bis ins Detail wie eine Doppel-Schallplattenhülle gestaltet: Gefalztes Cover aus doppelt verklebtem, an den Seiten offenem Karton, Außen- und Innenseite glanzfolienkaschiert. Format geschlossen: 31,5 x 31 cm. Durchgehendes Hintergrundraster: mit Kohlköpfen jonglierender Koch. Cover-Vorderseite mit Aktions-(Platten-)Titel und Kohlkopf-Foto. Linke Innenseite Angebot nach Art von Songtiteln dargestellt. Rechte Innenseite LP-Foto mit 'Titeln'.

Besonderheiten:

Überaus amüsante Verfremdung – bis hin zur Namensgebung der Aktionsgerichte und der Anspielung auf ein bekanntes Schallplattenlabel.

Entwurf/Design:

Mövenpick Werbung Restaurants Scvhweiz, Adliswil.

Betrieb:

Restaurant Concorde, Hamburg.

Betriebstyp/Charakter:

Hotelrestaurant im Airport Hotel, Hamburg.

Zu den Karten:

Zwei Aktionskarten: Pannonische Küche (1989) und
Die Küche aus der Zeit Zar Peter des Großen (1990).

Kartensystem:

Beide Karten einfach gefalzte Cover, gelber bzw. ro-
ter Karton, weinrot bzw. schwarz bedruckt. Format
geschlossen 20 x 37 cm (Pannonische Küche) und
21,5 x 37 cm. Cover-Vorderseite jeweils mit Aktionstitel und Einstimmung ins kulinarische Thema. Innenseiten Aktionsangebot.

Besonderheiten:

Russische Aktion angebunden an Ausstellung in der
Hotelgalerie. Schönes, stimmunggebendes Detail:
Aktionstitel und Namen der Aktionsgerichte auch
auf russisch in kyrillischer Schrift abgedruckt. Idee zur
Pannonischen Küche inspiriert vom aus dem Burgen-
land stammenden Hoteldirektor Valentin Resetarits.

Entwurf/Design:

Valentin Resetarits, Direktor Airport Hotel/Agentur
Strategie mit Phantasie, Frankfurt/Main (Pannonische
Küche); Ravindra Ahuja, Stv. Direktor Airport Hotel
(Küche der Zarenzeit).

Betrieb:

Gläsernes Restaurant.
(Oikos Ökologisches Handelskontor, Frankfurt/Main)

Betriebstyp/Charakter:

Aktion anläßlich der Deutschen Evangelischen Kirchentage als Praxismodell der Oikos Umweltberatung. Installation eines kompletten Restaurants, offen für Kirchentagsbesucher. 1991 zum dritten Mal durchgeführt. Reduziertes Angebot: täglich wechselnd ein Frühstücksgericht, Vorspeise, Hauptspeise und Dessert auf vegetarischer Basis. Ziel: Anstoß zu umweltgerechtem Wirtschaften im Großküchenbereich.

Zu den Karten:

Zwei Beispiele aus den Jahren 1989 (Cover) und 1991 (Innenseiten).

Kartensystem:

89er Karte: Einfach gefalztes, durchgehend beidseitig bedrucktes Cover aus Umweltpapier, Format geschlossen 22,5 x 30,5 cm. Tageskarte. Cover-Vorderseite mit zweifarbiger Illustration in Scherenschnittmanier – symbolische Aussage: Einheit von Natur und Kultur. Linke Innenseite Tagesangebot. Rechte Innenseite warenkundliche Informationen zum Produktschwerpunkt des Tages. Cover-Rückseite Informationen über Zielsetzung und Philosophie des 'Gläsernen Restaurants'. 91er Karte: Analoge Gestaltung, allerdings summarischer Angebotsüberblick auf Cover-Vorderseite integriert, im Innenteil alle Tagesangebote auf einen Blick. Eigenwilliges Textseiten-Layout korrespondiert mit Gestaltung einer Begleitbroschüre mit vertiefenden Informationen zum Praxismodell.

Besonderheiten:

Karten sind multifunktional konzipiert: Als 'Eintrittskarte' fürs Restaurant, Umschlag für Begleitbroschüre, Rezeptheft zum Mitnehmen. In den Innenteilen jeweils die Rezepte für die angebotenen Gerichte. Die 89er Karte wurde im Wettbewerb 'Grafik-Design Deutschland 89' ausgezeichnet.

Entwurf/Design:

Karte '89: Monika Weiß, Frankfurt/Main (Konzept)/ Karin Altendorfer, Frankfurt/Main (Umsetzung); Karte '91: Monika Weiß, Frankfurt/Main.

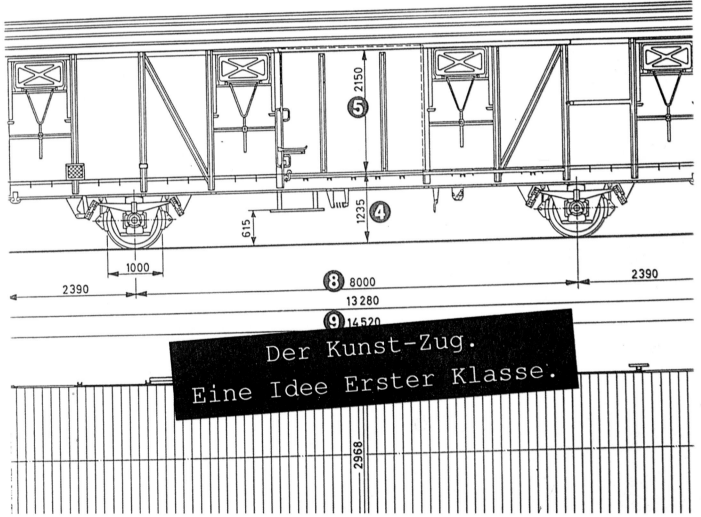

Der Kunst-Zug.
Eine Idee Erster Klasse.

Kulturgüter(speise)wagen.

Betrieb:

Kulturgüter(speise)wagen.
(Bahnhof Buffet Basel)

Betriebstyp/Charakter:

Restaurant während der Kunstmesse 'Art 91' in Basel in Anbindung an den dort vorgestellten 'Kunst-Zug', eine 'fahrende Ausstellung' mit sieben von namhaften Objektkünstlern gestalteten Waggons; ins Rollen gebracht vom Basler Galeristen Klaus Littmann. Gastronomisch betreut durch den Party-Service des Bahnhof Buffet Basel.

Zur Karte:

Speise- und Getränkekarte zur Messe 'Art 91'.

Kartensystem:

Einfach gefalztes, beidseitig bedrucktes Papier-Cover, Format geschlossen 10,5 x 29,5 cm. Cover-Außenseiten: ein Kunstwerk in Graffiti-Manier, mit den Fingern gemalt vom am Kunst-Zug beteiligten, inzwischen verstorbenen Künstler Jean Tinguely. Auf der Rückseite sind die Namen aller beteiligten Künstler integriert. Per Farbfotokopierer vervielfältigt. Innen das Kulturgüter(speise)wagen-Angebot, auf weißem Fond gedruckt.

Besonderheiten:

Jedes Tagesgericht wurde von einem der am Kunst-Zug mitwirkenden Künstler kreiert. Das Original der Cover-Zeichnung hängt heute im Bahnhof Buffet Basel. Waggon-Aufnahme: Titelbild der Kunst-Zug-Präsentationsbroschüre.

Entwurf/Design:

Der Künstler Jean Tinguely.

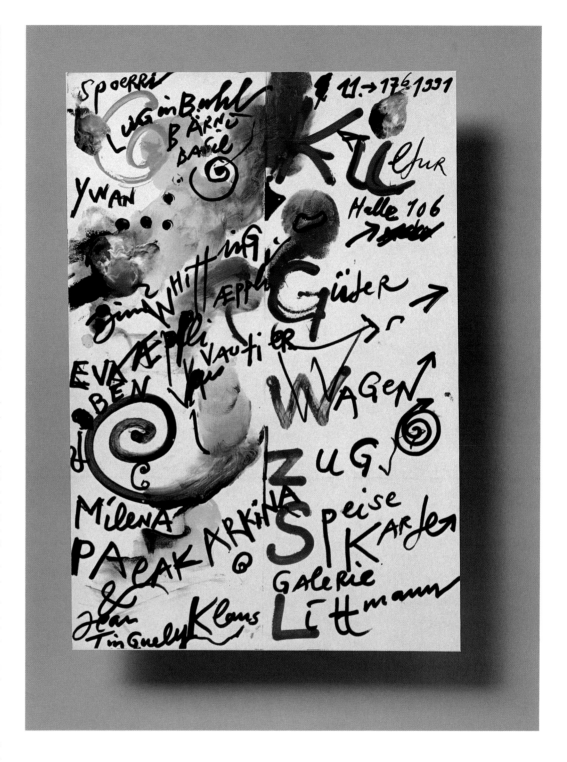

Betrieb:

Stockheim-Gastronomie, Düsseldorf.

Betriebstyp/Charakter:

Diverse gastronomische Konzepte, vorwiegend an verkehrsgeprägten Standorten (Flughafen, Bahnhof). Party-Service.

Zur Karte:

Multifunktionale Aktionskarte.

Kartensystem:

Einfach gefalztes Cover, gestanzte Ecken, beidseitig glanzfolienkaschiert. Format geschlossen 15 x 21 cm. Außenseiten durchgehendes Fotomotiv, innen grüner Fond mit je nach Verwendungszweck wechselndem weißem Texteindruck.

Besonderheiten:

Durchlaufende Karte für alle Betriebe des Unternehmens. Vorrangig eingesetzt für saisonale Aktionen zum Thema 'Frische' – entsprechend der Bildbotschaft des Covers. Auch nutzbar für Sonderveranstaltungen oder als Menükarte.

Entwurf/Design:

U.H. Meyer, Düsseldorf (Cover-Foto).

Betrieb:

Mövenpick Restaurants Schweiz/Deutschland.
(Mövenpick Unternehmungen, Adliswil)

Betriebstyp/Charakter:

Erlebnisbetont, ungezwungen. Profilschwerpunkt
Qualität und Abwechslung. Saisonale Küche. Einheitliche Grundphilosophie; Erscheinungsbild und Angebot variabel.

Zur Karte:

Aktionskarte Tatar.

Kartensystem:

Modifizierter Wickelfalz: eingeklappte Rückseite
schmaler. Format geschlossen 22,5 x 34 cm. Beidseitig vollformatige Foto-Illustration. Glanzfolienkaschiert. Cover-Außenseiten durchgehendes Motiv
mit Basisprodukten auf Kacheluntergrund, Aktionstitel und Logo auf Vorderseite eingeklinkt. Innenseiten
durchgehendes Motiv auf demselben Untergrund:
alle Aktionsgerichte auf Tellern zusammengestellt.
Angebotsauflistung auf Einklappseite innen als Kasten eingedruckt. Zuordnung durch Numerierung.
Preise werden individuell eingefügt. Einklappseite
außen zeigt die Basis-Produktvariante; analoge Gestaltung mit Produktfoto und Textkasten.

Besonderheiten:

Ungewöhnliche Aufsichtperspektive – effektstarke
Inszenierung von Warenfülle. Hoher Appetite Appeal der Produktfotos, noch verstärkt durch Dominanz der visuellen Darstellung gegenüber dem Text-
anteil. Karte gehört zum zentralen Kartenpool des
Unternehmens, von allen Schweizer und deutschen
Betrieben nutzbar.

Entwurf/Design:

Mövenpick Werbung Restaurants Schweiz, Adliswil.

Hinweis:

Cover-Motiv ebenfalls verwendet für Tischsets, siehe
Seite 233.

/ GAMBERI «NOILLY PRAT»
Con salsa al pesce e alla panna
aromatizzata al Noilly Prat, porri,
sedano e carote. Con riso.
Fr. 20.50

2 GAMBERI «ROSE ISLAND»
Saltati su salsa Rose Island,
con insalata di mele e ananas.
Con pane brioche tostato.
Fr. 18.50

3 GAMBERI «CURRY»
Con mango, peperoni, porri, funghi
cinesi e salsa alla panna e al curry.
Con riso.
Fr. 22.50

4 GAMBERI «MAH-MEE»
Con porri, carote, funghi cinesi,
funghi Shitake e tagliatelle cinesi,
affinati con da salsa di soia e curry.
Fr. 23.50

5 GAMBERI FRITTI
Con insalata di zucchine
e finocchi, e salsa alla tartara.
Fr. 21.50

6 GAMBERI «DANIELI»
Spiedino arrostito e gratinato
con burro Café de Paris.
Con spinaci al burro e riso.
Fr. 21.50

Betrieb:

Mövenpick Restaurants Schweiz/Deutschland.
(Mövenpick Unternehmungen, Adliswil)

Betriebstyp/Charakter:

Erlebnisbetont, ungezwungen. Profilschwerpunkt Qualität und Abwechslung. Saisonale Küche. Einheitliche Grundphilosophie, Erscheinungsbild und Angebot variabel.

Zur Karte:

Aktionskarte Gamberi (Riesencrevetten).

Kartensystem:

Einfach gefalztes Cover, beidseitig mit Fotomotiven bedruckt und glanzfolienkaschiert. Format geschlossen 22,5 x 34 cm. Außenseiten vollformatiges, durchgehendes Motiv: sparsame, atmosphäreschaffende Accessoires auf Steinplatte. Vorderseite mit Aktionstitel auf grauem Fond und freigestelltem Logo. Innenseiten: alle Aktionsgerichte auf demselben Untergrund auf Tellern zusammengestellt. Unten graues Band mit Angebotsauflistung, Zuordnung durch Numerierung.

Besonderheiten:

Animationsstarke Optik durch Aufsichtperspektive. Dominanz der Fotomotive schafft hohen Appetite Appeal. Karte gehört zum zentralen Kartenpool des Unternehmens, nutzbar von allen Schweizer und deutschen Betrieben. Angebotseindruck variiert je nach Standort.

Entwurf/Design:

Mövenpick Werbung Restaurants Schweiz, Adliswil.

Hinweis:

Korrespondierendes Motiv auf Tischset, siehe Seite 232.

GAMBERI

MÖVENPICK

Betrieb:

Mövenpick Restaurants Schweiz/Deutschland.
(Mövenpick Unternehmungen, Adliswil)

Betriebstyp/Charakter:

Erlebnisbetont, ungezwungen. Profilschwerpunkt
Qualität und Abwechslung. Saisonale Küche. Einheitliche Grundphilosophie, Erscheinungsbild und Angebot variabel.

Zu den Karten:

Aktions-Einlegekarten, eingesetzt für kleinere produktbezogene Aktionen.

Kartensystem:

Kartons im Format 15 x 29,5 cm, Vorderseite oben
farbiges Fotomotiv. Rückseite blanco. Angebot wird
vor Ort eingefügt. Motive jeweils aufs Aktionsthema
verweisende Produktinszenierungen, überwiegend
in Aufsichtperspektive. Teilweise Belebung des Hin-
tergrunds durch Farbstreifen.

Besonderheiten:

Karten gehören zum zentralen Kartenpool des Unternehmens, nutzbar von allen Schweizer und deutschen Betrieben. Neben den abgebildeten sind noch
zahlreiche weitere Motive verfügbar, vielfach auch
Tischsets in korrespondierendem Design.

Entwurf/Design:

Mövenpick Werbung Restaurants Schweiz, Adliswil.

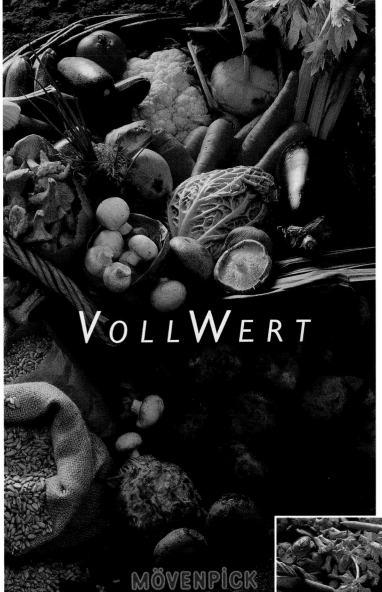

V O L L W E R T

MÖVENPICK

Betrieb:

Mövenpick Restaurants Schweiz/Deutschland.
(Mövenpick Unternehmungen, Adliswil)

Betriebstyp/Charakter:

Erlebnisbetont, ungezwungen. Profilschwerpunkt Qualität und Abwechslung. Saisonale Küche. Einheitliche Grundphilosophie, Erscheinungsbild und Angebot variabel.

Zur Karte:

Aktionskarte Vollwert.

Kartensystem:

Einfach gefalztes Cover, beidseitig mit vollformatigen Fotomotiven bedruckt und glanzfolienkaschiert. Format geschlossen 22,5 x 34 cm. Cover-Außenseiten durchgehendes Motiv mit Gemüsen auf Gartenerde, Aktionstitel und Logo auf Vorderseite eingeklinkt. Innenseiten: alle Aktionsgerichte auf Tellern zusammengestellt, ebenfalls auf Erde. Unten schmales Band für Angebotsauflistung mit Beschreibungen und Preisen. Zuordnung durch Numerierung.

Besonderheiten:

Aufsichtperspektive erzeugt Eindruck von Warenfülle. Hoher Appetite Appeal durch Dominanz der Fotomotive. Produktgruppengerechtes Hintergrunddekor mit starker atmosphärischer Ausstrahlung. Karte gehört zum zentralen Kartenpool des Unternehmens, nutzbar von allen Schweizer und deutschen Betrieben.

Entwurf/Design:

Mövenpick Werbung Restaurants Schweiz, Adliswil.

Hinweis:

Cover-Motiv ebenfalls verwendet für Tischsets, siehe Seite 234.

ROHKOST-SALAT	SELLERIE-SCHEIBEN	GALETTEN	SHITAKEPILZE UND GEMÜSE	VOLLKORN-SPAGHETTI	SALAT-KOMPOSITION	GEMÜSE-SELEKTION	FRISCHKORN-MUESLI	ROHKOST-PALETTE	TORTILLA
Richtige Vollwerternährung beginnt bekanntlich mit Rohkost. So empfehlen wir Ihnen als VORSPEISE unseren Rohkost-Salat.	In Vollkornbrösel leicht paniert und gebraten, mit Lauchstreifen auf einer Weisswein-Buttersauce in Butter gebraten. Gemischtes Gemüse und einem Vollgriess-Gnocchi.	Grünkern- und Vollkorn-Galetten mit Basilikum und Thymian gewürzt, in Butter gebraten. Gemischtes Gemüse und Sauce tomates concassés.	Reichhaltiges Gemüse-Pilzgericht mit Soja-Mirin-sauce, fernöstlich gewürzt und mit Vollreis serviert.	Mit Eierschwämmli, kalt gepresstem Olivenöl, frischem Basilikum und gerösteten Pinienkernen.	Wirz- und Stangen-selleriesalat an Joghurt-Dressing, rohe Randen, gekochtes Ei, Apfel-schnitze, Sesamsamen garniert mit Baumnüssen, Sonnenblumen- und Kürbiskernen.	Eine Auswahl von sieben frischen Gemüsen mit Kürbiskern-Mousseline.	Mit geschrotetem Dinkel, Weizen, Roggen und Hafer. Zubereitet mit Joghurt, frischen Früchten, Honig, Zitronensaft und Rahm garniert mit Baumnüssen, Sonnenblumen- und Kürbiskernen.	Rohe Gemüse und Früchte mit Kräuter- und Quark-Dip, gekernter Linsenplatz und geröstete Kürbiskerne.	Flache Omelette mit sautierten Zwiebelstreifen, Gemüse und frischen Eierschwämmli.
Fr. 4.20	Fr. 15.30	Fr. 14.70	Fr. 16.50	Fr. 16.80	Fr. 11.–	Fr. 13.80	Fr. 7.80	Fr. 14.50	Fr. 12.60

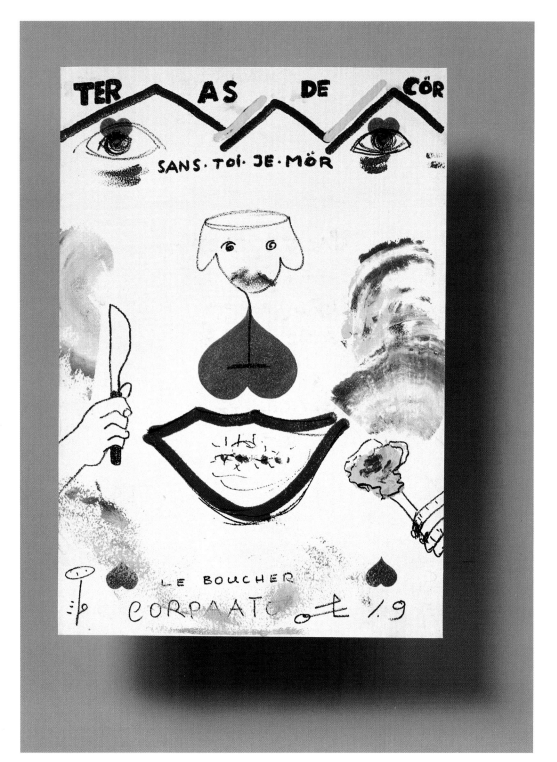

Betrieb:

Golfhotel Les Hauts de Gstaad, Saanenmöser.

Betriebstyp/Charakter:

Gastronomie auf der Sonnenterrasse des Hotels: 'Ter as de cör'.

Zu den Karten:

Terrassenkarten der Sommersaison 1991.

Kartensystem:

Beidseitig bedruckte Einzelblätter, Format 15 x 21 cm. Karten-Kunstwerke: Rückseite stellt Herz-As-Karte dar, Vorderseite ohne zentrales Motiv. Grunddekor vorgedruckt, Angebot handschriftlich, nachträglich einkopiert. Je Karte ein Menüvorschlag oder eine Botschaft für den Leser/Gast; jeweils sechs bis acht Karten werden mit Wäscheklammer zusammengehalten.

Besonderheiten:

Karten sind hervorgegangen aus Performance anläßlich eines Tags der offenen Tür im Juli 1991: Der Metzger-Wirt-Koch-Künstler Corpaato bemalte mit dem Messer eine überdimensionale, gut 7 m hohe Herz-As-Karte. Herz-As-Motiv entstand durch Wortspiel: Ter as de cör (Corpaato'sche Lautschrift für: Terrasse de Coeur) wird zu as de coeur (Herz-As). Karte wurde von der Hochschule St. Gallen 1991 im Rahmen eines Wettbewerbs als originellste Speisekarte ausgezeichnet.

Entwurf/Design:

Der Künstler Corpaato (Jean Pierre Corpataux), Freiburg (CH).

DIE GURKE

Betrieb:

Gutsausschank Schloss Vollrads, Oestrich-Winkel.

Betriebstyp/Charakter:

Restaurant im Gutsschloß, idyllische Ausflugslage, ländlich-anspruchsvolle Küche.

Zu den Karten:

Aktionskarten-Ensemble, drei produktbezogene Themen: Erdbeere, Gurke, Brennessel.

Kartensystem:

Einheitlicher Kartenauftritt: Einfach gefalztes Cover, Außenseiten illustriert und glanzfolienkaschiert, linke Innenseite Informationen zum beworbenen Produkt, rechte Innenseite Angebot. Cover-Vorderseite jeweils produktbezogenes Bildmotiv, visuelle Bezugnahme auf das Gutsschloß. Unterzeile nennt aktioniertes Produkt. Cover-Rückseite zeichnerische Variation des Themas.

Besonderheiten:

Aktionskarten werden jährlich saisonbezogen eingesetzt. Sympathie-Effekt durch heiteren Charakter der Illustrationen. Zu jeder Aktionskarte wird eine Broschüre mit den Rezepturen der offerierten Gerichte zum Kauf angeboten; mit jeweils identischer Cover-Optik und im gleichen Format. Hinweis darauf in den Aktionskarten.

Entwurf/Design:

Der Künstler Michael Apitz, Geisenheim (Illustrationen).

DIE ERDBEERE

DIE BRENNESSEL

Spielwiese für kreative Ausdrucksformen

Geboren wurde die Idee der Tisch- und Tablettsets in einem ziemlich funktional geprägten Milieu: der Fast Food-Welt, wie sie sich vor einigen Jahrzehnten präsentierte. Da hatten sie – in gleichsam eingedampfter Form – gleich zwei Momente zu ersetzen: Tischdecke und Speisekarte. Ihre Aufgabe war zugleich ästhetischer, nämlich die Tischoptik aufwertender, und kommunikativer Natur; jedoch unter durchaus rationalen Vorzeichen. Mehr oder weniger beschränkte sich ihr Auftritt ursprünglich auf SB-Betriebstypen.

Heute finden wir Tisch- oder Tablettsets sehr häufig auch in Bedienungskonzepten und nur noch selten als echte Alternative zur klassischen Speisekarte. Die Nutzung als alleiniges Systemmoment, wie sie etwa die Maredo-Steakhäuser in den Anfangsjahren praktizierten, hat an Bedeutung verloren: Inzwischen wird das Set in aller Regel als zusätzliches, kartenunterstützendes Medium eingesetzt.

Die Entlastung von der Alleinverantwortung für die Angebotskommunikation hat sich als enorm beflügelnd erwiesen. Damit konnten sich die papiernen Informationsträger einen einzigartigen ästhetisch-gestalterischen Spielraum erobern: Im Vergleich zur klassischen Karte leisten sie in dieser ergänzenden Rolle weniger und mehr zugleich. Denn mit fortschreitender Emanzipation von der Informationsaufgabe kann das Set immer entschiedener als Marketing-Instrument genutzt werden: Das Gewicht verlagert sich hin zum Werbeaspekt.

Heutzutage reicht die Skala der Set-Funktionen weit über die Merchandising-Möglichkeiten klassischer Karten hinaus. Angefangen beim

* Schwerpunkt auf der Informationsleistung – analog zur Speisekarte – über die

* Kombination von Information und Stimulierung bis hin zur

* ausschließlich untermalenden, animierenden Wirkung.

Interessant wird das Set als Marketing-Mittel deshalb, weil der Gast es während der kompletten Verweildauer im Restaurant direkt vor Augen hat – anders als die Speisekarte. Eine ausgesprochene Chance für die Marketing-Akteure, differenziertere Zielsetzungen offensiv zu verfolgen.

Die stimulierende Wirkung der Set-Optik erlaubt es, bestimmte Artikel oder Artikelgruppen herauszustellen und damit den Abverkauf zu steuern. Charakter und Design der visuellen Umsetzung spiegeln dabei das Selbstverständnis des jeweiligen Konzepts wider: eher preis- oder eher erlebnisbetont.

Text und Bebilderung setzen die gewünschten Akzente – je stärker die optische Anmache, desto spürbarer der Nachfrageeffekt.

Dies gilt natürlich nur in Bedienungsbetrieben; da versteht sich das Tischset als Werbung am Point of Sale. Direkt oder indirekt kann der Gast im Vorfeld seiner Entscheidung auf bestimmte Produkte/Produktgruppen aufmerksam gemacht werden.

Anders in SB-Konzepten: Hier untermalt das Set den Kaufakt; das Steuerungsmoment tritt in den Hintergrund. Stattdessen: Markenauftritt, Selbstdarstellung, emotionale Bindung. Imagesignale, die zum Wiederkommen motivieren.

Die große Stärke von Tisch- und Tablettsets ist ihre Vielseitigkeit. Sie eignen sich hervorragend dafür, visuelle Stimmung zu schaffen: für ausgewählte Angebotsbereiche, für wechselnde Aktionen oder Sonderangebote. Für Zusatzverkäufe und Testprodukte. Aber auch reine Imageaussagen sind möglich – ohne jede Produktanbindung.

Die Übergänge zwischen Produkt- und Imagewerbung sind, das versteht sich, fließend. Im Wie der Darstellung steckt immer auch eine Aussage über das Selbstverständnis des Gastronomen! Vorsicht ist lediglich dort geboten, wo ein Set konkrete Offerten abbildet. Der limitierende Faktor heißt in diesem Fall: Realitätstreue. Optische Attraktivität ja, aber ein Zuviel an Idealisierung schadet der Glaubwürdigkeit.

Zweifellos hat sich unter den gastronomischen Systemen Mitteleuropas vor allem Mövenpick in dieser Disziplin hervorgetan: als Verfechter einer äußerst kreativen Tischset-Politik. Das Schweizer Unternehmen liefert ungemein vielfältiges Anschauungsmaterial dafür, wie sich die Set-Optik vollständig von der konkreten Angebotsbeschreibung lösen läßt. Der blanke ästhetische Genuß, frei von jedem buchstäblichen Bezug auf das gemeinte Produktfeld, wird so zum subtilen, aber wirkungsvollen Stimmungsmacher.

Bemerkenswert ist ganz generell der Beitrag der Schweizer Gastronomie zu diesem Thema. Von der reichen Vielfalt ihrer Gestaltungsideen sollte man sich ganz einfach inspirieren lassen!

Fast alle Beispiele dokumentieren den Übergang im Set-Design zur reinen Bildoptik – in manchen Fällen erreicht es durchaus künstlerisches Niveau. Nirgendwo kann in der Kommunikation mit dem Gast ein ähnlich großer Freiheitsgrad ausgeschöpft werden; die Möglichkeiten sind schier unbegrenzt. Bis hin zur Gestaltung von Künstlerhand!

In diesem Verständnis als Design- und Marketing-Spielwiese sprengt das Tisch- bzw. Tablettset ohne Frage die Kartenfunktion. Gerade darin liegt jedoch die Bedeutung dieser Disziplin – als Impulsgeber in Sachen Gestaltung. Auch für die benachbarten Kommunikationsmedien im Restaurant.

Zugleich eröffnen sich vielfältige Verknüpfungsmöglichkeiten unter dem Dach des Corporate Design. Visuelle und thematische Bezüge, das Spiel mit Zitaten – so lassen sich alle Elemente des Auftritts zu einem ganzheitlichen Erscheinungsbild zusammenbinden. Weiter: Set-Serien in einheitlicher Design-Handschrift. Oder die Einbindung von Lieferpartnern, von Sponsoren.

Letzteres dürfte auch für Einzelbetriebe ein gangbarer Weg sein, um mit Tisch- oder Tablettsets zu arbeiten. In der Realität nutzen bisher fast ausschließlich multiplizierte Systeme dies kreative, vielseitige Medium. Doch es wäre unklug, es als ästhetischen Luxusartikel abzutun: In ihm steckt geballtes Merchandising-Potential.

Playground for creative forms of expression

Actually the idea of table and tray sets was born in a very functional environment: in the world of fast-food restaurants as it emerged a few decades ago. It had to come up with a substitute – in concentrated form – for both table cloth and menu card. The goal was for the result to be both aesthetically pleasing and communicative in nature. The beginnings were in essence very rational efforts, typically to be found in self-service restaurants.

Today, we also frequently find table and tray sets in restaurants with a service-concept, and only rarely do they serve as an alternative to menu cards. The use as the single visual signal of significance (as in Maredo steakhouses during their first years) has also gone out of fashion; today the set is generally used as an additional supporting medium.

Relieved of the burden of being singly responsible for communicating the services offered, they could now become a totally new carrier of information; suddenly these pieces of paper became a playground for new possibilities in design and aesthetics. In comparison to regular menu-cards they now achieve less and more at the same time. With growing emancipation from the information-objective, the sets could now be used as a marketing-instrument: the emphasis shifted to advertisement.

Today, the set's scale of function by far surpasses the merchandizing possibilities of classical cards. Beginning with

* the emphasis on information – analogous to the menu-card – over to
* a combination of information and stimulation all the way to
* a purely decorative, animating effect.

The set is especially interesting because a customer will have it right in front of his eyes during his entire stay in a restaurant – much different than a menu-card. This is quite a chance for marketing coaches to put to use more differentiated marketing strategies.

The stimulating effect of the set helps to underline certain articles or groups of articles, and to influence the frequency of sales. Character and design in this case reflect the self-image of the particular concept: the emphasis is either on the financially attractive or the emotionally charged aspect.

Wording and illustration set the desired effects – the stronger the visual stimulation, the stronger the effect measurable in sales. Whether the offers are listed with price included or suggestive 'food' photography speaks for itself – this depends on the amount of influence desired and on the general concept.

This of course is only the case in service-concept restaurants; here a set is advertisement at the 'point of sale'. The customer's attention can directly or indirectly be directed to certain products/groups of products before he makes up his mind.

This is different in self-service-concepts: here the set will underline the sale directly. The influencing effect looses importance. Instead: brandname, image presentation, and emotional reminders set signals to motivate a return visit.

The great forte of table and tray sets is their versatility. They lend themselves in an exceptional way to create visual accents: to stimulate sales in certain product-segments, for various special attractions and promotions, and for additional sales and testing new products. But there are also purely aesthetically pleasing possibilities to emphasize an image – with no ties to any particular product.

The lines between product and image advertisement are of course very softly drawn. A pleasing presentation always expresses a statement about the establishment's self-image. Care needs to be taken where a concrete offer is realistically pictured. The limiting factor in this case is having to stay very close to reality. It is okay to opt for visual attraction, but any idealization is damaging to credibility. Any awakened expectation needs to be redeemable.

No doubt – Mövenpick has distinguished itself in this discipline among the gastronomical systems in Central Europe: their use of table sets has been extraordinarily creative. This Swiss enterprise offers ample evidence of how to completely free the set-visuals from delivering product information. The sheer aesthetic enjoyment, not burdened by any literal reference to the product sold, becomes a subtle but effective mood-setter.

In general, Swiss gastronomical industry has contributed many innovative ideas to this theme. One should take the chance to be inspired by the multitude of design ideas.

Almost all examples document the change in set design, with the trend going to to pure imagery – in some cases at an almost artistic level. Nowhere else is there so much freedom in communicating with the customer, the possibilities are nearly unlimited. They go all the way to exclusive artist's designs – a very effective contribution to corporate culture.

In this conception as design and marketing playground, the table or tray set of course by far surpasses the menu-card function. This is just the strongpoint of this discipline – it sets impulses in design and strongly influences all 'neighbouring' means of communication in a restaurant.

At the same time, there are many possibilities of integrating the set into the corporate design. Visual and thematic references, playing with quotations – all elements of visual presentation can be tied into a harmonious whole. Or even further: set series matching in design, or bringing into the game a supplier or sponsor.

This last example could also be a possibility for individual restaurants in order to work with table or tray sets. It is true, that up to almost only multiplied systems have used this creative, versatile medium. It would be unwise, though, to put it down as an aesthetic luxury article: it is loaded with marketing potential!

Betrieb:

Cindy Restaurants Schweiz.
(Mövenpick Unternehmungen, Adliswil)

Betriebstyp/Charakter:

Fast Food-Konzept, Counterservice, Profilprodukte Burger und Pizza. Junge Kernzielgruppe. Multipliziert.

Zu den Sets:

Zwei Tablettsets im Comic-Stil, der Pop Art à la Roy Lichtenstein nachempfunden. Format 36 x 26 cm (I love you) und 37 x 26 cm (Take away-Comicstrip). Image-Werbung und Gesamt-Promotion für Pizza bzw. Take away.

Besonderheiten:

Tablettsets sind Bestandteil eines umfangreichen Werbemittel-Pakets: Poster, Aufkleber, mit analogen Sujets bedruckte T-Shirts, Mitnahme-Folder. Wiederkehrende Motive/Figuren. Überwiegend eingesetzt zwecks Kommunikation von Gewinnspielen und anderen Mitmach-Kampagnen zur Stärkung der Gästebindung und Erhöhung des Sympathiewerts der Marke. Pop-Art-Design und direkte Ansprache – 'Hol dir die Pizza' – abgestimmt auf junge Klientel.

Entwurf/Design:

Klaus Winckler, Agentur Winckler, Frankfurt/Main (Illustrationen)/Cindy.

Betrieb:

Romeo! Romeo!, Köln.
(Bis 1991; Spitz-Gruppe, Köln)

Betriebstyp/Charakter:

Italian Bar. Mischkonzept: Café/Bistro, erlebnis- und
kommunikationsbetont. Zeitgeistig. Anspruchsvoller
positioniert, kleine, feine Snacks.

Zu den Sets:

Zwei Tischset-Varianten, rein atmosphäre-unterstüt-
zend. Farbig bedruckt. Format 34 x 24 cm. Illustrationen: zeichnerische Interpretationen des Logos –
Schriftzug plus Kellnerfigur, im Original türkis/rot.

Besonderheiten:

Stil der Farbzeichnungen impliziert Identitätsaussa-
ge: Unkonventionell, modern, design-bewußt. De-
zente Einbindung von Sponsoren. Visitenkarte
ready-to-use für die Adressenkartei. Durchgehende
Verwendung des Wort-Bild-Logos für alle sonstigen
Kommunikations- und Werbemittel.

Entwurf/Design:

Agentur Axis, Köln.

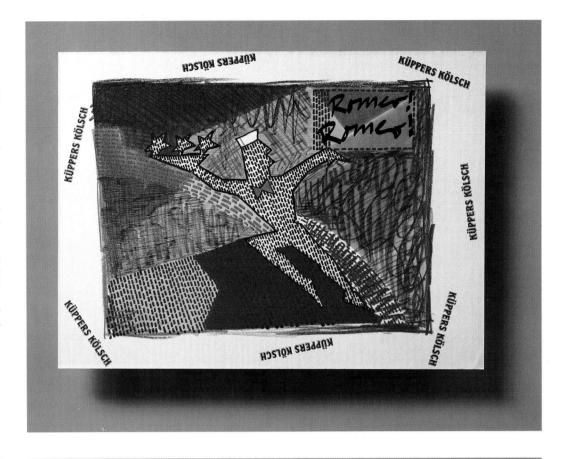

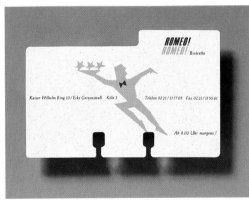

Betrieb:

Wienerwald-Restaurants Deutschland.
(Wigast, Wien)

Betriebstyp/Charakter:

Geflügel-Spezialitätenkonzept, multipliziert.

Zu den Sets:

Zwei Tischsets in verwandtem Design. Format 34 x
24 cm. Motiv Hähnchenbrustfilet im Rahmen einer
Sonder-Verkaufsaktion eingesetzt (Produkttest),
speisekartenergänzend. Aktionsangebot nicht in der
Standardkarte vertreten. Unterstützend Poster mit
analogem Motiv. Enten-Tischset zur Bewerbung einer Entenaktion. Ergänzend zur Speisekarte eingesetzt, Aktionsprodukt nicht in damaliger Standardkarte vertreten.

Besonderheiten:

Enten-Tischset ist Bestandteil eines umfassenden
Verkaufsförderungs-Pakets. Weitere Werbemittel in
den Betrieben: Fensterplakate, Tischaufsteller, Dek-
kenhänger, Buttons für Mitarbeiter, Servietten mit Ein-
druck des Aktionssymbols Ente (siehe Tischset),
Fähnchen zum Einstecken in die Grillente. Folder zur
Verteilung im Straßenverkauf. Als Geschenk und
Sympathieträger für Gäste: kleine Tonenten.

Entwurf/Design:

Wienerwald Deutschland (Konzept)/Hildmann &
Schneider, Düsseldorf.

Betrieb:

Kaufhof-Gastronomie.
(KGSG Kaufhof Gastronomie Service Gesellschaft, Köln)

Betriebstyp/Charakter:

Handelsgastronomie. Restaurants in Kaufhof-Warenhäusern. Breiter Sortiments- und Zielgruppenansatz.

Zu den Sets:

Serie von drei Sets im Format 40 x 28 cm, eingesetzt als Tischset in Bedienungsbetrieben, als Tablettset in Selbstbedienungsbetrieben. Speisekartenergänzend: Gezielte Bewerbung eines Aktionsprodukts; nicht in Standardkarte vertreten. Gleichzeitig genutzt als Promotionmedium für Produktgruppe Schnitzel.

Besonderheiten:

Hoher Animationsgrad durch großformatige Produktfotos.

Entwurf/Design:

Agentur Hessel, Solingen.

Betrieb:

Kartoffel mit ... , Hamburg.
(Deutsche Service-Gesellschaft der Bahn, Frankfurt/Main)

Betriebstyp/Charakter:

Kartoffel-Spezialitätenkonzept, entwickelt für Markthallen u.ä. an Bahnhofsstandorten. Hier: Wandelhalle im Hamburger Hauptbahnhof. Fast-foodig, komprimiertes Sortiment. Schauküche mit Rundum-Counter.

Zum Set:

Tisch- bzw. Thekenset mit Speisekartenfunktion. Format 41,5 x 29,5 cm. Speise- und Getränkeangebot auf einen Blick. Zusätzlich Tagesspezialität über Tafeln kommuniziert. Set-Farbgebung produktgerecht in 'Erdfarben' mit kräftigen Farbakzenten in der Typographie.

Besonderheiten:

Besondere Kommunikationsaufgabe des Tischsets: Schnell verständliche Erklärung des Kombinationsprinzips im Kernsortiment mit drei Basisprodukten und Preisstaffelung je nach Zutaten-Gruppe.

Entwurf/Design:

Hamburger Bahnhofsgaststätten Gesellschaft (DSG, Frankfurt/Main).

Betrieb:

Spaghetti Factory Schweiz.
(Bindella Unternehmungen, Zürich)

Betriebstyp/Charakter:

Junges Spezialitätenkonzept mit Produktschwerpunkt Spaghetti; Profilbasis: die italo-amerikanische Spaghetti-Kultur. Multipliziert.

Zu den Sets:

Zwei Tischset-Varianten: Frühstücks-Set und Standard-Set. Format 39 x 28,5 cm. Farbgebung variiert die beiden Farben des Logos. Beide Sets übernehmen Speisekartenfunktion; Frühstücksangebot sowie Spaghetti-Kernsortiment ausschließlich über Sets kommuniziert. Ergänzend Sonderkarten zur Forcierung/Vertiefung der auch auf Standard-Set erscheinenden Randsortimentsgruppen.

Besonderheiten:

Gestaltung der Sets in Anlehnung an 'Stars and Stripes', die US-Flagge. Unterstreicht die Fundierung des Konzepts im US-amerikanischen bzw. californischen Lebensgefühl. Durchgehalten bis hin zur Namensgebung der angebotenen Gerichte. Corporate-Design-Konzept; Logo und Streifenmotiv auch für Merchandise-Produkte und sonstige Kommunikationsmittel eingesetzt. Spaghetti-Foto aus aktueller Image-Broschüre.

Entwurf/Design:

Werbeatelier Gerhard Brauchle, Thal/Lesch & Frei Werbeagentur, Zürich (Logo, Tischsets).

Hinweis:

Weiterführung des Designs bei den Sonderkarten, siehe Seite 155.

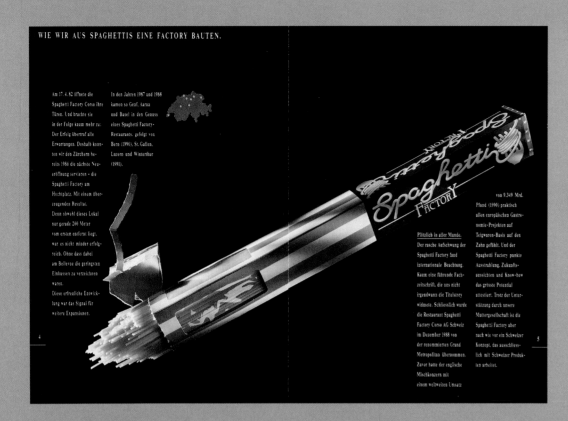

WIE WIR AUS SPAGHETTIS EINE FACTORY BAUTEN.

Am 17. 4. 92 öffnete die Spaghetti Factory Corso ihre Türen. Und brachte sie in der Folge kaum mehr zu: Der Erfolg übertraf alle Erwartungen. Deshalb konnten wir den Zürchern bereits 1986 die nächste Neueröffnung servieren – die Spaghetti Factory am Hechtplatz. Mit einem überzeugenden Resultat. Denn obwohl dieses Lokal nur gerade 200 Meter vom ersten entfernt liegt, war es nicht minder erfolgreich. Ohne dass dabei am Bellevue die geringsten Einbussen zu verzeichnen waren.

Diese erfreuliche Entwicklung war das Signal für weitere Expansionen.

In den Jahren 1987 und 1988 kamen so Graf, Aarau und Basel in den Genuss eines Spaghetti Factory-Restaurants, gefolgt von Bern (1990), St. Gallen, Luzern und Winterthur (1991).

Plötzlich in aller Munde. Der rasche Aufschwung der Spaghetti Factory fand internationale Beachtung. Kaum eine führende Fachzeitschrift, die uns nicht irgendwann die Titelstory widmete. Schliesslich wurde die Restaurant Spaghetti Factory Corso AG Schweiz im Dezember 1988 von der renommierten Grand Metropolitan übernommen. Zuvor hatte der englische Mischkonzern mit einem weltweiten Umsatz von 9.349 Mrd. Pfund (1990) praktisch allen europäischen Gastronomie-Projekten auf den Teigwaren-Basis auf den Zahn gefühlt. Und der Spaghetti Factory punkto Ausstrahlung, Zukunftsaussichten und Know-how das grösste Potential attestiert. Trotz der Unterstützung durch unsere Muttergesellschaft ist die Spaghetti Factory aber nach wie vor ein Schweizer Konzept, das ausschliesslich mit Schweizer Produkten arbeitet.

Betrieb:

Naturhistorisches Museum Freiburg (CH).

Zu den Sets:

Vierteilige Tischset-Serie, jedes Set konzipiert als Origami-Faltspiel mit Anleitung zum Falten von Tierfiguren. Format 39 x 28 cm, perforiert. Externer Einsatz zur Bewerbung des Museums: Sets wurden vornehmlich für Schulkantinen und andere Restaurants öffentlicher Träger im Kanton Freiburg zur Verfügung gestellt (Auflage: 100.000 Stück).

Besonderheiten:

Sehr schöne thematische Anbindung an das Museum. Ausgezeichnet mit Gold und dem Preis der Jury im Schweizer Tischset-Gestaltungswettbewerb 1990 (Patronat: Bruhin Druckerei, Freienbach).

Entwurf/Design:

Naturhistorisches Museum (Idee)/Hannes Saxer, Bern (Reinzeichnungen)/Agentur Conception Realisation, Communication Visuelle Roland Diacon, Bern.

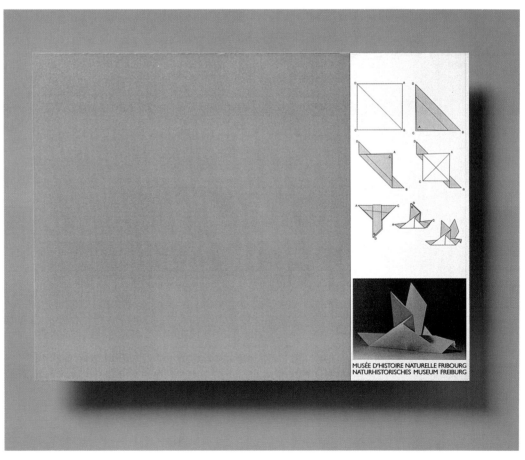

Betrieb:

Orion Restaurants und Kongresszentrum, Zürich.
(Bis Frühjahr 1990: Kramer Restaurationsbetriebe,
Uitikon-Waldegg)

Betriebstyp/Charakter:

Restaurantkomplex mit Tagesrestaurant und Feinschmecker-Restaurant (Orion Le Gourmet), Kon-
greßkapazitäten.

Zu den Sets:

Tischset-Serie mit vier Motiven, eingesetzt im Tagesrestaurant. Keine Speisekartenfunktion; dekorativ-at-
mosphärische Untermalung und Bewerbung der Betriebsteile Kongreßzentrum und Feinschmecker-
Restaurant. Format 40 x 28 cm.

Besonderheiten:

Fotomotive und Layout der Tischsets wiederholen
Motive der Le Gourmet-Speisekarte. Wechselnde
Promotion-Texte. Die Serie wurde im Schweizer
Tischset-Gestaltungswettbewerb 1988 (Patronat:
Bruhin Druckerei, Freienbach), mit Gold und dem
Preis der Jury ausgezeichnet.

Entwurf/Design:

Agentur Marty, Köniz (Bern).

Hinweis:

Im gleichen Design: die Speisekarte des Feinschmek-
ker-Restaurants Orion Le Gourmet, siehe Seite 70
und 71.

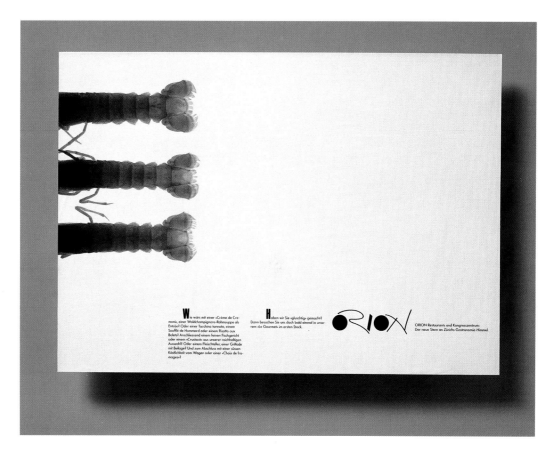

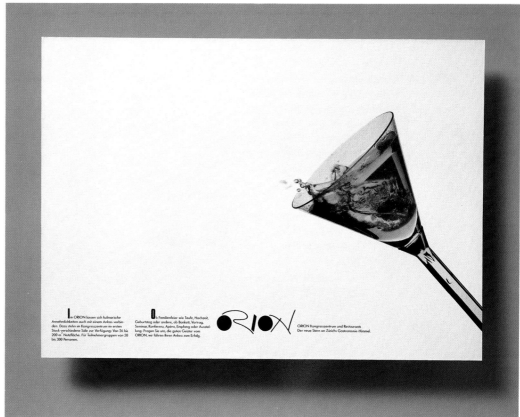

Kennen Sie unser «Le Gourmet» im ersten Stock? Nein? Dann schauen Sie doch mal herein. Kommen Sie die Treppe hoch und lassen Sie sich überraschen: Von der imposanten Präsentation der frischen Tagesangebote auf dem mit Crushed-Ice gefüllten Buffet. Von der Innenarchitektur und der Ambiance.

Lassen Sie sich vom Chef-de-Service die Karte zeigen oder gleich einen Tisch reservieren: Für heute abend. Oder für morgen. Für ein Tête-à-tête, eine Familienfeier oder ein geschäftliches Treffen. Ganz wie Sie wünschen – wir sind für Sie da.

ORION Restaurants und Kongresszentrum: Der neue Stern an Zürichs Gastronomie-Himmel.

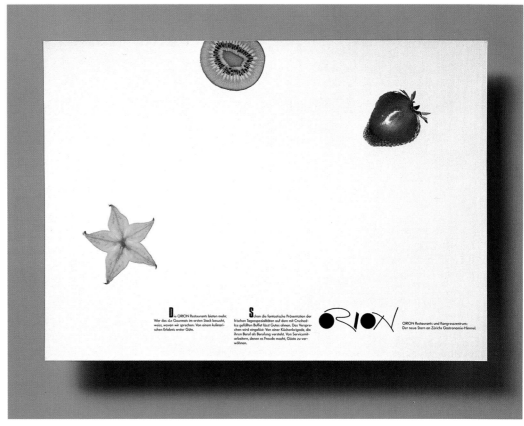

Die ORION Restaurants bieten mehr. Wer das «Le Gourmet» im ersten Stock besucht, weiss, wovon wir sprechen: Von einem kulinarischen Erlebnis erster Güte.

Schon die fantastische Präsentation der frischen Tagesspezialitäten auf dem mit Crushed-Ice gefüllten Buffet lässt Gutes ahnen. Das Versprechen wird eingelöst: Von einer Küchenbrigade, die ihren Beruf als Berufung versteht. Von Servicemitarbeitern, denen es Freude macht, Gäste zu verwöhnen.

ORION Restaurants und Kongresszentrum: Der neue Stern an Zürichs Gastronomie-Himmel.

Betrieb:

Merkur-Restaurants, Schweiz.
(Merkur, Bern)

Betriebstyp/Charakter:

Ca. 30 Restaurants in Einkaufs-Centern und innerstädtischen Hochfrequenzlagen. Familien- und versorgungsorientiert.

Zu den Sets:

Tischset-Ensemble mit vier saisonalen Motiven, abgestimmt auf die Speise- und Getränkekarte der jeweiligen Jahreszeit. Format 39 x 28 cm. Ausschließlich speisekartenbegleitende, atmosphärische Funktion. Layout der Sets verwendet Einzelelemente aus
den Titel-Collagen der Karten vor weißem Hintergrund; zusätzlich kurzer Einstimmungstext.

Besonderheiten:

Beispiel für völlige Emanzipation des Tischsets von
Angebotskommunikation/produktbezogener Ver-
kaufsförderung. Stattdessen: Image-Werbung, Stim-
mungs-Impulse.

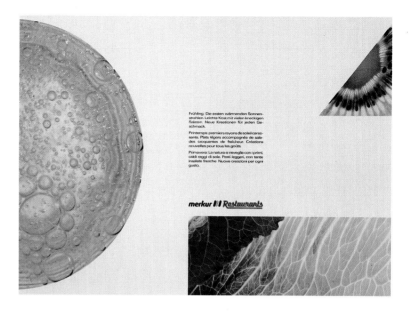

Herbst: Erntezeit. Die Natur bietet ihre Gaben an; vielfältig und reichhaltig. Warme Farben verbreiten ihre wohltuende Wirkung.

Automne: les récoltes battent leur plein. La nature se révèle dans toute sa générosité et sa variété. Les teintes chaudes dispensent leur rayonnement apaisant.

Autunno: tempo di vendemmia; la natura è prodiga di doni, ricchi e preziosi. I colori diventano più sfumati, riempiono l'animo di dolci sensazioni.

merkur ||| Restaurants

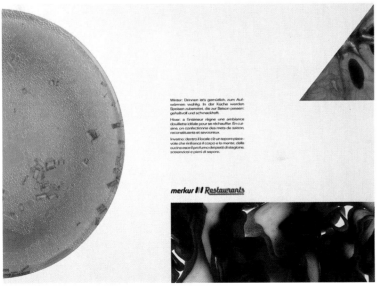

Entwurf/Design:

Agentur Marty, Köniz (Bern).

Hinweis:

Tischset-Design abgestimmt auf Speise- und Getränkekarten, siehe Seite 110 bis 112.

GUTEN MORGEN!

Chili's Mini Frühstück
eine Tasse Verlängerter mit Croissant
oder Baguette und Butter   S 26.–

Chili's Muntermacher
eine Tasse starker Espresso, dazu Croissant
oder Baguette mit Butter und Marmelade   S 38.–

Chili's Favorite
eine Tasse Verlängerter, dazu Croissant oder Baguette
mit Butter und Marmelade, Orangensaft und
ein weichgekochtes Ei   S 46.–

Chili's »Make my day!«
eine Tasse Verlängerter, dazu frisches Gebäck
mit Butter, Marmelade oder Honig,
Orangensaft und zwei Eier im Glas   S 52.–

Chili's »The morning after!«
eine Bloody Mary oder ein Glas Sekt,
frisches Gebäck, Croissants, Marmelade
und Honig, Butter, Orangensaft,
starker Espresso

...und wahlweise

    Ham & Cheese Omelet
    Scrambled Eggs
    Ham & Eggs   S 98.–

Betrieb:

Chili's, Innsbruck.
(System-Gastronomie, Innsbruck)

Betriebstyp/Charakter:

Tex-Mex-Restaurant, Produktschwerpunkte: mexikanische Spezialitäten, Steaks, Burger. Atmosphärestark.

Zum Set:

'Guten Morgen'-Tischset, speisekartenergänzend: Genutzt als Sonderkarte für das Frühstücksangebot. Format 42 x 30 cm, in Kunststoff-Folie eingeschweißt. Grundfarben abgestimmt auf Standard-Speisekarte. Starke atmosphärische Ausstrahlung durch Illustration – optische Einstimmung auf den Verwendungszweck.

Besonderheiten:

Fotomotiv des Tischsets zeigt ein Poster mit einem Kunstwerk des mexikanischen Künstlers Sergio Bustamante. Weitere Poster und Originalplastiken im Restaurant.

Entwurf/Design:

Der Künstler Sergio Bustamante (Foto)/System-Gastronomie, Innsbruck.

Hinweis:

Ebenfalls unter Verwendung eines Bustamante-Objekts: Chili's Speise- und Getränkekarte, siehe Seite 152 bis 154.

Printed in Switzerland / Copyright by Mövenpick

Betrieb:

Mövenpick Restaurants Schweiz/Deutschland.
(Mövenpick Unternehmungen, Adliswil)

Betriebstyp/Charakter:

Erlebnisbetont, ungezwungen. · Profilschwerpunkte
Qualität und Abwechslung. Saisonale Küche. Einheitliche Grundphilosophie; Erscheinungsbild und Angebot variabel.

Zu den Sets:

Auswahl von 18 Motiven aus dem umfangreichen
zentralen Tischset-Pool des Unternehmens, prinzipiell von allen Schweizer und deutschen Betrieben
nutzbar. Format durchgehend 40 x 30 cm. Eingesetzt
parallel zu produktbezogenen Aktionen, aber konsequent losgelöst von konkreter Angebotskommunikation. Ausschließlich atmosphärisch-untermau-
ernde, aufs Aktionsthema lenkende, animierende
und zugleich image-stützende Funktion. Appetite
Appeal im Mittelpunkt.

Entwurf/Design:

Mövenpick Werbung Restaurants Schweiz, Adliswil.

Besonderheiten:

Drei Beispiele aus Tischset-Serie in einheitlichem
Grundlayout. Typisch: farbige, transparent wirkende
Balken im Hintergrund, Schwebeeffekt der gezeigten
Produkte. Sets dienen der optischen Unterstützung
von Pasta-, Austern- und Salataktionen. Die Motive
Salat und Pasta wurden im Schweizer Tischset-Ge-
staltungswettbewerb 1990 (Patronat: Bruhin Druk-
kerei, Freienbach), mit Bronze ausgezeichnet.

Hinweis:

Tischset-Motive werden von Aktions-Fotokarten
aufgenommen, siehe Seite 203 bis 207.

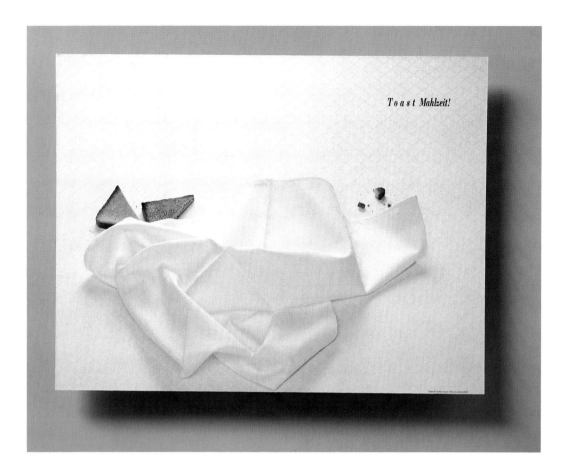

Besonderheiten:

Crevetten- und Toast-Tischset: minimalistisches Design. Typisch: von Mövenpick bevorzugte Aufsichtperspektive.

Hinweis:

Crevetten-Set kann sowohl parallel zur Aktionskarte 'Gamberi (Riesencrevetten)' als auch begleitend zur ähnlich gestalteten Standardkarten-Variante eingesetzt werden, siehe Seite 204 und Seite 105.
Tatar-Tischset ergänzend zur großen Aktionskarte 'Tatar'. Motiv identisch mit Cover-Motiv der Karte, siehe Seite 203.

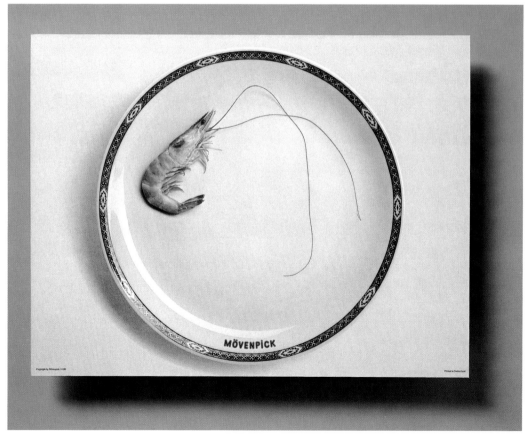

232

Printed in Switzerland. Copyright by Mövenpick

233

Besonderheiten:

Drei Beispiele für optisches 'Herkunfts-Marketing': Scholle, Getreide, Vollwert. Darstellung der aktionierten Produkte/Produktgruppe in ihrem natürlichen, lebendigen Umfeld. Entsprechend dazu erdige, warme, harmonische Farben.

Hinweis:

Vollwert-Tischset (Rohprodukte auf Gartenerde) ergänzend zur großen Vollwert-Aktionskarte. Motiv identisch mit Cover-Motiv, siehe Seite 207.

235

Besonderheiten:

Drei Tischset-Beispiele mit verwandtem Layout-Konzept: Äpfel, Artischocken, Avocados. Typisch: eine aufgeschnittene Frucht vor vielen Früchten. Originelle Idee fürs Apfel-Set (und seltene Abweichung vom Prinzip der reinen Food-Fotografie): das Tischset im Tischset.

236

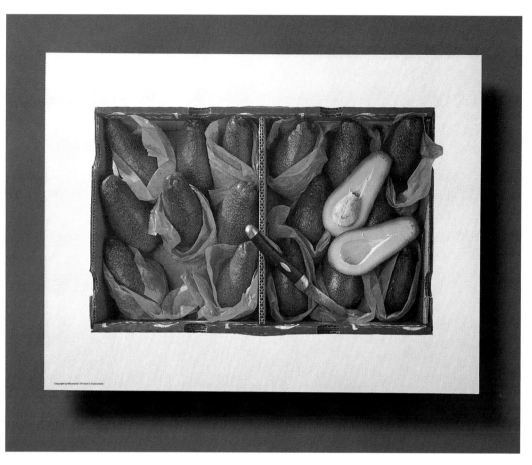

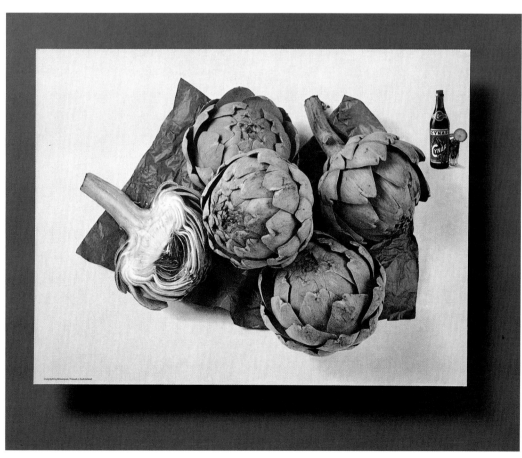

237

Besonderheiten:

Vier Tischset-Beispiele: Melone/Spargel in frontaler
Perspektive, Hummer/Curry in Aufsicht. Die Perspektive bestimmt den dramaturgischen Aufbau der Motive.

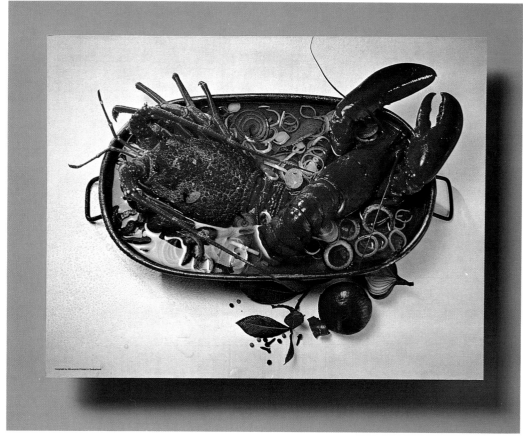

Besonderheiten:

Ein Tischset zur Unterstützung eines Fondue-Programms. Käse-Tischset wurde nur in einzelnen deutschen Mövenpick-Betrieben eingesetzt. Ausgezeichnet mit Silber beim Schweizer Tischset-Gestaltungswettbewerb 1990 (Patronat: Bruhin Druckerei, Freienbach).

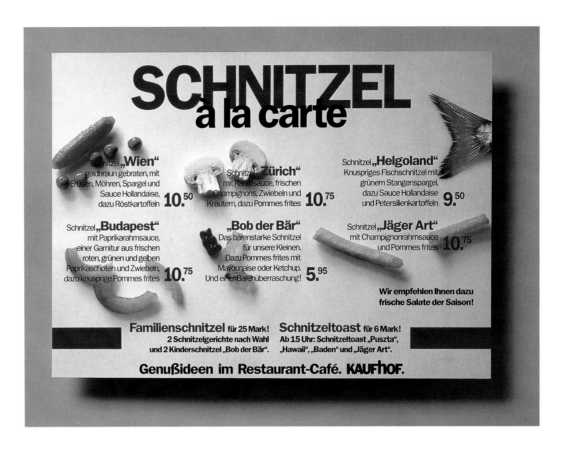

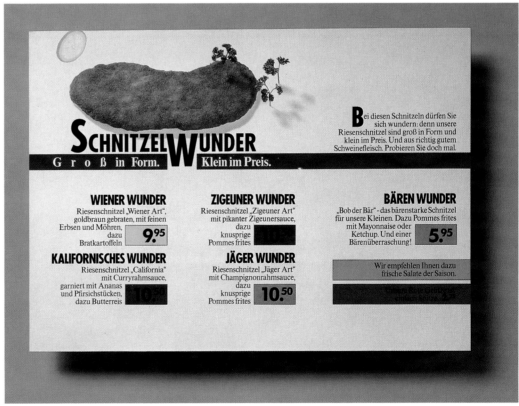

Betrieb:

Kaufhof-/Kaufhalle-Gastronomie.
(KGSG Kaufhof Gastronomie Service Gesellschaft, Köln)

Betriebstyp/Charakter:

Handelsgastronomie. Restaurants in Kaufhof- und Kaufhalle-Warenhäusern. Breiter Sortiments- und Zielgruppenansatz.

Zu den Sets:

Produktgruppen-Dauerpromotion für das als Profil-produkt aufgebaute Schnitzel. 'Schnitzel-Wunder'-Set für Kaufhallen-Restaurants, 'Schnitzel à la carte' für Kaufhof-Restaurants. Einsatz als Tischset in Bedienungsbetrieben, als Tablettset in Selbstbedienungsbetrieben. Format 40 x 28 cm. Speisekartenergänzend; Angebote sind nicht in Standardkarte vertreten.

Besonderheiten:

Unterschiedlicher Kommunikationsansatz je nach Zielgruppe. Preisargument im Vordergrund für preisbewußtere Kaufhallen-Gäste. 'Abstraktere' Darstellung für Kaufhof-Gäste. Sets sind Bestandteil eines umfassenden Werbemittel-Pakets inklusive Plakaten etc. zur ständigen Bewerbung der Produktgruppe.

Entwurf/Design:

Agentur Hessel, Solingen.

**Ein Essen ohne Dessert
ist wie ein Stammtisch ohne Witzrunde!**

Betrieb:

Sais, Zürich.

Betriebstyp/Charakter:

Unternehmen der vorgelagerten Industrie; Convenience-Hersteller.

Zu den Sets:

Tischset-Serie in einheitlichem Layout mit vier Illustrationsmotiven zum Thema 'Dessert', Format 38 x 27 cm. Heitere Bildergeschichten mit Sprechblasentexten und Slogan/Pointe: 'Ein Essen ohne Dessert ist wie . . .' Keine Speisekarten-Funktion; reine Produktgruppen-Promotion.

Besonderheiten:

Tischset-Serie wurde Schweizer Gastronomen als Service-Artikel zu Promotionszwecken zur Verfügung gestellt. Ausgezeichnet mit Bronze im Schweizer Tischset-Gestaltungswettbewerb 1988 (Patronat: Bruhin Druckerei, Freienbach).

Entwurf/Design:

Troxler & Hunziker, Zürich.

**Ein Essen ohne Dessert
ist wie ein Traumstrand ohne Palmen!**

242

**Ein Essen ohne Dessert
ist wie ein Kavalier ohne Rosen!**

*Ein Essen ohne Dessert
ist wie ein Liebesfilm ohne Happy-End!*

Betrieb:

Nestlé Foodservice, Basel.

Betriebstyp/Charakter:

Unternehmen der vorgelagerten Industrie; Convenience-Hersteller.

Zu den Sets:

'L'humour gourmand': Tischset-Serie mit vier Illustrationsmotiven, die kulinarische Themen karikierend aufs Korn nehmen: 'Le grand buffet', 'Nouvelle cuisine', 'Catering aèrien', 'La chasse est ouverte'. Format 39 x 28 cm. Rein stimmungsbezogene Funktion. Im Herbst 1990 für befristeten Zeitraum im Rahmen einer Verkaufsförderungs-Aktion aufgelegt; Tischsets als Promotion-Produkt für Kunden aus der Gastronomie.

Nestlé-Foodservice, 4007 Basel ©

Catering aérien

A.P. Peret 88

Besonderheiten:

Serie ausgezeichnet mit Gold im Schweizer Tischset-Gestaltungswettbewerb 1991 (Patronat:Bruhin Druckerei, Freienbach).

Entwurf/Design:

A.P. Peret (Zeichnungen)/Nestlé.

Nestlé-Foodservice, 4007 Basel ©

Nouvelle cuisine

A.P. Peret 88

Betrieb:

Pizzeria/Trattoria mamma mia, Rorschach.

Betriebstyp/Charakter:

Typische italienische Pizzeria, populär, unkompliziert.

Zu den Sets:

Auswahl aus einer Serie von insgesamt acht Tischsets anläßlich des zehnjährigen Bestehens des Restaurants. Ausschließlich atmosphärische Funktion. Alle Sets in gleichem Layout und mit identischem Text. Wechselnde Farbillustrationen in improvisiert anmutender Strichtechnik: Foodmotive – landestypische Produkte. Format 39 x 28 cm.

Besonderheiten:

Heitere, genußvolle Ausstrahlung der Illustrationen. Tischset-Serie ausgezeichnet mit Gold im Schweizer Tischset-Gestaltungswettbewerb 1990 (Patronat: Bruhin Druckerei, Freienbach).

Entwurf/Design:

Didi Bischof, Grub SG (Illustrationen)/Rutishauser Werbung & Design, Grub SG.

Betrieb:

Bahnhof Buffet Basel.

Betriebstyp/Charakter:

Gastronomie im Bahnhof Basel SBB. Verschiedene Betriebstypen; zentraler großer Bedienungsbetrieb: Brasserie. Hoher Anteil von Gästen aus dem Stadtumfeld.

Zu den Sets:

Tischset-Art. Auswahl von vier Motiven aus einer insgesamt rd. 20 Sujets umfassenden Serie, jedes Exemplar für das Bahnhof Buffet Basel von lokal und international bekannten Künstlern gestaltet. Eingesetzt im Zeitraum 1975 bis 1984 – im Schnitt zweimal jährlich ein neues Motiv. Keine Speisekartenfunktion; atmosphärisch-imagegebendes Moment. Einzige Vorgabe für die Künstler war das Format – alle Sets 40 x 29,5 cm. Die Mehrzahl der s/w-Motive zeigt Interpretationen der Themen Bahnhof/Zug und Gastronomie.

Besonderheiten:

Initiiert wurde die Tischset-Art vom damaligen Bahnhof Buffetier Emil Wartmann; Grundgedanke: Kunstgenuß für jeden. Sets avancierten schnell zum Sammelobjekt. Von jedem Motiv wurden in limitierter Auflage Originalgrafiken gedruckt. Viele der Originale hängen heute im Bahnhof Buffet.

Entwurf/Design:

Die Künstler Helen Sager, Romolo Esposito, Mario Grasser, Ben Vautier (und viele andere: Illustrationen)/Bahnhof Buffet Basel (technische Umsetzung).

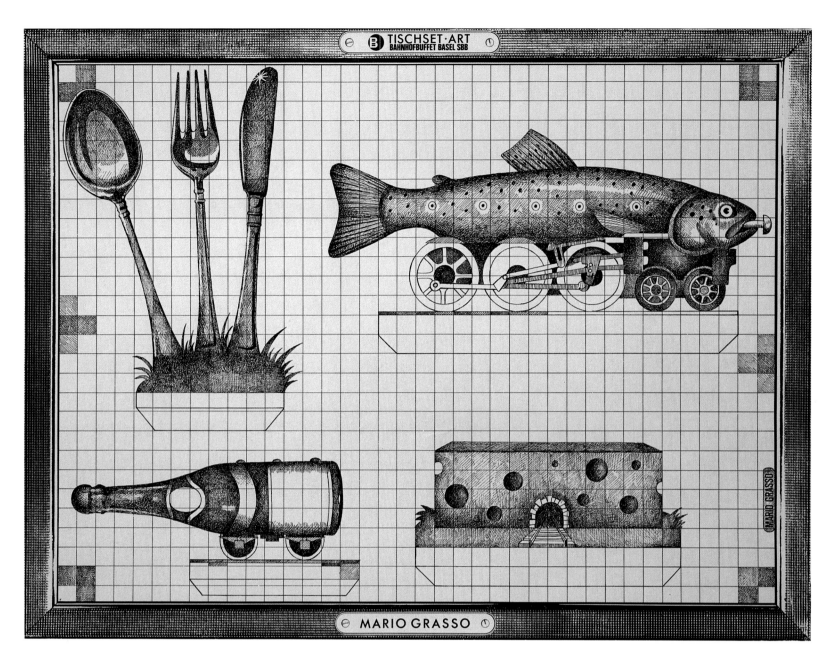

248

Betrieb:

SSG Schweizerische Speisewagen-Gesellschaft, Olten.

Betriebstyp/Charakter:

Verkehrsgastronomie; Zugrestauration (Bewirtschaftung von Speisewagen, mobile Minibars), Bahnhof Buffets, Autobahn-Raststätten.

Zum Set:

Weihnachts-Tischset, eingesetzt in der Vorweihnachtszeit 1991 in allen Speisewagen und Restaurantbetrieben der SSG. Format 29,5 x 21,5 cm. Ausschließlich atmosphärische, auch image-stützende Funktion.

Besonderheiten:

Stimmungsvolle und zugleich moderne Gestaltung, die mit 'kitschigen' Zutaten spielt, aber durch Layout und Lichteffekte den Kitsch-Effekt auffängt. Ausgezeichnet mit Gold und dem Preis der Jury im Schweizer Tischset-Gestaltungswettbewerb 1991 (Patronat: Bruhin Druckerei, Freienbach).

Entwurf/Design:

SSG (Idee)/Angelica Hiltmann, Wettswil (Kreation)/ Agire Advertising Gritti & Schaffhuser, Luzern (Layout).

Genußverheißung im Mittelpunkt

Der hinterste Rang in der Hierarchie der Menüfolge ist nicht eben der komfortabelste. Die süßen Sachen, ausgelobt als deliziöses i-Tüpfelchen der Speisenfolge, als krönender Abschluß jeder gastronomischen Lustbarkeit, haben's schwerer als all ihre Vorgänger. Zu dumm: Wer bereits Vorspeise, Haupt- und womöglich Zwischengang hinter sich gebracht hat, dem ist unterdes nur allzuoft die Lust auf mehr vergangen. Und schließlich kommt kaum ein Gast nur des Desserts wegen ins Restaurant!

So ist die Lage – und die Aufgabenstellung fürs Marketing lautet, eben diese Verkaufshürde zu nehmen.

Die Separierung der süßen Produktgruppe in einer speziellen Karte versteht sich in diesem Kontext als marketingstrategischer Schritt. Der Sonder-Auftritt nimmt den Süßen den Anschein des bloßen Anhängsels, mit der Entlassung in die Selbständigkeit der Zusatzkarte erhält das Dessert-Angebot mehr Gewicht und höheren Aufmerksamkeitswert.

Allerdings: Was die Präsentation über Sonderkarten angeht, dominieren hier haushoch die reinen Eiskarten. Mit ziemlicher Sicherheit hat ohnedies erst die Popularisierung von Eis-Desserts in der Gastronomie dieser eigenständigen Präsentationsform für den letzten, süßen Gang auf die Beine geholfen. Daß ausgesprochene Dessertkarten eher eine Seltenheit sind, erklärt sich aus angebotspolitischen Gründen. Reine Desserts werden des hohen Küchenaufwands wegen meist nur in geringer Zahl offeriert; daraus resultiert der Zwang zu starker Dynamik. Im Falle Eis dagegen läßt sich Angebotsvielfalt weitaus müheloser realisieren.

Doch: Mit dem Vorteil der Produktgruppen-Aufwertung ist zugleich ein Nachteil verbunden: Spezielle Eis-/Dessertkarten machen ein Mehr an Aufwand erforderlich. Ohne zusätzliche Service-Betreuung läuft da nichts. Die Strategie der Isolation für die Süßen ist insofern nicht unumstritten.

Wenn aber separate Produktvorstellung, dann bitte nach allen Regeln der Kunst. Mit Eis und Desserts bewegt sich der Gastronom ausgesprochen nahe am Impulsverkauf; für Zusatzumsätze in diesem Segment bedarf's starker optischer Reize. Hier verkauft einzig und allein der Appetite Appeal – also gilt es, das Dessert-Angebot nachdrücklich in Szene zu setzen. Und ein dankbareres Thema für Food-Stylisten läßt sich kaum denken; die Süßen sind schließlich fotogen bis zum Anschlag. Farbenfroh, frisch, sinnlich – da häufen sich die Attribute der visuellen Lust.

Ausgeprägter als in jedem anderen Produktsegment stützen sich die Angebotskarten speziell im Eisbereich auf das Medium Fotografie. Moderne Beispiele demonstrieren: Der Trend geht weg von reiner Produktdarstellung, hin zum Aufbau von Erlebniswelten rund ums Produkt.

Der visuelle Kontext zitiert mit Vorliebe Motive aus der Ferien- und Freizeitwelt; da begegnen zuhauf jene suggestiven Bilder, die wir spontan mit Lebensfreude, Unbeschwertheit, Ausgelassensein assoziieren: Sommer, Sonne, Strand und Sport, exotisch-üppige Natur. Wenn Menschen, dann möglichst jung, schön, fröhlich und dynamisch. Eine genußbetonte Bilderwelt der Sinnlichkeit, der unbedingt auch erotische Komponenten beigemischt sein dürfen.

Im Extremfall kann die Visualisierung des Angebots völlig hinter der optischen Inszenierung von Lebenslust zurücktreten. Deren Attraktionswert – das weiß vor allem die Film- und Fernsehwerbung sehr genau – liegt in der Ansprache der nicht-kognitiven Bereiche unseres Bewußtseins. Es geht also darum, das Produkt selbst mit Bedeutungen aufzuladen, die weit mehr verheißen als 'nur' ein köstliches Geschmackserlebnis.

Kodierung und Dekodierung dieser Bildsymbolik sind ohne Frage hochgradig abhängig von Konventionen, Moden und Lebensstil. Mit einem Wort – von der Fließrichtung des Zeitgeistes. Und in der Tat erweisen sich Eis- und Dessertkarten in ihrer Optik als ausgesprochen lifestylegefärbt. Das heißt: Die Aktualität ihres Erscheinungsbilds verjährt relativ schnell.

Im Optimalfall korreliert die süße Karte vom Charakter her mit den übrigen Karten des gastronomischen Betriebs. Sie muß aber nicht! Wie im Falle der Aktionskarten darf hier der Rahmen des Corporate Design schon mal gesprengt werden: Motivierung zum Dessert muß man ohnedies auf eigenen, eher psychologischen Wegen herholen.

Deshalb können Gastronomen problemlos auf das reichhaltige Kartenangebot zurückgreifen, das die industriellen Eishersteller bereithalten. Diese haben ihre Merchandising-Vorleistungen in den letzten Jahren auch qualitativ enorm ausgebaut und damit die Kartenkultur im süßen Segment spürbar beeinflußt.

In der Regel sind Eis- und Dessertkarten kleinformatiger als die Basis-Angebotskarten – aber dagegen setzen sie ihre ganze optische Wucht. Oft noch gesteigert durch die Verwendung von hochglanzbeschichtetem Material. Das oberste Gebot: optische Opulenz. Denn die Verlockung zum Genuß muß einfach unwiderstehlich sein.

Focus on the promise of pleasure

To be stuck with the last place in the menu's natural hierarchy isn't exactly comfortable. The sweet little extra, the highlight of a culinary experience, has a much harder time finding its way onto your plate than its predecessors. It's really too annoying – a guest who has already worked his way through appetizers, a main course, and maybe even side-dishes has probably lost most of his appetite for more. And it's a rare customer who comes to a restaurant only to have a dessert!

So that's the situation – and the marketing objective is to pass precisely this hurdle.

Separating the dessert items from the other fare and giving them their own menu card is one strategic step in this concept. Having their own 'special appearance' releases the sweet products from being 'last in line'; presented in a separate card, a certain choice of desserts receives a lot more attention.

It is true, though, that dessert cards are to a very large degree pure ice cream cards. It is certain that the rise in popularity of ice cream in the restaurant business was instrumental in helping this independent form of presention for the last sweet course on its way. A dessert card comprised of only traditional desserts is harder to find, this can be easily explained in terms of marketing politics. Traditional desserts often involve quite an expenditure of labor, especially in the kitchen – so any restaurant's list of home-made desserts is probably going to be small. When offering ice creams, though,

it is comparatively easy to realize a wide variety of dishes.

But: together with the advantage of bringing special attention to this segment of products comes the disadvantage: special ice cream and dessert cards calls for increased expenditures. Special care needs to be given by the staff. In so far the strategy of isolating dessert is not without opponents.

If the concept of separate presentation is chosen, though, then it is necessary to stick to certain guidelines. Ice cream and dessert are very close to being impulse sales items, so to achieve a higher turnover in this segment, strong visual stimulation needs to be used. The only sales help here is the 'appetite appeal', so desserts should be shown off in a manner not to be overlooked. There could be no more rewarding theme for a food-stylist: after all, what could be more photogenic than a scrumptious dessert? Colorful, vibrant, sensuous – it's easy to come up with a whole list of attributes of visual lust.

Like no other product, these speciality cards, in particular ice cream cards, rely on photography to catch the eye. Modern examples show a trend away from simply depicting the product and towards developing a whole world of experience around the items offered.

A favourite theme in this context is the world of vacation and leisure; increasingly popular are very suggestive images which immediately bring to mind the joy of living, light-heartedness, exuberance: summer, sun, seaside and sports, lushy exotic nature. If people are depicted, they are young, beautiful, happy and dynamic. A world of images full of sensuality and pleasure, very often spiced with an erotic touch.

There are extreme cases in which the presentation of the product steps back completely behind the visual mise-en-scène of the joy to be alive. The attraction behind this kind of imagery – this we know very well from advertisement on TV and in cinemas – lies in the stimulation of the non-cog-

nitive parts of our consciousness. The objective is to charge the product with a wealth of meanings that promise much more than simply a delicious taste.

Coding and decoding of this image-symbolism is of course to a large degree dependent upon convention, fashion and lifestyle. In one word: zeitgeist. And really, ice cream and dessert cards are very visibly coloured by certain lifestyles. This also means: the visual appearance can go out-of-date relatively fast.

Ideally, the character of the sweet card correlates with the other cards used in a particular establishment. But this is no hard and fast rule: as in the case of specialty-cards, the ties of corporate design can be left behind. Creating a desire to have dessert in any case involves special, more psychological concepts.

This is why it is so convenient for a restaurant-proprietor to simply rely on the large assortment of menu cards the ice-cream industry holds in store for him. These companies have invested a lot to come up with attractive merchandizing-concepts and have significantly changed the overall style of dessert presentation.

Generally, dessert and ice-cream cards use a smaller format than the basic menu cards – but they make up for what they lack in size by using full fledged visual impact. Often this signal character is heightened even more by the use of high-gloss material. The most important rule is visual opulence. The temptation has to be simply irresistible!

Betrieb:

Fröhlicher Rheinfelder Hof, Basel.

Betriebstyp/Charakter:

Hotelgastronomie; zwei Restaurants. Geprägt durch Verwurzelung im Vereinsleben rund um die Basler Fasnacht.

Zur Karte:

'Ferien in Basel': Glace-Dessertkarte, in beiden Betrieben eingesetzt.

Kartensystem:

Wickelfalzkarte, Format geschlossen 14 x 30 cm. Beidseitig illustriert in fröhlich-buntem Design, abgestimmt auf den Auftritt der Basiskarten. Innen- und Außenseiten jeweils ein durchgehendes Motiv mit zahlreichen liebenswürdigen Details. Heitere, produktgruppengerechte Verfremdung: Das Basler Münster wird verpflanzt in eine Ferien-Strandlandschaft. Beide Motive integrieren das Logo des Betriebes. Angebot auf Innenseiten und eingeklappter Rückseite in vorgedruckte Hintergrundmotive eingedruckt.

Besonderheiten:

Beispiel für eine animationsstarke zeichnerische Lösung. Eingebunden ins Corporate-Design-Konzept trotz eigenständigen Auftritts.

Entwurf/Design:

Der Künstler Däge, Däge Design, Basel.

Hinweis:

Im gleichen Stil gestaltet: Basis-Angebotskarten, siehe Seite 95 und 96.

Coupe Melba   Fr. 8.50
Vanille-Glace, halber Pfirsich,
Erdbeertopping und Rahm

Bananensplit   Fr. 8.50
Vanille-Glace, Banane,
Schokoladensauce und Rahm

Meringues Spezial
Riesenmeringues
– mit Rahm   Fr. 8.—
– mit Glace   Fr. 9.50

Coupe Waldmeister Fr. 8.50
Vanille- und Erdbeer-Glace,
heisse Beeren und Rahm

Frappés   Fr. 4.80
Vanille, Erdbeer,
Pistache, Banane,
Café-Glace,
Schokolade, Zitrone,
Mandarine, Kiwi,
Apfel

Café glacé
Café-Glace,
Ristretto und Rahm
Fr. 7.—

GLACÉ
DESSERT-
FERIEN
in BASEL

Coupe Calvados
Apfel- und
Zitronen-Glace,
frischer Apfel,
Calvados und Rahm
Fr. 9.50

Coupe Tropical
Kiwi- und
Zitronen-Glace,
frische Kiwi und Rahm
Fr. 8.50

Sorbets
– mit Calvados
– mit Wodka
– mit Champagner
Fr. 9.—

Coupe Danmark   Fr. 8.50
Vanille-Glace,
Schokoladensauce,
und Rahm

HOTEL RESTAURANT
FRÖHLICHER
RHEINFELDERHOF

Coupe Rheinfelderhof
Vier Kugeln Glace,
Fruchtsalat und Rahm
Fr. 9.50

Coupe Pompadour   Fr. 8.50
Vanille- und Schokoladen-Glace,
Williamsbirne, Schokoladensauce
und Rahm

Glace-Aromen
– Vanille – Erdbeer – Pistache – Café Glace
– Schokolade – Zitrone – Mandarine – Banane

– Apfel mit Stückli
– Kiwi mit Stückli

pro Kugel
     Fr. 2.—
– mit Rahm plus Fr. 1.20

Gefällt Ihnen diese Karte:
Sie können Sie erstehen für
Fr. 12.50
Fragen Sie unser Personal

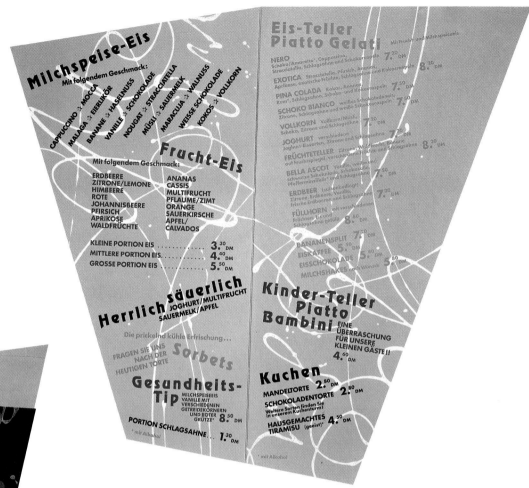

Betrieb:

Gelateria della bella Puppa, Ingolstadt.
(Bis Ende 1991)

Betriebstyp/Charakter:

Eiscafé mit italienischem Auftritt, klassisches Eiscafé-Sortiment: Eisspezialitäten, Getränke. Modernes Ambiente, junge Kernzielgruppe.

Zur Karte:

Angebotskarte.

Kartensystem:

Einfach gefalztes Cover, asymmetrisch gestanzt. Format 21,5 x 37 cm (maximal). Beidseitig glanzfolienkaschiert. Cover-Vorderseite farbige Illustration auf schwarzem Grund und Logo, Innenseiten und Rückseite farbige Typographie auf grau-weißem Hintergrund.

Besonderheiten:

Moderne Anmutung durch Cover-Motiv, Hintergrunddekor und schräg gesetzte Titelzeilen bzw. Textblöcke. Hauptfarben Pink und Mint analog zu Interieurfarben.

Entwurf/Design:

Martin Mayer, Gelateria della bella Puppa/creativ display, Ingolstadt.

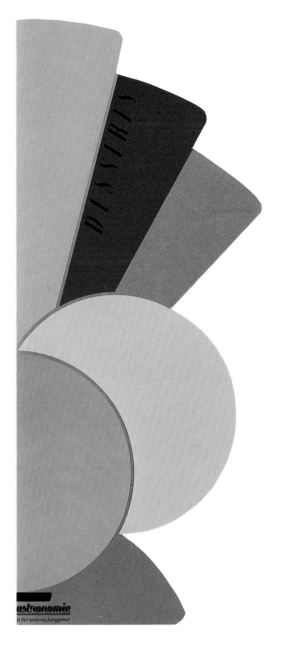

Betrieb:

Merkur-Gastronomie, Schweiz.
(Merkur, Bern)

Betriebstyp/Charakter:

Ca. 30 Restaurants in Einkaufs-Centern und innerstädtischen Hochfrequenzlagen, ca. 30 Cafés, ca. 25 Buffet/Snack-Konzepte und weitere Betriebstypen.

Zur Karte:

Dessertkarte, konzeptübergreifend eingesetzt in Restaurants, Cafés und einigen Buffet-Betrieben, insgesamt in rd. 70 gastronomischen Einheiten.

Kartensystem:

Cover plus acht Innenseiten, Klammerheftung. Gestanzt in Form eines stilisierten Eiscoupes. Format geschlossen 16 x 38 cm (maximal). Durchgehend glanzfolienkaschiert. Cover-Vorder- und -Rückseite Farbcollage in unterschiedlichen Farben. Innenseiten Angebot mit Produktfotos, bunte grafische Formen zur Belebung.

Besonderheiten:

Kartenoptik im Vergleich zu den Basiskarten der jeweiligen Betriebstypen relativ eigenständig; Verwandtschaft wird durch die Collage-Technik des Covers signalisiert.

Entwurf/Design:

Agentur Marty, Köniz (Bern).

Betrieb:

Hard Rock Café, Frankfurt/Main.

Betriebstyp/Charakter:

Musik-Kneipe, getränkelastig, mit Treffpunktcharakter. Designed im Lofthouse-Stil.

Zur Karte:

Eiskarte zur Vertiefung des Eisangebots der Standardkarte.

Kartensystem:

Einfach gefalztes Cover, beidseitig glanzfolienkaschiert, Format geschlossen 12 x 30 cm. Außenseiten durchgehende farbige Illustration in zeitgeistigem Design. Vorderseite mit klassischem Hard Rock-Logo. Innenseiten Angebot, Zusatzfarben Grün und Pink abgestimmt auf die Farben der Basiskarte.

Besonderheiten:

Optischer Auftritt der Eiskarte farbenfroher, turbulenter, sinnlicher als bei Basiskarte; unterstreicht das genußbetonte Produktgruppenprofil.

Entwurf/Design:

Gerd Baumann, CAW Werbung, Frankfurt/Main.

Hinweis:

Deutliche Design-Verwandtschaft der Innenseiten mit Basiskarte, siehe Seite 184.

HONEY MOON
Vanilleeis, Maple walnut, Chocolat chip,
heiße Honig-Schokoladensauce, Sahne — 8,50

N. Y. HARLEM
Schokoeis und Schokosauce auf Bourbon — 8,50

CARAMELLO
Caramelita, Maple walnut,
Schoko- und Caramelsauce, Krokant und Sahne — 6,50

Hard Rock CUP
sechs verschiedene Sorten
mit Baileys überzogen und Sahne — 12,50

PINA COLADA
Choco-Coconut, Vanille, Ananas und Pistazienstreusel — 6,50

WAIKIKI BEACH CUP
Coco-Nut, Erdbeer-Sorbet, Macadamia-Nuss,
Früchte und ein Schuß karibischer Rum — 7,50

BLACK MUSIC
Choco-Coconut, Pistazie, Vanille, Caramelsauce, Sahne — 7,50

HOT SUMMER NIGHT
Apricotcreme, Stracciatella,
Macadamia-Nuss, Espresso Croquant — 8,50

COCO NUT
Choco-Coconut, Eierlikör und Sahne — 6,–

ROCKY MOUNTAIN
Chocolat Chip, Espresso croquant,
Pistazie, dipped in chocolat — 7,50

Hard Rock HOT COFFEE
heißer Kaffee mit Vanilleeis und Schuß — 7,50

STRAWBERRY SENSATION
ein Berg frischer Erdbeeren, Bourbon-Vanille,
Stracciatella, Erdbeersorbet (saisonbedingt) — 7,–

TARTUFO
…bella italia! — 4,–

CREAMSHAKES
MAPLE WALNUT	4,50
CARAMEL	4,50
CHOCOLAT	4,50
COCOS	4,50
VANILLA	4,50
STRAWBERRY	4,50
UNSERE EISSCHOKOLADE …mit einem Hauch Tia Maria	4,50

TROPICAL FLOATS
APERITIVO Zitronen-Sorbet mit Campari-Soda aufgefüllt	6,50
SUNSHINE FLOAT Vanilleeis mit Orangensaft	4,50
LEMON-FLOAT Zitroneneis mit Sprite	3,50

SORBETS
ZITRONEN SORBET Zitroneneis mit Sekt	6,50
CHAMPAGNER-ANANAS-SORBET	6,50

STELLEN SIE IHREN EISBECHER
ZUSAMMEN AUS DEN SORTEN

Apricotcreme, Macadamia-Nuss, Stracciatella,
Vanille, Pistazie, Zitronen-Sorbet, Chocolat Chip,
Erdbeer-Sorbet, Cream-Erdbeere, Maple walnut,
Espresso Croquant, Caramelita, Coco-Nut

DIE RIESENKUGEL	1,80
SCHLAGSAHNE	1,–

Betrieb:

Churrasco Steakrestaurants Deutschland.
(Whitbread Restaurants Holding Deutschland, Düsseldorf/Whitbread-Gruppe, Großbritannien)

Betriebstyp/Charakter:

Steakhaus-Konzept, multipliziert.

Zur Karte:

Dessertkarte.

Kartensystem:

Einfach gefalztes Cover, beidseitig bedruckt, glanzfolienkaschiert. Format geschlossen 17,5 x 29 cm. Optischer Auftritt abgestimmt auf die Basiskarte: Cover mit 'schwebenden' Zutaten und Logo, Innenseiten freigestellte, 'schwebende' Angebotsabbildungen. Eingeklinkte Textkästen weißgrundig, Typographie schwarz mit roten Initialen; damit Bezug auf Logo-Farben Weiß/Schwarz/Rot.

Besonderheiten:

Leichte, heitere Anmutung der Dessertkarte durch hellen Hintergrund: produktgruppengerecht.

Entwurf/Design:

Churrasco Steakrestaurants Deutschland.

Hinweis:

Corporate-Design-Ansatz; analog gestaltete Basiskarte und Terrassenkarte, siehe Seite 141.

Betrieb:

Mövenpick Restaurants Schweiz/Deutschland.
(Mövenpick Unternehmungen, Adliswil)

Betriebstyp/Charakter:

Erlebnisbetont, ungezwungen. Profilschwerpunkt Qualität und Abwechslung. Saisonale Küche. Einheitliche Grundphilosophie; Erscheinungsbild und Angebot variabel.

Zur Karte:

Sommer-Collection: Mövenpick-Eiskarte Sommer 1987.

Kartensystem:

Ziehharmonika-Falz, vierteilig, durchgehend beidseitig bedruckt, glanzfolienkaschiert. Format geschlossen 20,5 x 31 cm. Deckblattseite mit Kartentitel und Logo. Alle Angebotssujets, auch die einzelnen Eissorten als Kugel, sind abgebildet; 'schwebend' vor

leicht strukturiertem Hintergrund. Eine Rückseite nur Hintergrunddekor für individuelle Zusatzangebote.

Besonderheiten:

Effektstarke Design-Idee: leichtgeschürzte Girls im Mini-Format zwischen den Eis-Fotos. Witzige Verfremdung im Stil von 'Alice im Wunderland'; zugleich produktgruppen-adäquate Aufladung der Karte mit Sinnlichkeit und Lebensfreude.

Entwurf/Design:

Mövenpick Werbung Restaurants Schweiz, Adliswil.

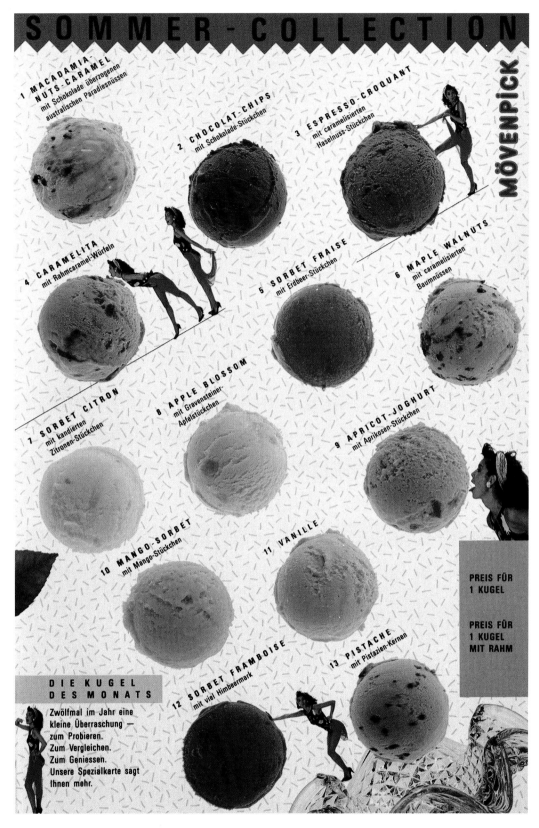

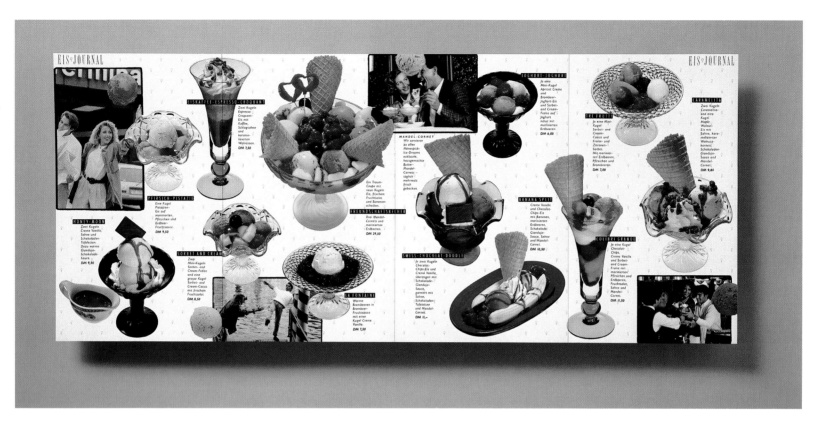

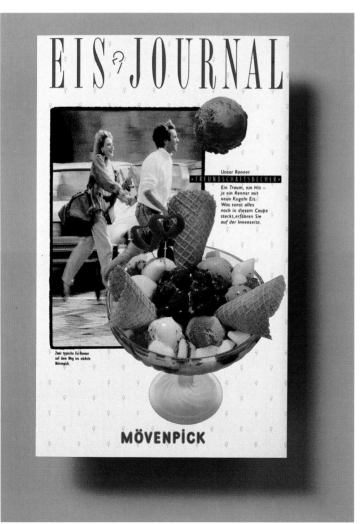

Betrieb:

Mövenpick Restaurants Schweiz/Deutschland.
(Mövenpick Unternehmungen, Adliswil)

Betriebstyp/Charakter:

Erlebnisbetont, ungezwungen. Profilschwerpunkt
Qualität und Abwechslung. Saisonale Küche. Einheitliche Grundphilosophie; Erscheinungsbild und Angebot variabel.

Zur Karte:

Eis-Journal: Mövenpick-Eiskarte 1989.

Kartensystem:

Zusammengeklappter Altarfalz, durchgehend beidseitig bedruckt, glanzfolienkaschiert. Format geschlossen 20,5 x 33 cm. Deckblattseite mit Kartentitel
und Logo. Durchgehendes Hintergrunddekor: winzi-
ge Eistüten. Eingeklappte Rückseiten und Innenseiten
freigestellte Abbildungen der Angebotssujets. Rückseite Eisdrinks.

Besonderheiten:

Den Genuß-Appeal der Produktgruppe hervorhe-
bende Anreicherung der Kartenoptik mit s/w-Fotos
auf Cover- und Angebotsseiten. Die gezeigten Motive koppeln Lebenslust und Eisgenuß. Die Gestaltung
nutzt die Transferwirkung bedeutungsstarker Bilder;
bemerkenswert die suggestive Kraft, die vom Einsatz
menschlicher 'Darsteller' und Erlebniswelten aus-
geht.

Entwurf/Design:

Mövenpick Werbung Restaurants Schweiz, Adliswil.

Betrieb:

Mövenpick Restaurants Schweiz/Deutschland. (Mövenpick Unternehmungen, Adliswil)

Betriebstyp/Charakter:

Erlebnisbetont, ungezwungen. Profilschwerpunkt Qualität und Abwechslung. Saisonale Küche. Einheitliche Grundphilosophie; Erscheinungsbild und Angebot variabel.

Zur Karte:

Dreams of Ice Cream: Mövenpick-Eiskarte 1991.

Kartensystem:

Cover plus vier Innenseiten, gefalzt, Klammerheftung. Durchgehend glanzfolienkaschiert. Rund gestanzte Ecken, Format geschlossen 23,5 x 37 cm. Ungewöhnlich: Gestaffeltes Breitformat der einzelnen Blätter (9/14/19/23,5 cm breit). Geschlossen zeigt die Vorderansicht der Karte eine Lilie; Motiv wird jeweils auf den Innenseiten vervollständigt, zum Teil aufgehellt als Hintergrunddekor. Innenseiten mit freigestellten Abbildungen der Angebotssujets, Eisdrinks auf der Rückseite.

Besonderheiten

Bildmotiv (Lilienblüten mit Tautropfen) steht für Frische und sinnlich-ästhetisches Erleben. Karte arbeitet über die Produktbeschreibungen hinaus mit animierenden Vortexten zu jedem Sujet.

Entwurf/Design:

Mövenpick Werbung Restaurants Schweiz, Adliswil.

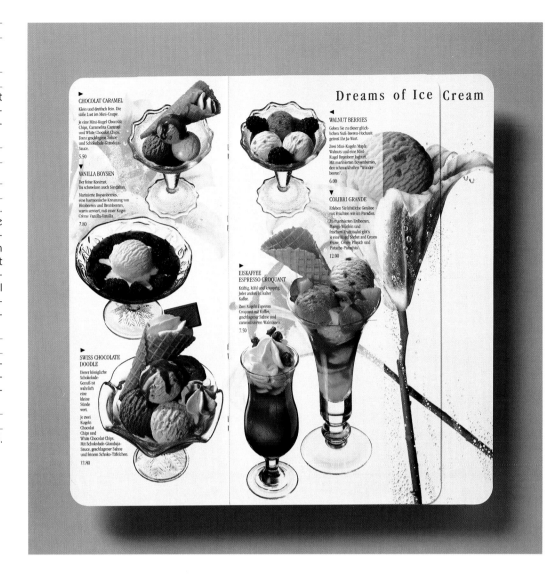

Design einmal anders – kindgerecht

Daß die Kinder von heute die Zielgruppe von morgen sind – nur wenige Gastronomen haben aus dieser simplen Erkenntnis ähnlich entschiedene Marketing-Konsequenzen gezogen wie McDonald's. Die gastronomische Welt ist im großen und ganzen nicht für Kinder gemacht und nicht auf ihre Bedürfnisse zugeschnitten – verständlicherweise. Und doch darf man sie nicht ignorieren: Sie werden von ihren Eltern einfach mitgebracht. Nicht nur in Fast Food-Lokale.

Und da sollten sich weitblickende Unternehmer an die erwähnte Einsicht erinnern: Die Kleinen merken sich sehr wohl, in welchem Restaurant es Spielecken, bequeme Kindersitze und witzige, schöne, unterhaltsame Karten gibt – eigens für sie gemacht. Daß sie dies dann bei der familiären Debatte darüber, wo es das nächste Mal hingehen soll, ins Spiel bringen, steht außer Frage. Und auch der junge oder ältere, seinerseits in die Elternrolle geschlüpfte Erwachsene wird sich mit Sympathie solcher Konzepte erinnern, die sich ehedem um kindgerechte Lösungen bemüht haben …

Wenn's um die jungen Gäste geht, regieren im Speisekarten-Design eigene Gesetze. Nicht die Information über das, was es für sie speziell zum Essen und Trinken gibt, rangiert hier an erster Stelle. Das eigentliche Speisenangebot darf sogar ausgesprochen schmal sein; wir wissen, daß die kulinarischen Ansprüche der Kids noch relativ bescheiden sind. In ihrer Bedürfnishierarchie stehen andere Dinge vorne an.

Nein: Die Aufgabe von Kinderkarten ist in erster Linie unterhaltender Art. Eine gut gemachte Kinderkarte beschäftigt die Kleinen so lange, bis die Eltern in Ruhe gegessen haben. Darauf kommt's an: Beschäftigung. Phantasie, Aufmerksamkeit, Lust zum Spielen wecken, für Zeitvertreib sorgen.

So sind Kinderkarten zu einem Lieblingsobjekt kreativer Designer geworden, die auf diesem Feld ihre schrägsten, verspieltesten Ideen austoben dürfen. Ihre Kreativität darf und muß hier anderen Maßstäben folgen: Vergessen sind Corporate Design, sind Image und Profil.

Es geht vielmehr darum, den Kindern Spielmaterial an die Hand zu geben. Auf ihre Vorstellungswelt abgestimmte Motive, am besten eingebaut in 'verbastelbare' Objekte. Ob Bildrätsel, austrennbare Masken oder Malbücher, ob Bastelbögen oder Preisausschreiben: Im Optimalfall bieten sie dem Kind die Möglichkeit, sich nicht bloß konsumierend, sondern aktiv, verändernd mit dem jeweiligen Gegenstand auseinanderzusetzen.

Gute Kinderkarten involvieren die jungen Gäste – sie funktionieren letztlich wie ein Spielzeug. Und selbstverständlich müssen sie das Ergebnis ihres kreativen Spiels am Ende mit nach Hause nehmen dürfen: Kinderkarten dieser Art sind Einmalprodukte, nicht für die Wiederverwendbarkeit geeignet.

Selbst wenn sie in diesem Sinne nicht den Kriterien der Erwachsenenwelt folgen, zielen Kinderkarten sehr wohl auch auf die erwachsenen Gäste. Ihnen signalisieren sie:

* Der Gastronom kümmert sich um die schwierige junge Klientel.
* Er sorgt dafür, daß sie selbst das gastronomische Erlebnis entspannt genießen können.

Damit erfüllt die Kinderkarte eine nicht unbeträchtliche Marketingaufgabe. Sie bindet die junge Zielgruppe – und wirkt bei den Erwachsenen als ganzheitliches Imagemoment. Kinderfreundlichkeit: für geplagte Eltern oftmals ein ausschlaggebendes Besuchsmotiv.

Kindgemäße Gestaltung, das heißt in der Regel farbenfroh und figürlich. Der Rekurs auf die Märchen- und Comicwelt ist häufig, wiederholt finden sich Tierfiguren, oft in vermenschlichter Form. Anleihen bei bekannten Comic-Motiven setzen Synergie-Effekte frei; selbst kreierte Symbolgestalten können andererseits, zumal wenn es gelingt, sie eng mit der gastronomischen Marke zu verknüpfen, schon früh ein positiv besetztes Markenbild verankern.

In der Visualisierung von Kinderkarten ist das Thema Essen und Trinken ganz folgerichtig völlig untergeordnet. Die Abstraktion vom Eigentlichen rechtfertigt sich aus dem praktischen Desinteresse der Kinder; der Attraktionswert von Food-Darstellungen reduziert sich bei ihnen auf Null.

Statt die Wertehierarchie der Erwachsenen zu reproduzieren, müssen sich Kinderkarten bzw. ihre Designer in die Kinderzimmerwelt versetzen. Bis hin zur Sprache, in der das Angebot kommuniziert wird: Auch sie sollte dem kindlichen Erleben angepaßt sein. In Ansprache, Wortwahl und gewählter Schrift.

A different kind of design – suited for children

It's a well-known fact that today's children are tomorrow's target-group – but few restaurant operators have drawn as many marketing-consequences out of this insight as McDonald's. The restaurant world as a whole is not very well adapted to children and their special needs – easy to see why. But still it's impossible to completely ignore them: parents will just bring them along. And not only to fast-food restaurants.

This is where a far-sighted entrepreneur should call to mind: the little ones tend to remember very well where they have been made to feel welcome, which restaurants provided children's corners, comfortable high-chairs and funny, entertaining menues made just for them. There is no question they will make themselves heard the next time the family is debating on where to go for dinner. Even much later, the former child, now a parent him or herself, will fondly remember the places which courted their favors so long ago …

Where the young guests are concerned, menu-card design is a totally different game. To them the information which dishes are specially prepared for them is not of primary importance. The actual number of items may even be very small; we all know that kids' culinary expectations tend to be modest. Their list of requirements is led by other desires.

The first demand on children's menu-cards is that they be entertaining. A well-made card keeps them occupied until their parents have finished eating. So this is what counts: keep them busy! Help them to pass the time with imagination and creativity.

That is why children's menu cards have become a favorite designer object. This is where they can put to use their most outrageous and playful ideas. Creativity may flow in wider channels – forget about corporate design, image and profile.

The objective is to give children something to play with, something that is familiar to their imaginative world. The best examples offer more that just consuming entertainment: be it in the shape of coloring books, cut-out masks or other objects, or participation in a contest or sweepstake – the important thing is to be active; to do, instead of just passively sitting.

Good children's menu cards involve the child – actually their function is that of a toy. And of course they should be allowed to take home the result of their creativity. Children's menu cards of this kind are one-time items not designed for re-using.

Even though it seems that children's menu cards do not meet a grown-up's requirements, they are to a very large degree addressed to the adult clientele. They signalize:

* This restaurant cares about the – often difficult! – young customers.

* It provides a special service so that parents may relax and enjoy their own culinary experience.

By meeting these expectations the children's menu card fulfils quite a marketing task. It draws the young clientele and impresses adults as a positive image-segment. In the minds of stress-plagued parents, having their children feel comfortable is very often a deciding factor for a return-visit.

Design suited for children, this generally means colorful and figurative. Inspiration is often drawn from the world of comic-strips and fairytales, also very popular are animal cartoons with humanized features. To use already familiar and well-known comic-strip motives creates a certain synergetic effect; whereas inventing a new symbol, especially if one manages to create a close connection to the gastronomical products, can cause positive brand-name-association at a very early stage.

Consequently, in the visual art of children's menu cards, the presentation of foods and beverages is not the primary objective. Since it is not what children are interested in, the seemingly most important function of a card – presentation of food and drink – is reduced to practically nil.

Instead of reproducing an adult's hierarchy of values, a designer of children's menu cards has to think himself back to childhood, down to the language he uses to communicate the offered items. Children require different consideration in the way of addressing them, choice of words and even script choosen for printing.

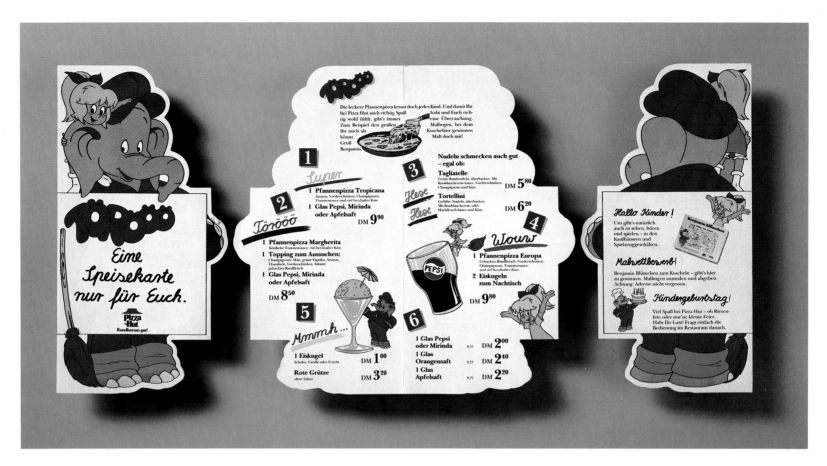

Betrieb:

Pizza Hut Restaurants Deutschland.
(Pizza Hut Restaurationsgesellschaft, Mülheim a.d. Ruhr/PepsiCo-Gruppe, USA)

Betriebstyp/Charakter:

Pizza-Konzept, familienorientiert. Produktauftritt in US-amerikanischer Pizzakultur fundiert. Multipliziert.

Zur Karte:

Kinderspeisekarte.

Kartensystem:

Einfach gefalztes Cover, Papier. Beidseitig farbig bedruckt und gestanzt. Format geschlossen 15 x 27,5 cm (maximal). Form der Karte korreliert mit Cover-Motiv: Zwei aus dem Fernsehen bekannte Comic-Figuren – Benjamin Blümchen und Bibi Blocksberg. Beide Figuren tauchen im Innenteil der Karte (Speise- und Getränkeangebot) wieder auf. Cover-Rückseite mit Hinweisen auf Malwettbewerb und Geburtstags-Arrangements.

Besonderheiten:

Sympathietransfer durch gastronomische Nutzung der bei Kindern hochbeliebten Figuren. Extensiver Einsatz auch auf Tischset (Format 35 x 25 cm) mit Produkt-Promotion: Menü für Klein & Groß, Kinder-Promotioncoupons sowie weiterer Verkaufsförderungsmitteln. Speziell für Kinder: Benjamin-Pfannenfigur, die auf den Spatelgriff für die Kinderpizzen gesteckt wird, Bastel- und Malbögen.

Entwurf/Design:

Pizza Hut (Idee)/MTB Werbeagentur, Mülheim a.d. Ruhr (Realisierung).

Kartensystem:

Wickelfalzkarte, Format geschlossen 17,5 x 29,5 cm. Vorder- und Rückseiten jeweils durchgehende Illustration. Farbige Deckblattzeichnung mit Identifikationsfigur 'Pedro Churrasco'. Innenseiten s/w mit Zusatzfarbe Rot: Comic-Strip mit Pedro als Protagonist. Ausmalen ist möglich. Speisen- und Getränkeangebot stark zurückgenommen: in roten Kästen eingeklinkt. Angebotsnamen nehmen das Thema auf: Pedros Power Portion etc.

Besonderheiten:

Beispiel für Aufbau einer kindbezogenen 'hauseigenen' Identifikations- und Symbolfigur für die gastronomische Marke. Erfordert Erklärungsarbeit: siehe Text auf der eingeklappten Rückseite. Als Comic-Serie mit Fortsetzungen konzipiert: zusätzliches Anziehungs- und Unterhaltungs-Moment.

Entwurf/Design:

Detlef von der Weiden, Köln (Illustrationen)/Churrasco Steakrestaurants Deutschland.

Betrieb:

Churrasco Steakrestaurants Deutschland.
(Whitbread Restaurants Holding Deutschland, Düsseldorf/Whitbread-Gruppe, Großbritannien)

Betriebstyp/Charakter:

Steakhaus-Konzept, multipliziert.

Zur Karte:

Kinderspeisekarte, als Comic gestaltet.

Sollest Du mit dem Ausmalen nicht fertig werden, dann nimm die Karte mit nach Hause und schick sie uns.

Restaurant Chili's
Boznerplatz 6
6020 Innsbruck

Name _____

Adresse _____

_____

Alter _____

Zur Karte:

Kinderspeisekarte mit integriertem Malwettbewerb.

Kartensystem:

Beidseitig bedruckter Karton mit Giebelstanzung und Falzrille. Format geschlossen/gefalzt 21 x 15 cm; s/w mit Zusatzfarbe Bordeaux. Vorderseite Kritzelmotive zum Ausmalen; Kinderangebot in schwarzem Kasten eingeklinkt. Rückseite: Anschriftenfeld, auf dem nach vorn geklappten Teil der Rückseite Erläuterungen zum Malwettbewerb. Zusammengeklappt wird die Karte zum 'Brief'.

Besonderheiten:

Spaß und Beschäftigung im Vordergrund; Angebotskommunikation vergleichsweise untergeordnet. Schöne Idee: Die besten Malergebnisse werden im Restaurant ausgehängt.

Entwurf/Design:

System-Gastronomie, Innsbruck.

Betrieb:

Chili's, Innsbruck.
(System-Gastronomie, Innsbruck)

Betriebstyp/Charakter:

Tex-Mex-Restaurant, Produktschwerpunkte: mexikanische Spezialitäten, Steaks, Burger. Atmosphärestark.

Maiskolben
am Grill goldbraun gebraten 26.-

Mini (Hamm) Burger
mit Pommes Frites 56.-

Hühnerbrüstchen
gebraten, mit kleinem Baked Potato 56.-

Mini-Steak
mit Maisgemüse und Knoblauchbrot 78.-

Betrieb:

Wienerwald-Restaurants Österreich/Deutschland.
(Wigast, Wien)

Betriebstyp/Charakter:

Geflügel-Spezialitätenkonzept, multipliziert.

Zur Karte:

'Iss mit!': Kinderspeisekarte.

Kartensystem:

Einfach gefalztes Cover, beidseitig farbig bedruckt.
Format geschlossen 21 x 24 cm. Cover-Vorderseite
farbige Zeichnung, Innenseiten s/w-Motive auf blauem Fond, zum Ausmalen. Kinder-Speisenangebot
auf schmalem Band, unten über beide Innenseiten
laufend. Cover-Rückseite zwei Suchspiele.

Besonderheiten:

Der Beschäftigungs- und Unterhaltungsaspekt steht
im Vordergrund; Angebotskommunikation untergeordnet. Karte ist ausdrücklich zum Mitnehmen bestimmt. Karte wird in Österreich und Deutschland
eingesetzt; Angebotseindruck variiert je nach Land.

Entwurf/Design:

RSCG Jasch & Schramm, Wien (heute: Euro RSCG).

Betrieb:

Stockheim-Gastronomie, Düsseldorf.

Betriebstyp/Charakter:

Diverse gastronomische Konzepte, vorwiegend an verkehrsgeprägten Standorten (Flughäfen, Bahnhöfe).

Zur Karte:

Kinderspeisekarte, eingesetzt bis 1990 in den Flughafen-Restaurants Köln und Düsseldorf.

Kartensystem:

Einfach gefalztes, beidseitig bedrucktes Cover, Format geschlossen 14,5 x 21 cm. Cover-Vorderseite voll farbig, Innenseiten und Rückseite mit Illustrationen zum Ausmalen. Schmales Speisenangebot im Innenteil.

Besonderheiten:

Im rechten Teil der Karte sind zwei Schlitze zum Einstecken der Buntstifte eingestanzt.

Entwurf/Design:

Stockheim Public-Relations.

Betrieb:

Mövenpick Restaurants Schweiz/Deutschland.
(Mövenpick Unternehmungen, Adliswil)

Betriebstyp/Charakter:

Erlebnisbetont, ungezwungen. Profilschwerpunkt:
Qualität und Abwechslung. Saisonale Küche. Einheitliche Grundphilosophie; Erscheinungsbild und Angebot variabel.

Zu den Masken:

Keine Speisekarten, rein als Spielmaterial für Kinder
konzipiert. Drei Beispiele aus einer größeren Auswahl von Motiven. Jeweils einseitig farbig bedruckt,
gestanzt und mit Ausstanzungen für Augen, Nase
und Ohren. Format ca. 36 x 25 cm (maximal).

Besonderheiten:

Die Masken gehören zum zentralen Kartenpool des
Unternehmens, prinzipiell von allen Schweizer und
deutschen Betrieben nutzbar.

Entwurf/Design:

Mövenpick Werbung Restaurants Schweiz, Adliswil.

Betrieb:

Restaurant 'Lord Nelson', Hamburg.

Betriebstyp/Charakter:

Hotelrestaurant im Holiday Inn Crowne Plaza, Hamburg.

Zur Karte:

'Was magst Du am liebsten': Kinderspeisekarte.

Kartensystem:

Einfach gefalztes Cover, außen farbig bedruckt, innen s/w. Format geschlossen 25 x 25 cm. Vorderseite mit ausgestanztem Kreis, gibt Blick auf Illustration im Innenteil frei. Vergleichsweise modern anmutender Stil der Cover-Illustration. Zweisprachig: Cover-Text sowie Speisenangebot auf den Innenseiten deutsch und englisch.

Besonderheiten:

Phantasienamen der angebotenen Gerichte sind der Märchen-, Comic- und Kinowelt entlehnt. Karte kann bemalt und mitgenommen werden.

Entwurf/Design:

Übernommen vom Schwesterhotel in München.

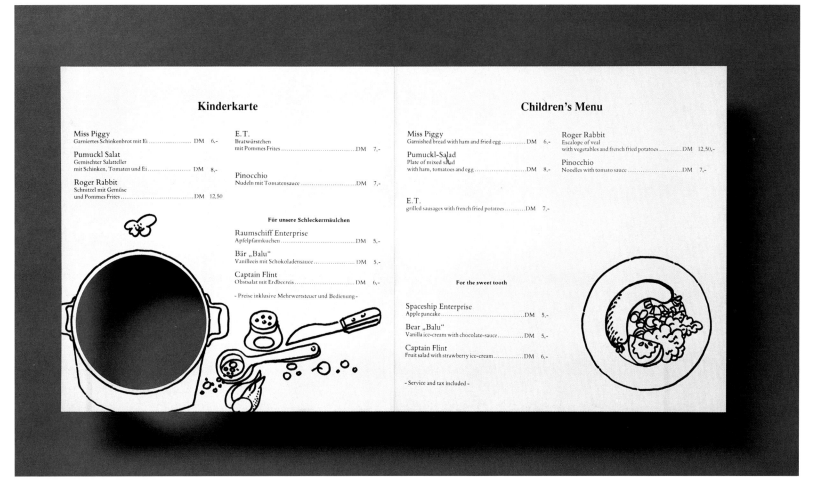

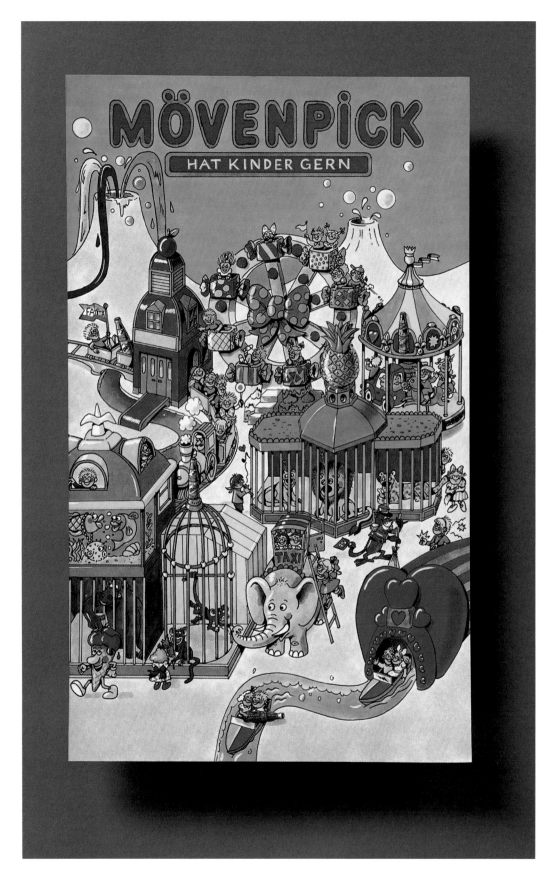

Betrieb:

Mövenpick Restaurants Schweiz/Deutschland.
(Mövenpick Unternehmungen, Adliswil)

Betriebstyp/Charakter:

Erlebnisbetont, ungezwungen. Profilschwerpunkt: Qualität und Abwechslung. Saisonale Küche. Einheitliche Grundphilosophie; Erscheinungsbild und Angebot variabel.

Zur Karte:

Kinderspeisekarte: 'Mövenpick hat Kinder gern'.

Kartensystem:

Einfach gefalztes Cover, beidseitig farbig bedruckt, glanzfolienkaschiert. Format geschlossen 24,5 x 40 cm. Cover-Außenseiten durchgehende, farbenfrohe Illustration; idealisierte Kinder-Erlebniswelt mit Zoo-, Jahrmarkt- und Schlaraffenlandmotiven. Innenseiten ebenfalls illustriert, rechte Seite mit Kasten zum Einkleben des individuellen Angebotsblattes.

Besonderheiten:

In die Karte integriert: Suchspiel mit Belohnung an Ort und Stelle. Spielangebot und Detailreichtum – beispielhafte Umsetzung der Beschäftigungsfunktion einer Kinderkarte. Karte gehört zum zentralen Kartenpool des Unternehmens, nutzbar von allen Schweizer und deutschen Betrieben.

Entwurf/Design:

Mövenpick Werbung Restaurants Schweiz, Adliswil.

Besuchen Sie unsere Restaurants
an Österreichs Autobahnen

Großram	St. Pölten
Strengberg	St. Valentin
	Gralla Ost
Haag	Innsbruck-Ampaß
Ansfelden-Nord	Angath

Copyright by Rosenberger

Betrieb:

Rosenberger-Gruppe, St. Pölten.

Betriebstyp/Charakter:

Hotel- und Autobahngastronomie; Innenstadtgastronomie. Breites Betriebstypenspektrum vom Bedienungs- bis zum Marktrestaurant. Aktuell (mit Partnern) insgesamt 22 Hotels und Restaurants in Österreich.

Zur Karte:

Kinderspeisekarte, als Bastelbogen gestaltet. In allen Betrieben eingesetzt.

Kartensystem:

Beidseitig bedruckter Karton, Format 29,5 x 21 cm. Vorderseite farbig illustriert mit Bauernhof-Figuren. Umrisse der Motive eingestanzt, herauslös- und aufstellbar. Rückseite grün/weiß mit Speisen- und Getränkeangebot (Kinder-Menüs).

Besonderheiten:

Preise sind nicht in Schilling, sondern in Groschen angegeben. Spielerische Nutzung steht im Vordergrund, die Karte kann komplett 'verbastelt' werden. Kinderkarten wechseln alle sechs bis neun Monate; jeweils unternehmensweite Verwendung.

Entwurf/Design:

Rosenberger-Gruppe.

Für unsere
kleinsten Gäste – zum Ausmalen
De quoi colorier pour
nos petits hôtes
Per i nostri ospiti
più piccoli... potete colorarlo

Betrieb:

Mövenpick Restaurants Schweiz/Deutschland.
(Mövenpick Unternehmungen, Adliswil)

Betriebstyp/Charakter:

Erlebnisbetont, ungezwungen. Profilschwerpunkt:
Qualität und Abwechslung. Saisonale Küche. Einheitliche Grundphilosophie; Erscheinungsbild und Angebot variabel.

Zum Set:

Kinder-Tischset im Format 40 x 30 cm. Schwarz-weiß
illustriert zum Ausmalen; ausschließlich zu Unterhal-
tungs- und Beschäftigungszwecken konzipiert.

Besonderheiten:

Tischset gehört zum zentralen Kartenpool des Unternehmens, nutzbar von·allen Schweizer und deutschen Betrieben.

Entwurf/Design:

Mövenpick Werbung Restaurants Schweiz, Adliswil.

Firmenindex

Airport Hotel,
Hamburg/Deutschland, 198

al dente
(System-Gastronomie),
Innsbruck/Österreich, 165-166

Alex
(Alex-Gruppe),
Oldenburg/Deutschland, 186

Alex-Gruppe,
Oldenburg/Deutschland, 186

Bahnhof Buffet Basel,
Basel/Schweiz, 41-48, 200-201,
247-248

Bahnhof Buffet Bern,
Bern/Schweiz, 196

Bayerischer Donisl
(Wildmoser-Gruppe),
München/Deutschland, 90

Bella Vista
(Hetzel-Hotel Hochschwarzwald),
Schluchsee/Deutschland, 151

Bellini, Ristorante
(Spitz-Gruppe),
Köln/Deutschland, 72

Berns' Bar
(Hotel Berns' Salonger),
Stockholm/Schweden, 120-121

Berns' Salonger, Hotel,
Stockholm/Schweden, 120-121

Binario Uno
(Flughafen-Restaurants Zürich),
Zürich-Kloten/Schweiz, 80-81

Bindella Unternehmungen,
Zürich/Schweiz, 154-156, 159, 222-223

Blaue Ente,
Zürich/Schweiz, 49-55

Bleichenhof-Restaurantbetriebe,
Hamburg/Deutschland, 150

Brända Tomten
(The Scandic Hotel Group),
Stockholm/Schweden, 127-128

Bräustuben Spatenhaus
(Kuffler-Gruppe),
München/Deutschland, 91, 193-195

Café de la Paix
(SAS International Hotels, Brüssel),
Düsseldorf/Deutschland, 124

Casserole Feine Fleischkost,
Herten/Deutschland, 160

Chili's
(System-Gastronomie),
Innsbruck/Österreich, 152-153, 229,
267

Churrasco Steakhäuser Schweiz
(Churrasco Steakhouse, Basel/UTC-
Gruppe, Schweiz),
Basel/Schweiz, 192

Churrasco Steakhouse,
Basel/Schweiz, 192

Churrasco Steakrestaurants Deutschland
(Whitbread Restaurants Holding Deutsch-
land/Whitbread-Gruppe, Großbritannien),
Düsseldorf/Deutschland, 140-141, 258,
266

Cindy Restaurants Schweiz
(Mövenpick Unternehmungen),
Adliswil/Schweiz, 214-216

CRC Compagnie de Restaurants et Caféterias,
Bagneux/Frankreich, 147-149

Croixement (Régaim),
Paris/Frankreich, 56-61

da Paolino, Ristorante,
Hamburg/Deutschland, 161-164

Deidesheimer Hof, Romantik-Hotel,
Deidesheim/Deutschland, 69

Deutsche Service-Gesellschaft der Bahn,
DSG,
Frankfurt am Main/Deutschland, 86-89,
116, 220

Do & Co am Stephansplatz
(Do & Co-Gruppe),
Wien/Östereich, 34-40

DSG-Service im Zug
(Deutsche Service-Gesellschaft der
Bahn),
Frankfurt am Main/Deutschland, 86-89

El Paso,
Wiesbaden/Deutschland, 167

Eurest Deutschland,
Frankfurt am Main/Deutschland, 190-191

Eurest-Betriebsrestaurants
(Eurest Deutschland),
Frankfurt am Main/Deutschland, 190-191

Europa Café Restaurant
(Stockheim-Gastronomie),
Düsseldorf/Deutschland, 92

Fiorello, Ristorante
(Bleichenhof-Restaurantbetriebe),
Hamburg/Deutschland, 150

Flughafen-Restaurants Zürich,
Zürich-Kloten/Schweiz, 80-81, 100-103

Fresko,
Stuttgart/Deutschland, 28-33

Fröhlicher Rheinfelder Hof,
Basel/Schweiz, 95-96, 252-253

Gelateria della bella Puppa
(bis Ende 1991),
Ingolstadt/Deutschland, 254

Gläsernes Restaurant
(Oikos Ökologisches Handelskontor),
Frankfurt am Main/Deutschland, 199

Golfhotel Les Hauts de Gstaad,
Saanenmöser/Schweiz, 208-209

Golfo di Napoli, Ristorante,
Frankfurt am Main/Deutschland, 145

Green House, Rosenberger Hotel Wels
(Rosenberger-Gruppe, St. Pölten),
Wels/Österreich, 84

Greens,
Düsseldorf/Deutschland, 68

Gutsausschank Schloß Vollrads,
Oestrich-Winkel/Deutschland, 210-211

Hard Rock Café,
Frankfurt am Main/Deutschland, 184,
256-257

Heinemann Konditoreibetriebe,
Mönchengladbach/Deutschland,
138-139

Henry's Cafe Bar,
(bis Juni 1992: Whitbread-Gruppe,
Großbritannien),
London/Großbritannien, 109

Hessler,
Maintal-Dörnigheim/Deutschland, 73

Hetzel-Hotel Hochschwarzwald,
Schluchsee/Deutschland, 151

Hippodrom (KGSG Kaufhof Gastronomie
Service Gesellschaft),
Köln/Deutschland, 146

Holiday Inn Crowne Plaza,
Hamburg/Deutschland, 271

InterCity Restaurants
(Deutsche Service-Gesellschaft der
Bahn),
Frankfurt am Main/Deutschland, 116

Jimmy's Diner,
Berlin/Deutschland, 183

Kartoffel mit ...
(Deutsche Service-Gesellschaft der Bahn,
Frankfurt am Main),
Hamburg/Deutschland, 221

Kaub-Gruppe,
München/Deutschland, 142-143, 174-
175

Kaufhof-/Kaufhalle-Gastronomie
(KGSG Kaufhof Gastronomie Service Ge-
sellschaft),
Köln/Deutschland, 220, 241

KGSG Kaufhof Service Gastronomie Service Gesellschaft,
Köln/Deutschland, 146, 220, 241

Kniese's Gute Stuben
(Romantik Hotel Zum Stern),
Bad Hersfeld/Deutschland, 93-94

Kramer Restaurationsbetriebe,
Uitikon-Waldegg/Schweiz, 70-71,
225-226

Kruse & Specht Unternehmensgruppe,
München/Deutschland, 176, 185

Kuffler-Gruppe,
München/Deutschland, 91, 193-195

Kulturgüter(speise)wagen
(Bahnhof Buffet Basel),
Basel/Schweiz, 200-201

La Cantinetta
(Bindella Unternehmungen, Zürich),
Solothurn/Schweiz, 159

La Fontaine, Grotte-Bar,
Schweiz, 130-131

La Louisiane
(Rumba, Basel/UTC-Gruppe, Schweiz),
Genf/Schweiz, 125

La Part du Lion
(CRC Compagnie de Restaurants et Café-
terias, Bagneux),
Paris/Frankreich, 147-149

Landhaus Scherrer,
Hamburg/Deutschland, 74-76

Landhotel und Kreativzentrum Schindlerhof,
Nürnberg-Boxdorf/Deutschland, 122-
123

Les Vacances chez Max,
Zollikon/Schweiz, 78-79

Lokales,
Darmstadt/Deutschland, 157-158

Lord Nelson
(Holiday Inn Crowne Plaza),
Hamburg/Deutschland, 271

mamma mia, Pizzeria/Trattoria,
Rorschach/Schweiz, 246

Mangostin Asia
(Kaub-Gruppe),
München/Deutschland, 142-143

Maritim Hotel,
Köln/Deutschland, 119

Mathildenhöhe, Café-Restaurant,
Darmstadt/Deutschland, 129

Merkur Snacks und Buffets
(Merkur),
Bern/Schweiz, 117

Merkur,
Bern/Schweiz, 110-112, 117, 227-228,
255

Merkur-Restaurants
(Merkur),
Bern/Schweiz, 110-112, 227-228,255

Moderne Zeiten
(Sanssouci Gaststätten),
Köln/Deutschland, 187

Mövenpick Restaurant Plaza
(Mövenpick Unternehmungen, Adliswil),
Zürich/Schweiz, 132-135

Mövenpick Restaurants Schweiz/
Deutschland
(Mövenpick Unternehmungen, Adliswil),
Schweiz/Deutschland, 104, 105, 106,
118, 126, 132-135,197, 203, 204,
205-206, 207, 230-240, 258-259, 260,
261, 270, 272-273, 275

Mövenpick Unternehmungen,
Adliswil/Schweiz, 104, 105, 106,
118, 126, 132-135, 197, 203, 204,
205-206, 207, 214-216, 230-240,
258-259, 260,261, 270, 272–273, 275

Naturhistorisches Museum Freiburg,
Freiburg/Schweiz, 224

Nestlé Foodservice,
Basel/Schweiz, 244-245

Noodles
(Kaub-Gruppe),
München/Deutschland, 174-175

Oikos Ökologisches Handelskontor,
Frankfurt am Main/Deutschland, 199

Orion Le Gourmet
(bis Frühjahr 1990: Kramer Restaurationsbetriebe, Uitikon-Waldegg),
Zürich/Schweiz, 70-71

Orion Restaurants und Kongresszentrum (bis 1990: Kramer Restaurationsbetriebe, Uitikon-Waldegg), Zürich/Schweiz, 225-226

Papa Joe's Grill-Cantina-Bar (System-Gastronomie), Innsbruck/Österreich, 168-171

Peppermint Park L.A. (Kruse & Specht Unternehmensgruppe), München/Deutschland, 185

PepsiCo-Gruppe, New York/USA, 264-265

Petermann's Kunststuben, Küsnacht/Schweiz, 66-67

Pizza Hut Restaurants Deutschland (Pizza Hut Restaurationsgesellschaft, Mülheim a.d. Ruhr/PepsiCo-Gruppe, USA), Mülheim a.d. Ruhr/Deutschland, 264-265

Pizza Hut Restaurationsgesellschaft, Mülheim a.d. Ruhr/Deutschland, 264-265

Pupasch (Hübsch & Koch-Gruppe), Hannover/Deutschland, 182

Hübsch & Koch-Gruppe, Hannover/Deutschland, 182

Rasthaus Weiskirchen Süd, Rodgau/Deutschland, 98-99

REGA Restaurant- und Hotelbetriebe, Sindelfingen/Deutschland, 97

Régaim, Paris/Frankreich, 56-61

Restaurant Concorde (Airport Hotel Hamburg), Hamburg/Deutschland, 198

Restaurant Hessler, Maintal-Dörnigheim/Deutschland, 73

Romeo! Romeo! (bis 1991: Spitz-Gruppe), Köln/Deutschland, 217

Rosenberger-Gruppe, St. Pölten/Österreich, 84, 85, 274

Rosenberger-Raststätten (Rosenberger-Gruppe), St. Pölten/Österreich, 85

Rumba, Basel/Schweiz, 125

Sais, Zürich/Schweiz, 242-243

Sakura (Bahnhof Buffet Basel), Basel/Schweiz, 41-48

Sanssouci Gaststätten, Köln/Deutschland, 187

SAS International Hotels, Brüssel/Belgien, 124

Scandic Crown Hotel, Lübeck/Deutschland, 113

Scandic Hotel Group, Stockholm/Schweden, 127-128

Scherrer, Landhaus, Hamburg/Deutschland, 74-76

Schindlerhof, Landhotel und Kreativzentrum, Nürnberg-Boxdorf/Deutschland, 122-123

Schwarzer Hahn (Romantik Hotel Deidesheimer Hof), Deidesheim/Deutschland, 69

Seerestaurant & Café (REGA Restaurant- und Hotelbetriebe, Sindelfingen), Böblingen/Deutschland, 97

Spaghetti Factory Schweiz (Bindella Unternehmungen), Zürich/Schweiz, 154-156, 222-223

Spitz (Spitz-Gruppe, Köln), Köln und Bonn/Deutschland, 177

Spitz-Gruppe, Köln/Deutschland, 72, 177, 217

SSG Schweizerische Speisewagen-Gesellschaft, Olten/Schweiz, 249

Stockheim-Gastronomie, Düsseldorf/Deutschland, 77, 92, 202, 269

Sturecompagniet, Stockholm/Schweden, 107-108

System-Gastronomie, Innsbruck/Österreich, 152-153, 165-166, 168-171, 229, 267

T.G.I. Friday's Großbritannien (Whitbread-Gruppe), London/Großbritannien, 178-181

UTC-Gruppe, Basel/Schweiz, 192

Vier Jahreszeiten Grill-Restaurant (Stockheim-Gastronomie), Düsseldorf/Deutschland, 77

von Eicken essen & trinken (Casserole Feine Fleischkost), Herten/Deutschland, 160

Whitbread Restaurants Holding Deutschland, Düsseldorf/Deutschland, 140-141, 258, 266

Whitbread-Gruppe, London/Großbritannien, 109, 140-141, 178-181, 258, 266

Wienerwald-Restaurants Deutschland (Wigast, Wien), München/Deutschland, 218-219, 268

Wienerwald-Restaurants Österreich (Wigast), Wien/Österreich, 144, 268

Wigast, Wien/Österreich, 144, 218-219, 268

Wildmoser-Gruppe, München/Deutschland, 90

Wöhrmann, Hotel-Gasthof, Werther/Deutschland, 114-115

Zoozie'z (Kruse & Specht Unternehmensgruppe), München/Deutschland, 176

Zum Stern, Romantik Hotel, Bad Hersfeld/Deutschland, 93-94

Literaturhinweise

Alejandro, Reynaldo:
Restaurant Design.
New York 1987

Asbach & Co., Weinbrennerei (Hrsg.):
Gastlichkeit im Jahr 2000: Tatsachen,
Thesen, Trends. Eine Szenario-Studie.
Mainz 1986

Bellini, Mario (Hrsg.):
Das Internationale Design Jahrbuch
1990/91.
München 1990

Birkigt, K./Stadler, M. M.:
Corporate Identity. Grundlagen,
Funktionen, Fallbeispiele.
München 1980

Blackwell, Lewis:
Internationales Interior Design.
Ausgabe 1990/91.
München 1990

Gottlieb, Leon:
Foodservice/Hospitality Advertising &
Promotion.
Indianapolis 1982

Kaub, Erich:
Erfolg in der Gastronomie.
Frankfurt am Main 1990

Little, Arthur D.:
Praxis des Design-Management.
Frankfurt am Main 1990

Lundberg, Donald E.:
The Restaurant: From Concept to
Operation.
New York 1985

Magyar, Kasimir M. und Patrick K. Magyar:
Pioniermanagement. Wecken und
schnelles Umsetzen von Kreativität
in Markterfolg.
Zollikon 1987

Miller, Jack E.:
Menu Pricing & Strategy. 2nd edition.
New York 1987

Orth, Heiner und Niederste-Werbeck,
Thomas:
Tischinszenierungen. Phantasievolle
Dekorationen für gastliche Anlässe.
Frankfurt am Main 1991

Pegler, Martin M. (Hrsg.):
Food Presentation & Display.
New York 1991

Radice, Judi:
Menu Design 1. Marketing the Restaurant
through Graphics.
New York 1985

Radice, Judi:
Menu Design 2. Marketing the Restaurant
through Graphics.
New York 1987

Radice, Judi:
Menu Design 3. Marketing the Restaurant
as a Total Graphic Environment.
New York 1988

Radice, Judi:
Menu Design 4. Marketing the Restaurant
through Graphics.
New York 1990

Reid, Robert D.:
Foodservice and Restaurant Marketing.
New York 1983

Saito, Gen Takeshi:
New York hotels & restaurants.
Tokio 1991

Schaetzing, Edgar E.:
Management in Hotellerie und Gastrono-
mie. 3., erweiterte Auflage.
Frankfurt am Main 1985

Schmidt, Hanspeter:
Speisekarten Design. 246 Beispiele für
Restaurant, Bar und Café.
München 1981

Schmittel, Wolfgang:
corporate design international.
Definition und Nutzen eines
konsequenten Firmenauftritts.
Zürich 1984

Schweizer Hotelier-Verein (Hrsg.):
Hotel-Marketing.
Bern 1983

Seaberg, Albin G.:
Menu Design. Merchandising and
Marketing, 3rd edition.
New York 1983

Seaberg, Albin G.:
Menu Design. Merchandising and Marke-
ting, 4th edition.
New York 1991

Weiß, Gretel (Hrsg.):
Erfolgskonzepte 3. 1989 – 1991.
150 Foodservice-Fallstudien –
ein Profil professioneller Gastronomie.
Frankfurt am Main 1992